Walter-Jörg Langbein

Die Geheimnisse der sieben Weltreligionen

Walter-Jörg Langbein

Die Geheimnisse der sieben Weltreligionen

Woran die Menschen glauben

Mit 11 Abbildungen

Anaconda

Ungekürzte Lizenzausgabe der Anaconda Verlag GmbH

(Die deutsche Originalausgabe erschien erstmals 2005 bei Rütten & Loening Berlin; Rütten & Loening ist eine Marke der Aufbau Verlagsgruppe GmbH.)
Diese Ausgabe wurde vermittelt von der Aufbau Media GmbH, Berlin.

Die Deutsche Nationalbibliothek verzeichnet diese Publikation in der Deutschen Nationalbibliographie; detaillierte bibliographische Daten sind im Internet unter http://dnb.d-nb.de abrufbar.

Umschlagmotiv: Moeraki Boulders on Koekohe Beach,
© Goodshoot / Corbis
Umschlaggestaltung: dyadesign, Düsseldorf, www.dya.de
Satz und Layout: Typographie & Computer, Krefeld
Printed in Czech Republic 2007
ISBN 978-3-86647-145-0
info@anaconda-verlag.de

INHALT

in memoriam
Dr. Kurt Wolfgang Bennefeld

VON EINER REISE ZU DEN RELIGIONEN

Zu Beginn des dritten Jahrtausends n. Chr. sieht sich die westliche Welt einerseits stärker denn je mit einem fremden Glauben konfrontiert: mit dem Islam. Fordert der Koran tatsächlich den terroristischen Kampf der Muslims gegen den Rest der Welt, wie militante Muslims behaupten? Andererseits erregen Filme wie »Die Passion Christi« die Gemüter, und weltweit verschlingen Millionen den Roman »Sakrileg« von Dan Brown. Das Interesse an religiösen Themen ist so groß wie schon lange nicht mehr. Immer mehr Menschen fragen sich in einer Zeit der Orientierungslosigkeit: Was bieten die Religionen?

Das vorliegende Buch ist als eine Art Reiseführer zu den sieben großen Religionen der Menschheit gedacht. Es soll eine Orientierungshilfe geben bei der Suche nach »religiöser Wahrheit«. Über viele Jahrhunderte hinweg wurde auch und vor allem auf dem Gebiet der Religionen Schwarzweißdenken gepredigt: Es wurde *die* richtige Religion gelehrt, der *die* falschen Religionen gegenüberstanden.

Auf den folgenden Seiten nun wird zu einer Reise eingeladen – zu den sieben großen Religionen der Menschheit, zu ihren zentralen Aussagen und zu ihren verborgenen Gemeinsamkeiten.

Meister Hugo
Mose und die Juden
um 1140

1. DAS JUDENTUM: VOM PARADIES ZUM BÜNDNIS MIT GOTT

Das Judentum sieht seinen Ursprung in der göttlichen Offenbarung, die Mose (eigentlich Mosche) dem Alten Testament nach am Berg Sinai zuteil wurde. Wie das Christentum und der Islam ist das Judentum streng monotheistisch. Es ist zwar die älteste dieser drei Religionen, aber gleichzeitig gehören keiner anderen der großen Weltreligionen so wenige Anhänger an wie dem Judentum. Trotzdem hat es die westliche Kultur prägend beeinflußt. Kein anderes Volk ist so massiv bekämpft worden wie das jüdische, und kein anderer Glaube wurde mit so viel Haß verfolgt. Dennoch hat das Judentum bis heute allen Anfeindungen zum Trotz überlebt. Worin nun besteht das Geheimnis des jüdischen Glaubens?

»Am Anfang schuf Gott das Paradies.« So müßte das Alte Testament eigentlich beginnen, wenn es nach der chronologischen Ordnung ginge. Biblische Autoren formulierten den ersten von insgesamt drei Schöpfungsberichten Jahrhunderte, bevor man sich konkrete Gedanken über die Entstehung von Erde und Weltall machte, und in diesem ältesten Bericht geht es gleich um die Erschaffung des biblischen Paradieses. Dieser Garten Eden ist das Zuhause der ersten Menschen. Hier leben sie in friedlicher Harmonie mit den Tieren von Pflanzen und Früchten.

In der theologischen Forschung ist man sich über den historischen Hintergrund der Entstehung des ältesten Schöpfungsberichts einig. Er wurde zwischen 1200 und 900 vor Christus formuliert, als verschiedene nomadisierende semitische Stämme die unwirtliche Sinaiwüste verließen, um sich im Kulturland Kanaan niederzulassen. Von einem »Volk Israel« kann damals noch nicht die Rede gewesen sein, schon gar nicht von einer einheitlichen religiösen Ordnung. »Das Judentum« existierte damals auch noch nicht.

Für die langsam seßhaft werdenden Menschen war das Kulturland Kanaan tatsächlich so etwas wie ein Paradies, ein grüner Garten im Vergleich zur kargen Wüstenlandschaft, die man ruhelos durchziehen mußte, um zu überleben. So entstand der älteste Schöpfungsbericht, den wir in der Bibel finden: 1. Buch Mose Kapitel 2, Verse 4 bis 25. Gottes Schöpfung hat nur einen Zweck: Er erschafft, um im Zentrum der Welt das Paradies entstehen zu lassen. Die von Gott für den Menschen gedachte Heimat ist das Paradies (1. Buch Mose Kapitel 2 Verse 8 und 9): »Und Gott, der Herr pflanzte einen Garten gegen Osten hin, und setzte den Menschen hinein, den er gemacht hatte. Und Gott der Herr ließ aufwachsen aus der Erde allerlei Bäume, verlockend anzusehen und gut zu essen ...«

Am Anfang schuf Gott das Paradies. Alles andere war nur Beiwerk. Im Zentrum stand zu Beginn der Garten Eden. So steht es im ältesten Schöpfungsbericht. Das Paradies erschien dem unbekannten Bibelautor vor rund drei Jahrtausenden als das wichtigste Thema der Weltentstehung. Jahrhunderte später, etwa 600 v. Chr., sah die politisch-kulturelle Situation bedeutend anders aus. Das mühsame Nomadisieren gehörte nun längst der Vergangenheit an. Der Staat Judäa hatte sich gebildet. Aus einem losen Verbund von unterschiedlichen Gruppen war eine festere Gemeinschaft geworden. Umstritten ist heute, was dieses frühe »Staatsgebilde« zusammenhielt. War es, wie konservative Anhänger des jüdischen Glaubens meinen, der gemeinsame Glaube an Gott?

Darüber streiten auch heute noch die Theologen. Einig sind sie sich darin, daß beide Schöpfungsberichte einen Wandel im Denken verdeutlichen. Am Anfang des ersten und ältesten Berichts steht das Paradies, Gott begegnet zwei einzelnen Menschen – Adam und Eva. In der zweiten Beschreibung der Schöpfung – Psalm 104 – tritt Gott nicht mehr dem Individuum gegenüber, sondern der Gemeinschaft seiner Gläubigen. Der Beter des Psalms 104, »Lob des Schöpfers« genannt, preist Gott nicht mehr als das Gegenüber des menschlichen Individuums, sondern als das Gegenüber einer Gemeinschaft von Gläubigen.

Der dritte und jüngste Schöpfungsbericht (1. Buch Mose Kapitel 1, Vers 1 bis Kapitel 2, Vers 4a und Kapitel 9, Verse 1 bis 19) ist der bekannteste. Dieser Text entstand viel später. Trotzdem wurde er von den anonymen Bearbeitern des Alten Testaments vor den ältesten an den Anfang gesetzt. Doch damit nicht genug! Das eigentliche Ende des Textes wurde vom Text gelöst und wie das Teilchen eines Puzzles an eigentlich falscher Stelle eingeschoben. Der ursprüngliche Schluß des Berichts findet sich nach wie vor in der Bibel. Er wurde an den sogenannten »Sintflutbericht« angehängt (1. Buch Mose Kapitel 9, Verse 1 bis 19). Er ist mit Sicherheit der bekannteste Text der Bibel überhaupt. Nicht nur unter Laien gilt er als *der* Schöpfungstext schlechthin.

Psalm 104 entstand in der Gemeinschaft Israels, in einer Zeit der kultischen Einheit. Das offizielle Leben der Menschen wurde durch die Religion des Alten Testaments bestimmt. Diese Zeit erscheint dem gläubigen Juden heute als geradezu paradiesisch. Der dritte Schöpfungsbericht (1. Buch Mose Kapitel 1, Vers 1 bis Kapitel 2, Vers 4a) hingegen wurde in einer für jeden Juden deprimierenden Situation verfaßt. Israel existierte eigentlich gar nicht mehr. 587 vor Christus hatte Nebukadnezar mit brachialer Gewalt eingeleitet, was zur Vernichtung des Judentums hätte führen müssen.

Das Land war am Ende. Die Menschen waren nach einem furchtbaren Krieg verzweifelt. Die geistig-kulturelle Elite des Volkes war in die Babylonische Gefangenschaft geführt worden, und die Zurückgebliebenen waren ihrer Führung beraubt. Sie waren orientierungslos geworden. In dieser chaotischen, aussichtslosen Situation entstand um 500 v. Chr. *der* Schöpfungsbericht. Mag sein, daß uralte Textfetzen eingearbeitet wurden. Priester in der Babylonischen Gefangenschaft haben ihn geradezu als Hymnus auf Gott geschrieben. Sie stellten Gott nicht mehr nur den einzelnen Menschen oder der Gemeinschaft der Gläubigen gegenüber, sondern Erde, Himmel, das Universum schlechthin (1. Buch Mose Kapitel 1, Vers 1, wörtliche Übersetzung des Verfassers): »Gott war es, der am Anbeginn den Himmel und die Erde schuf.« Für den Juden bedeuteten »Himmel und Erde« nicht nur Erde und das blaue Firmament, das sich von Horizont zu Horizont spannt. Der gesamte Kosmos war gemeint.

Gott bestimmte das kulturell-geistige Leben, als es so etwas wie den biblischen Urstaat gab (2. Schöpfungsbericht). Damit hatten sich die Hoffnungen nach geographischer und religiöser Einheit (1. Schöpfungsbericht) erfüllt. Doch mit der Babylonischen Gefangenschaft drohte der Untergang des Judentums. Die Menschen in der biblischen Heimat sahen sich ihrer religiös-politischen Führung beraubt. Die vom mosaischen Monotheismus (Eingottglauben) bestimmte Einheit drohte zu zerbrechen. Verschiedene Götter und Göttinnen, die neben dem offiziellen Ein-Gott Jahwe weiter verehrt worden waren, machten sich daran, den einigenden Glauben wieder zu verdrängen.

Die Vertreter der einstigen religiös-politischen Elite lebten nicht mehr im verwüsteten Heimatland des Alten Testaments. Man hatte die Denker und Theologen verschleppt, und in der Fremde sahen sie sich mit der vielfältigen, als feindlich empfundenen Götter- und Sagenwelt des Ostens konfrontiert. Wie haben sich die Menschen damals verhalten? Darüber liegen uns keine Berichte vor. Mancher wird vom Eingottglauben abgefallen sein und sich dem Vielgottglauben (Polytheismus) der neuen Heimat zugewandt haben. In dieser für den Anhänger des Jahwe-Glaubens verzweifelten Lage entstand der jüngste Schöpfungsbericht.

Der renommierte Theologe und Pastor Jörg Zink schreibt dazu: »Diese Stücke aus der Urgeschichte ... sind ein Stück Besinnung des israelitischen Volks auf seinen Glauben an den Gott, der Israel erwählt und bisher geführt hat, und ein Bekenntnis der Götter- und Sagenwelt des Ostens gegenüber.«[1]

Das monotheistische Judentum befand sich in einer neuen Position. Es mußte sich verteidigen. Das Judentum war im Kern betroffen und bedroht. So ist der dritte Schöpfungsbericht nicht nur eine Verherrlichung Gottes. Er ist auch für den zeitgenössischen Leser vor rund 2 500 Jahren eine Herabwürdigung der Götter des Polytheismus, die Jahwe bedrohten. So wird mit voller Absicht hervorgehoben, daß Sonne, Mond und Sterne keineswegs etwas Überirdisches oder gar Göttliches sind wie in den Augen der »Heiden«, sondern »Lichter an der Feste des Himmels ... zwei große Lichter, ein großes Licht, das den Tag regierte, und ein kleines Licht, das die Nacht regierte, dazu auch die Sterne«.

(1. Buch Mose Kapitel 1, Verse 14 bis 16)

Der jüngste Schöpfungsbericht ist also ein Stück Propaganda. Allerdings versuchten die unbekannten Autoren nicht in erster Linie Andersgläubige zu überzeugen. Vielmehr war ihnen daran gelegen, die eigenen Glaubensbrüder daran zu hindern, sich fremden Religionen zuzuwenden.

Eine wissenschaftliche Auseinandersetzung mit dem Text des Alten Testaments läßt offenbar werden: Die Bibel ist kein Buch aus einem Guß, sondern das Resultat vieler Bearbeitungen. Texte unterschiedlichen Alters, verfaßt von unterschiedlichen Autoren unterschiedlicher Herkunft, wurden wie bei einer Collage zerschnitten und wieder zu einem neuen Gesamtbild zusammengefügt.

Doch welchem Zweck soll die Lektüre des Alten Testaments dienen? Wenn man den Glauben dieser Schrift als eine Art Endresultat versteht, dann kann man den Text in seiner heutigen Form unkritisch akzeptieren. Will man aber dem Geheimnis des jüdischen Glaubens auf den Grund gehen, so ist es unerläßlich, die Texte des Alten Testaments ihrer geschichtlichen Folge gemäß anzuordnen. Eine nach Entstehungszeit rekonstruierte Schöpfungsgeschichte setzt das Paradies an den Anfang, als das Zentrum des Universums.

In diesem Paradies leben Adam und Eva, die ersten Menschen. Eva läßt sich von der Schlange dazu verleiten, eine Frucht vom Baum der Erkenntnis zu pflücken. Sorgsame Literaturstudien zeigen, daß jüdische Glaubensbilder durch äußere Einflüsse geprägt wurden. Schon während der Schöpfungsbericht im feindlichen Exil entstand, flossen babylonische Vorstellungen ein, und als er längst schriftlich festgelegt und in das Alte Testament aufgenommen worden war, veränderte er sich im Volksglauben weiter. Aus der namenlosen Frucht, die Adam und Eva Gottes Verbot zum Trotz verzehren, wird der hinlänglich bekannte Apfel vom Baum der Erkenntnis. In der griechischen Sagenwelt ist es Herakles, der die goldenen Äpfel aus dem Garten der göttlichen Hesperidenmädchen stehlen muß. Daraus wird im Volksglauben der Apfel, den Eva vom Baum pflückt.

Ihre Kinder Kain und Abel werden geboren. Kain ermordet Abel. Dann sieht ein dritter Sohn das Licht der Welt: Seth (auch Schet genannt). Man darf diesen ersten Mord nicht als Schilderung einer historischen Tatsache sehen. Vielmehr stehen die beiden Brüder für zwei grundverschiedene Lebensarten. Kain ist der personifizierte seßhafte Bauer. Abel vertritt den Hirten, der als Nomade umherzieht. Der Konflikt zwischen beiden spielte sich aber nicht am Anfang der Menschheit ab, sondern als die ersten »Israeliten« seßhaft wurden. Vermutlich lebten Nomaden (Hirten) und Landleute (Bauern) noch lange Zeit nebeneinander her. Die Seßhaften obsiegten schließlich. Die Nomaden wurden »besiegt«. Kain, der seßhafte Bauer, erschlägt Abel, den Hirten.

Schließlich werden die Urväter aufgezählt (1. Buch Mose Kapitel 5). Es folgt die Auflistung der Nachkommen Kains (1. Buch Mose Kapitel 4, Verse 17 bis 26). Wiederum wird deutlich, daß es *den* alttestamentarischen Glauben als originale Neuentwicklung nicht gab. Die Urväter sind keine historischen Gestalten, sondern Kopien von mystischen Wesen aus Mesopotamien. Den unbekannten Autoren lagen offensichtlich Namenslisten aus dem Zweistromland vor, die sie als Vorlagen benutzten.

Der fremde Einfluß der Götter wird nirgendwo sonst so deutlich wie im kurzen Bericht von den Gottessöhnen (1. Buch Mose Kapitel 6, Verse 1 bis 4). Aus der Sicht monotheistischer Juden muß es ein Greuel gewesen sei: »Als sich die Menschen zu mehren begannen auf Erden und ihnen Töchter geboren wurden, da sahen die Gottessöhne, wie schön die Töchter der Menschen waren, und sie nahmen sich zu Frauen, welche sie wollten.«

Prof. Dr. Fohrer stellt klar, daß es sich dabei wohl um »ursprünglich untergeordnete Götter, danach Wesen im göttlichen Hofstaate«[2] handelte. Mit anderen Worten: Neben dem einzigen Gott gab es ursprünglich noch andere Götter, die dann zu niederen Göttern und schließlich zu Angehörigen des göttlichen Hofstaats degradiert wurden.

Die Strafe folgte umgehend: die Sintflut (1. Buch Mose Kapitel 6, Vers 5 bis Kapitel 9, Vers 17). Wiederum benutzten die unbekannten Autoren ältere Versatzstücke aus dem zwei Jahrtausende früher entstandenen Gilgameschepos. So wie der biblische Noah hatte bereits der sumerische Utnapischtim im Auftrag seines Gottes Enki gehandelt. Doch auch die Sintflut des Gilgamesch-Epos ist nicht das Original. Im sumerischen Raum hatte man lange zuvor Ziusudra eine »Arche« bauen lassen. Vor fünf Jahrtausenden ließ Gott Eki wie der Jahwe des Alten Testaments einem guten Menschen eine Warnung zukommen. Der sumerische Noah bekam das drohende Unheil wie im Telegrammstil angekündigt: »O Ziusudra, Bewohner von Surippak, zerstöre dein Haus, baue ein Schiff, verachte den Reichtum, verlasse die Götter, erhalte das Leben.«

Die Arche des Gilgamesch landete auf dem Berg Nisir zwischen Tigris und Zab im heutigen Irak – die des Noah auf dem Ararat. Schon im Gilgamesch-Epos mußte – wie später im biblischen Bericht um Noah – eine Taube erkunden, ob denn die Flut so weit zurückgewichen sei, daß man wieder getrost das rettende Schiff verlassen konnte.

Wer den biblischen Text von der Flut sehr sorgsam liest, erkennt, daß wieder eine Art Collagentechnik benutzt wurde. Offensichtlich lagen den Bearbeitern zwei unterschiedliche Noahberichte vor, die beide in kleinere Textfragmente unterteilt und beide miteinander zu einem Gesamttext verbunden wurden. Daraus ergeben sich zwangsläufig Unstimmigkeiten. Prof. Dr. Fohrer: »So trifft man auf Angaben, die sich widersprechen: über die Art, wie die Flut herbeigeführt wird, über die Dauer der Flut, über ihr Ende und auf viele weitere Einzelheiten.«[3]

Besonders deutlich wird die Tatsache, daß in der Bibel zwei Noahgeschichten ineinander verwoben wurden, am Ende der archaischen Erzählung. Der Schluß findet sich nämlich gleich zwei Mal in der Bibel (1. Buch Mose Kapitel 8, Verse 20 bis 22 und 1. Buch Mose Kapitel 9, Verse 1 bis 19).

Darf man den biblischen Bericht von Noahs Arche wörtlich nehmen, wie etwa der US-Astronaut James Irwin, der jahrelang im Ararat-Gebiet nach dem biblischen Überrettungsschiff suchte? Nicht nur Zweifel sind angebracht. Das Alte Testament ist im hebräischen Original ausschließlich in Konsonantenschrift verfaßt. Die Vokale müssen also ergänzt werden. Daher ist überhaupt nicht klar, ob die Arche Noah nach dem Verschwinden der Wassermassen wirklich auf dem Ararat landete und nicht bei Urartu. Urartu aber steht für »weit entferntes Land«.

So wird aus einem geographischen Hinweis eine nebulöse Formulierung. Aus einem konkreten Berg wird ein vager Hinweis: Noahs Arche landete irgendwo in einem fernen Land. Ist der Text also nicht als historische Beschreibung, sondern symbolhaft zu verstehen?

Nach der »Sintflut« beginnt die biblische Menschheitsgeschichte wieder von vorn, wie bei Adam und Eva. Wieder entwickelt sich eine neue »Menschheit«. Wieder dauert es nicht lange, bis der Mensch erneut versucht, seine irdischen Schranken zu sprengen. Prof. Fohrer formuliert sehr zutreffend: »Genesis (1. Buch Mose) Kapitel 11, Verse 1 bis 9 erzählt die Geschichte vom Stadt- und Turmbau zu Babel. Dort bietet sich den Menschen eine weitere Möglichkeit, über ihre Schranken hinaus in göttliche Bereiche vorzustoßen. Die in einer Stadt lebende Menschheit will einen Turm bauen, der bis in den Himmel reicht (herbeigeleitet von dem babylonischen Tempelturm, der meistens pyramidenartig anstieg und auf dessen Spitze sich ein Tempel befand), so daß sie geradezu in der Lage ist, den Himmel zu stürmen. Doch auch diesmal wird der Versuch, die eigenen Grenzen zu überschreiten und Göttlichkeit zu erringen, unterbunden – durch die Aufsplitterung der Sprachen und die Zerstreuung der Menschheit.«[4]

Streng logisch betrachtet erweist sich die biblische Geschichte bei aller Sprachgewalt als widersprüchlich. Die Behauptung, erst durch die Zerstörung des Turms zu Babel seien die verschiedenen

Sprachen entstanden, ist falsch. Es trifft eben nicht zu, daß die Menschheit vor dieser Katastrophe nur eine Sprache hatte, daß man erst nach der Zerstörung des Turms ob der Sprachvielfalt einander nicht mehr verstand. Das Alte Testament selbst berichtet (1. Buch Mose Kapitel 10, Vers 5), daß es nicht erst nach der Zerstörung des Turms, sondern lange vorher unterschiedliche Sprachen gab: »Dies sind die Söhne Japhets nach ihren Ländern, ihren Sprachen und Geschlechtern und Völkern.«

Das Alte Testament selbst beschreibt also, daß es längst vor der göttlichen Bestrafung der menschlichen Hybris durch den Einsturz des ersten biblischen Wolkenkratzers schon unterschiedliche Sprachen gab. Damit ist die alttestamentarische Erklärung des Namens Babel unlogisch

(1. Buch Mose Kapitel 11, Vers 9): »Daher heißt ihr Name (der Name der Stadt) Babel, weil der Herr selbst verwirrt hat aller Länder Sprache und sie von dort zerstreut hat in alle Länder.«

Die scheinbar sprachwissenschaftliche biblische Erklärung ist zudem falsch! Der Name »Babel« hat mit dem hebräischen »balal«, zu deutsch »verwirren«, überhaupt nichts zu tun. Warum sollte man sich in Babylon auch hebräischer Ausdrücke bedienen? Babel läßt sich ganz eindeutig auf das babylonisch-sumerische »bib-ili« zurückführen, auf das »Tor der Götter«.

Der alttestamentarische Turm zu Babel hat historische Vorbilder: die Zikkurats. Dabei handelte es sich um mehrstufige Türme, die wie heilige Berge rein religiösen Zwecken dienten. Gott Marduk zum Beispiel war ein eigener Zikkurat geweiht. Zum Jahresbeginn stieg der Gott vom Himmel zur Erde herab. So wie die biblischen Söhne Gottes sich vom Himmel herab zur Erde begaben, so verließ auch Marduk wie seine Kollegen sein himmlisches Zuhause, um die Menschen aufzusuchen.

Im Grunde umschreibt das Alte Testament in verschiedenen Verkleidungen immer wieder den gleichen Sachverhalt: Adam und Eva werden von der Schlange dazu verleitet, die verbotene Frucht zu essen. Angeblich würden sie, behauptet die arglistige Schlange, dann wie Gott. Die Folge ist hinlänglich bekannt: Gott bestraft und vertreibt die ersten Menschen aus dem Paradies.

Die Gottessöhne steigen vom Himmel zur Erde herab, sie zeugen Nachwuchs. Als Abkömmlinge aus dieser Verbindung werden die Riesen geboren. Wieder folgt eine göttliche Bestrafung: Die »Sintflut« vernichtet einen Großteil des irdischen Lebens. Die biblische Entwicklung wird zu einem neuen Nullpunkt zurückgeführt. Die Geschichte der Menschheit muß wieder von vorne beginnen. Gott gibt der Menschheit eine neue Chance.

Die Menschen bauen den Turm zu Babel, weil sie sich Gott annähern wollen. Sie wollen in den Himmel steigen und sich Gott angleichen. Wiederum braust Gott gewaltig auf. Wie einst lange vor ihm Marduk und andere Götter, so steigt auch Jahwe vom Himmel und vernichtet das menschliche, zu Stein gewordene Denkmal der Überheblichkeit.

In drei ganz unterschiedlichen Geschichten wird doch die gleiche Botschaft übermittelt: Der Mensch wird in seine Schranken verwiesen und daran gehindert, so wie Gott zu werden. Der Mensch soll er selbst sein und nicht mehr. Vordergründig gelesen, erscheinen die Geschichten von den verbotenen Früchten, von den Gottessöhnen und von der babylonischen Sprachverwirrung wie mystisch-märchenhafte Sagen. Es fällt nicht schwer, Widersprüche oder Unstimmigkeiten in den Texten zu entdekken. Nimmt man aber die Texte als symbolhafte Gleichnisse, wird ihr tieferer Sinn verständlich: Der Mensch will Grenzen überschreiten und sich selbst zu Gott emporschwingen. Der Gott des Alten Testaments aber stößt den Menschen zurück. Er wirft ihn auf sein Mensch-Sein zurück und zeigt ihm seine Grenzen auf. Aber läßt Gott den Menschen allein? Keineswegs! Dreimal weist Gott den Menschen in seine Schranken, dreimal schließt er mit dem Menschen einen Bund: mit Noah, mit Abraham und mit Mose.

Nach der »Sintflut« – deren Name lediglich »große Flut« bedeutet und mit »Sünde« nichts zu tun hat – kommt es zum ersten Mal zu einem Bund (1. Buch Mose Kapitel 9, Verse 8 bis 14). Der Regenbogen soll von nun an das Zeichen für diesen Bund zwischen Gott und Noah und seinen Nachkommen sein (1. Buch Mose Kapitel 9, Vers 13): »Meinen Bogen setze ich in die Wolken; er soll das Bundeszeichen sein zwischen mir und der Erde.«

Zufällig war dieses Natursymbol nicht gewählt. Wieder einmal birgt eine klare Aussage des Alten Testaments eine verborgene Botschaft. War doch bei zahlreichen Völkern der Regenbogen etwas Göttliches im übernatürlichen Sinn, das die Menschen nicht begreifen konnten. Doch was bei Völkern wie den Germanen oder den Indianerstämmen Mittelamerikas als Magie galt, stellte für die Autoren des Alten Testaments ein Naturschauspiel dar, hervorgerufen von Regen und Sonne.

Es ist geradezu genial, wie die Autoren in eine scheinbar schlichte Aussage eine Botschaft verpackten, die nur der Kundige wahrnimmt. Das Geheimnis des Regenbogens: Regen plus Sonne ergibt etwas Natürliches, kein übernatürliches Wunder. Vor allem wird ein für so viele andere Götter bedeutsames Zeichen vollständig umgedeutet. Jahwe, der Gott des Alten Testaments, sticht die anderen Götter aus. Das geschieht aber nicht, indem er sie besiegt und ihre wundersamen Phänomene durch noch größere Merkwürdigkeiten übertrifft. Er degradiert das vermeintliche Mirakel Regenbogen zu etwas Alltäglichem. Und doch soll dieses fast schon banale Phänomen gleichzeitig etwas Übernatürliches symbolisieren: die Überlegenheit des Gottes des Alten Testaments gegenüber seinen Konkurrenten. Kein zweites religiöses Werk kann so subtil in seiner Ausdrucksweise sein, wie das Alte Testament es hier ist. Nirgendwo sonst wird der Anspruch auf Überlegenheit so versteckt erhoben wie an dieser Stelle.

Auf das Bündnis mit Noah folgt ein weiteres Bündnis Gottes mit einem Menschen: mit Abraham. Man kann den Namen Abraham mit »Vater der Völker« übersetzen. Es ist höchst umstritten, ob Abraham als historische Person existiert hat oder ob es sich bei ihm lediglich um ein Symbol in Menschengestalt handelt. Mit Abraham beginnt im Alten Testament die Patriarchengeschichte. Nach den für die Menschen negativen Ereignissen wie die Vertreibung aus dem Paradies, die Sintflut und die Zerstörung des Turms von Babel folgt nun eine positive Entwicklung. Gott ist nicht mehr der gewaltsame Herrscher, er handelt von nun an heilvoll, indem er einzelne Menschen auswählt und ihnen zahlreiche Nachkommenschaft und reichen Landbesitz verspricht.

Mit Abraham schließt Gott einen zweiten Bund (1. Buch Mose Kapitel 17, Vers 1): »Als nun Abram (später Abraham genannt) neunundneunzig Jahre alt war, erschien ihm der Herr und sprach zu ihm: Ich bin der allmächtige Gott; wandle vor mir und sei fromm: Und ich will meinen Bund zwischen mir und dir schließen und ich will dich über alle Maßen mehren.«

Ende des 19. Jahrhunderts frohlockten fromme Spurensucher: Im Wüstensand Mesopotamiens habe man Tontafeln mit dem Namen Abraham gefunden. Somit schien die mystische Gestalt Abrahams verifiziert worden zu sein. Die Freude war allerdings verfrüht. Nach und nach wurden bei archäologischer Erkundung der unterschiedlichsten Kulturkreise der unterschiedlichsten Jahrhunderte immer wieder Hinweise auf »Abraham« oder »Ibrahim« gefunden. Archäologische Indizien wiesen darauf hin, daß Abraham im zweiten Jahrtausend vor Christus im Reich der Sumerer lebte ... oder um das 15. Jahrhundert vor Christus im Mitanni-Reich … oder schon im dritten Jahrtausend vor Christus im Reich von Ebla.

War am Anfang die Begeisterung groß, weil man glaubte, einen Nachweis dafür gefunden zu haben, daß die Bibel wortwörtlich zu nehmen sei, änderte sich das mit jedem weiteren Fund in Sachen Abraham aus immer neuen Epochen. So kam es, daß der Patriarch, der sich zu eine realen Person zu konkretisieren schien, wieder seine Konturen verlor und zu einem Symbol wurde – zu einem Symbol größter Wichtigkeit.

Abraham war nicht nur für die Menschen mosaischen Glaubens ein Verbündeter Gottes, sondern auch für die Menschen muslimischen Glaubens. Heißt es doch im Koran (4. Sure, Vers 124): »Und wer hat eine schönere Religion als jener, der sich Allah ergibt und dabei Güte übt und dem Glauben Abrahams folgt, des Aufrechten, und Allah nahm sich Abraham zum Freund.«

Nicht nur für gläubige Juden steht Abraham für den ersten Menschen der beginnenden geschichtlichen Epoche. Auch für die Christen ist Abraham das Fundament der politischen wie religiösen Eigenständigkeit des Volkes Israel. Daher darf es nicht verwundern, daß man schon bald nach Jesu Tod begann, seine Wurzeln bis zu Abraham zurückzuverfolgen. Auch dieser Stammbaum ist sowenig historisch wie Abraham selbst. Aber auch bei Jesus geht es nicht um Wahrheit im historischen Sinne, sondern um religiöse Wahrheit, die so konkretisiert wurde.

Der dritte Bund Gottes wird mit Mose geschlossen. Dieser wohl wichtigste Bund wird sorgsam vorbereitet. Auf verschlungen erscheinenden Wegen strebt die Handlung zielsicher auf den so wichtigen Pakt zu.

Das Alte Testament beschreibt Gott als langfristig denkenden Strategen. Wir erfahren: Da wird Joseph von seinen Brüdern gehaßt, weil er sich für etwas Besseres hält. Joseph unterscheidet sich ja auch von seinen Brüdern: Er verfügt über die Gabe,

Träume zu deuten. Darauf bildet er sich viel ein, was ihn in den Augen seiner Brüder als unerträglich überheblich erscheinen läßt. So beschließen sie einen mörderischen Plan. Sie wollen ihn töten – oder sterben lassen. Der Jüngling gelangt schließlich nach Ägypten, wo er es im Reiche des Pharaos weit bringt.

Wegen seiner seherischen Begabung erkennt Joseph, daß eine Hungersnot bevorsteht. Er läßt in den Zeiten des Wohlstandes Nahrungsmittellager anlegen. In Israel herrscht, als die dürren Jahre anbrechen, auch Hunger. Joseph hilft seinen Geschwistern, doch nach und nach gerät Israel in Abhängigkeit von Ägypten. Um nicht zu verhungern, müssen sich die Menschen selbst als Leibeigene an den Pharao verkaufen, der den hungernden Israeliten im Gegenzug Nahrungsmittel aus seinen vollen Kornkammern zukommen läßt. Mit der Zeit müssen die Juden das kostbare Getreide, das sie zum Überleben brauchen, immer teurer bezahlen. Sie verlieren Land und Vieh, und schließlich wird aus finanzieller Not und wachsender Abhängigkeit totale Sklaverei!

Aus dieser Misere errettet Mose das Volk Israels – allerdings mit der Unterstützung Gottes. Erst als Gott die zehn berüchtigten Plagen über Ägypten hereinbrechen läßt, gibt der hartherzige Pharao nach und läßt das Volk Israel unter der Leitung des Mose ziehen. Doch rasch besinnt er sich anders und befiehlt, die fliehenden Israeliten zu verfolgen. Nach vierzig Jahren gelangt das Volk der Juden endlich in das von Gott versprochene Land.

Kritischer historischer Überprüfung halten die besonders in Luthers Übersetzung dramatisch geschilderten Ereignisse nicht stand. Es ist völlig unglaubwürdig, daß es Joseph als ein jüdischer Sklave bis zum zweitmächtigsten Mann in Ägypten bringt. Ein solch ungewöhnliches Ereignis hätte deutliche Spuren in den ägyptischen Historienbüchern hinterlassen müssen. Auch läßt der biblische Text keine eindeutige Datierung der seltsamen Geschehnisse zu. Welcher Pharao durch Josephs Kunst der Prophetie einer verheerenden Hungersnot vorbeugte, kann nicht verifiziert werden.

Widersprüchlich sind schon die Angaben der Bibel über die Dauer der ägyptischen Gefangenschaft. Einmal heißt es (2. Buch Mose Kapitel 12, Vers 40): »Die Zeit aber, die die Kinder Israel in Ägypten gewohnt haben, ist vierhundertunddreißig Jahre.«

Der Bibelkritiker C. Dennis McKinsey vergleicht damit andere Angaben der Bibel: »Kehat, Jakobs Enkel, der zusammen mit Jakob nach Ägypten gesandt wurde, lebte 133 Jahre. Kehats Sohn war Amram, er wurde 137 Jahre alt. Nach dem zweiten Buch Mose Kapitel 7, Vers 7 war Amrams Sohn Mose, der 80 Jahre alt war, als die Israeliten Ägypten verließen.«[5]

Man muß schon ein paar Rechenaufgaben durchführen, um zu erkennen, daß da etwas nicht stimmen kann, was im Alten Testament als exakte Wahrheit hingestellt wird! Wenn Kehat am Tag seiner Geburt nach Ägypten verschleppt wurde, lebte er maximal 133 Jahre in ägyptischer Gefangenschaft. Wenn dann Kehats Sohn am Todestag seines Vaters geboren wurde, so erduldete er 137 Jahre die ägyptische Gefangenschaft. Da nach Angaben der Bibel Mose 80 Jahre alt war, als die Gefangenschaft für das Volk Israel in Ägypten endete, ergibt dies eine maximale Dauer der Knechtschaft von 350 Jahren (133 Jahre + 137 Jahre + 80 Jahre).

Die Rechnung mag auf den ersten Blick kompliziert erscheinen, sie belegt aber eindeutig eine erhebliche Diskrepanz zwischen zwei präzisen Angaben biblischer Verfasser. Welche Zahl aber stimmt? Welche ist falsch? Wie lange lebte das jüdische Volk in Ägypten, versklavt und rechtlos? Dauerte die demütigende Zeit nun 430 Jahre, oder waren es maximal nur 350 Jahre?

Noch wesentlich ungenauer sind die Angaben über die Zahl der aus der Tyrannei fliehenden Israeliten. Im zweiten Buch Mose heißt es (Kapitel 12, Vers 37), »sechshunderttausend Mann« hätten sich zu Fuß auf den Weg gemacht. Man sollte bedenken, daß die Gesamtzahl wesentlich größer gewesen sein muß, denn bei der zitierten Angabe sind die Frauen und Kinder zahlenmäßig nicht erfaßt. Gleich zweimal wird an anderen Stellen eine davon abweichende Zahl genannt (2. Buch Mose Kapitel 38, Vers 26 und 4. Buch Mose Kapitel 1, Vers 46): 603 550.

Auch diese Zahl enthält nicht alle Flüchtlinge. Sie bezieht sich nicht auf alle Menschen (Männer und Frauen), sondern lediglich auf die wehrfähigen Männer im Alter von »zwanzig Jahren und darüber«. Wie groß war aber also die Gesamtzahl der Glücklichen, die am Ende der ägyptischen Sklaverei entkommen konnten? Der Bibelgelehrte Prof. Dr. Hans Schindler Bellamy erklärt dazu: »Es müßten wohl insgesamt an die zwei Millionen Menschen gewesen sein!«

Zum selben Ergebnis kommt auch Bibelkommentator Prof. Dr. John D. Hannah: »Mit Frauen und Kindern dürfte die Gesamtzahl etwa zwei Millionen betragen haben. Mit ihnen zogen Nichtisraeliten von unbestimmter Zahl, offensichtlich eine zusammengewürfelte Gruppe (im 4. Buch Mose Kapitel 11, Vers 4 Pöbel genannt).«

Folgt man dem Alten Testament, dann war Mose dazu ausersehen, den Pharao zu bitten, die gefangenen Israeliten gehen zu lassen. Der mächtige Herrscher ließ sich aber nicht erweichen. So schickte Gott die zehn Plagen. Auch die zehn Plagen (2. Buch Mose Kapitel 7 bis Kapitel 12), die den Pharao zum Nachgeben zwangen, sind nicht belegbar. Ebensowenig gab es die angebliche Flucht einer nach biblischen Angaben gewaltigen Volksmenge. Dieser Massenexodus umfaßte nach den Angaben der Bibel mindestens eine Million Sklaven und deren Angehörige. Kein ägyptischer Historienschreiber erwähnt die Massenflucht, keine einzige der wahrlich für Mensch und Tier schlimmen Katastrophen wird auch nur mit einem einzigen Wort beschrieben. Heutige Bibelwissenschaftler sind sich weitestgehend darin einig, daß der so anschaulich geschilderte Auszug gar nicht stattfand.

Die zehn Plagen rufen schon seit vielen Jahrhunderten skeptische Bibelkritiker auf den Plan. Tatsächlich weist die Schilderung der von Gott gesandten Plagen logische Fehler auf. Durch die fünfte Heimsuchung wird das ägyptische Volk in seiner Existenz bedroht: »Da starb alles Vieh der Ägypter.« Das war für ein Agrarland katastrophal. Dennoch gab der Pharao nicht nach. Also folgte die sechste Plage. Eine Blatternepidemie brach aus und suchte sowohl die Ägypter als auch das Vieh heim. »Da brachen auf böse Blattern an den Menschen und am Vieh.« Wie sollte das möglich sein? Wie kann das Vieh der Ägypter in der sechsten Plage mit Blattern gequält werden, wo doch durch die fünfte Plage bereits alles Vieh der Ägypter vernichtet worden war?

Nimmt man den biblischen Text wörtlich, dann wurde Vieh krank, das es schon gar nicht mehr gab. Doch damit nicht genug. Als auch die sechste Plage beim Pharao keinerlei Wirkung zeigte, schickte Gott die siebte Plage: Hagel, »so schwer wie er noch nie in ganz Ägyptenland gewesen war, seitdem die Leute dort wohnen«, prasselte auf Mensch und Tier hernieder. Die Folgen waren wiederum katastrophal: »Und der Hagel erschlug in ganz Ägyptenland alles, was auf dem Felde war, Menschen und Vieh.« Wieder taucht also das ominöse Vieh auf.

Nachdem das Vieh der Ägypter bereits der fünften Plage zum Opfer gefallen war, wurde es in der sechsten Plage erneut dahingerafft (Blattern), um schließlich in der siebten Plage zum dritten Mal getötet zu werden! Man müßte annehmen, daß nun kein Ägypter mehr über lebendes Vieh verfügte. Wir werden aber eines besseren belehrt. Die zehnte und letzte Plage, die den Pharao schließlich dazu veranlaßt, das Volk Israel endlich ziehen zu lassen, trifft die Erstgeburt: »... und zur Mitternacht schlug der Herr alle Erstgeburt in Ägyptenland vom ersten Sohn des Pharao an, bis zum ersten Sohn des Gefangenen im Gefängnis ... und alle Erstgeburt des Viehs.«

Die zehn Plagen haben seit Generationen Laien wie Theologen streiten lassen. Skeptiker weisen mit Recht auf Widersprüche in den Texten hin. Während die einen versuchen zu belegen, daß es sich bei den vermeintlichen Wundern gar nicht um Übernatürliches gehandelt habe, bemühen sich die anderen mit Akribie darum, die biblischen Schilderungen als korrekte Beschreibung von Gottes Wirken zu belegen.

Wenn es in den mosaischen Texten heißt, das Nilwasser habe sich in Blut verwandelt, dann könnte es dafür tatsächlich eine einfache, rationale Erklärung geben: Der »Bluteffekt« wurde womöglich durch die sogenannte Burgunder-Alge bewirkt, die das Wasser rot färbte und für Tier und Mensch ungenießbar machte. Die Mückenplage suchte tatsächlich gelegentlich das Land heim. Biologen neigen heute dazu, die sogenannte Hundsfliege verantwortlich zu machen. In Massen auftretend, konnte dieses Insekt zur wirklichen Plage werden und Mensch wie Tier das Leben zur sprichwörtlichen Hölle machen. Auch Frösche konnten, wenn die für das Ackerland links und rechts des Nils so wichtige Überschwemmung für natürliche Düngung sorgte, in einer Unzahl – und somit durchaus als Plage – auftreten. Auch die schlimme Viehpest, an der das mächtige Land der reichen Pharaonen laut mosaischem Text zu leiden hatte, muß nichts Übernatürliches gewesen sein. Selbst wenn die Hinweise in der Bibel mehr als vage sind, liegt die Vermutung nahe, daß es sich dabei um die sogenannte Nilkrätze handelte.

Seit Jahrhunderten tut sich eine hitzige Front zwischen Bibelgläubigen und Bibelgegnern auf. Es scheint, als hätten sich beide Parteien so intensiv in ihren Stellungen vergraben, daß sie die eigentliche Aussage des Texts gar nicht mehr sehen können.

Aber stehen die konträren Positionen wirklich im Gegensatz zueinander?

Man muß sich vor Augen führen: Die Menschen der Zeit, als der Plagenbericht entstand, kannten das Tier- und Pflanzenreich der biblischen Regionen. Die klimatischen Verhältnisse damals waren ihnen ebenfalls bestens vertraut. Nur wir müssen oft mühsam erforschen, was damals jedem bekannt war.

Warum aber wählten die Verfasser des »Plagentextes« vermeintliche Wunder, die natürlich erklärt werden können – und die nur dem der Natur entfremdeten Menschen von heute als mysteriös erscheinen müssen? Der moderne Mensch vermutet übernatürliche Zauberei, wo der Zeitgenosse der biblischen Autoren alltägliche Phänomene ausmacht. Die Antwort auf den Streit zwischen Bibelgläubigen und Bibelgegnern ist einfach. Der vermeintliche Gegensatz ist gar keiner.

Gott agiert, um den Israeliten zur Freiheit zu verhelfen. Er handelt jedoch nicht mit Hilfe von Magie. Er transportiert sein Volk nicht von einer Sekunde auf die andere aus der Gefangenschaft in Ägypten in das Gelobte Land, sondern setzt Druckmittel ein, die alles andere als übernatürlich sind. Gott handelt nicht als Magier gegen die Naturgesetze, vielmehr beachtet er sie.

Die biblischen Autoren zeichneten somit ein anderes Gottesbild, als uns vertraut ist. Gott wirkt im Rahmen der Naturgesetze. Er hebt sie nicht auf, sondern stärkt den Menschen, der sein Ziel aber aus eigener Kraft erreicht. Demnach ist die Schilderung der zehn Plagen ein deutlicher Hinweis: Gott hilft, aber der Mensch muß handeln, in Eigenverantwortung.

So ist es denn Mose, der das Volk Israel aus der Sklaverei in die Freiheit führt. Und mit diesem wahrlich tatkräftigen Menschen schließt Gott sein drittes Bündnis. Wieder hilft Gott, wenn die Lage kritisch wird. Wer kennt nicht die Szene, die das Alte Testament so dramatisch beschreibt (2. Buch Mose Kapitel

14, Vers 21): »... und der Herr trieb die ganze Nacht das Meer durch einen starken Ostwind fort. Er ließ das Meer austrocknen; und das Wasser spaltete sich. Die Israeliten zogen auf trockenem Boden ins Meer hinein, während rechts und links von ihnen das Wasser wie eine Mauer stand.«

Bibelhistoriker sind sich heute darin einig, daß hier gar nicht vom Roten Meer die Rede ist, welches das Volk Israel trockenen Fußes durchwandern konnte. Die unbekannten Verfasser dachten vielmehr an ein Schilfmeer. Sie beschrieben also eine waghalsige Flucht durch morastige Gegend, in der die Truppen der Ägypter mit ihrem schweren Gerät im Schlamm steckenblieben. Erneut erfolgte die Hilfe Gottes keineswegs durch das Aufheben von Naturgesetzen und durch atemberaubende Zauberei. Das mag den Übersetzern, viele Jahrhunderte nach Niederschrift der Texte, zu wenig sensationell gewesen sein. Sie wollten Gott als Wundermann sehen, der auch Unmögliches schafft.

Doch ein in diesem Sinne wirklich allmächtiger Gott hätte die versklavten Israeliten binnen einer Sekunde in das Gelobte Land versetzen können. Sie wären dann weder einer Verfolgung noch den Strapazen eines vierzigjährigen Wüstenmarsches ausgesetzt gewesen. Doch der Gott des Alten Testaments ließ die Menschen ihr wichtiges Ziel aus eigener Kraft selbst erreichen.

Vierzig Jahre lang marschierte ihr Troß durch die unwirtliche Wüste, gequält von Hitze am Tag und von Kälte in der Nacht, oft gepeinigt von Hunger und Durst. Als Führer für das Volk der Israeliten sah Gott Mose vor, der alles andere als ein frömmelnder Schwächling war. Mose war vielmehr ein Mann mit Gerechtigkeitssinn, der sich nicht beherrschen konnte. Als er in ägyptischer Sklaverei beobachten mußte, wie ein Aufseher (2. Buch Mose Kapitel 2, Verse 11 und 12) »einen seiner hebräischen Brüder schlug ... da schaute er sich nach allen Seiten um, und als er sah, daß kein Mensch da war, da erschlug er den Ägypter und verscharrte ihn im Sande«.

Diesen Mose erwählte Gott aus, um einer der wichtigsten Männer in der Geschichte des Judentums zu werden. Der Mörder Mose ist dazu berufen, das versklavte Volk zu befreien. Mit ihm schließt der Gott des Alten Testaments zum dritten Mal seinen Bund (2. Buch Mose Kapitel 19): »Am ersten Tag des dritten Monats nach dem Auszug der Kinder Israel aus Ägyptenland, genau auf den Tag, kamen sie in die Wüste Sinai.« Gott selbst, so will es das Alte Testament wissen, stieg vom Himmel herab, um sich mit Mose zu treffen.

Bei dieser Begegnung händigte Gott Mose die beiden Tafeln mit den zehn Geboten aus. Hier in der Wüste sollen die beiden Tafeln mit den knapp formulierten Geboten den Menschen übergeben worden sein, die später zum Fundament des Christentums wurden. Mit dem dritten Bund in der Wüste zwischen Gott und Mensch wurde die kleinste der sieben großen Weltreligionen gegründet.

Festgelegt wurden damals Vorschriften, deren Befolgung ein harmonisches Miteinander der Menschen gewährleisten sollte: »Du sollst nicht töten! Du sollst nicht ehebrechen! Du sollst nicht falsch Zeugnis reden gegen deinen Nächsten! Du sollst nicht begehren deines Nächsten Weib, Knecht, Magd, Rind, Esel, noch alles, was dein Nächster hat.«

Neben diesen Geboten, deren Einhaltung für jede zivile Menschengemeinschaft selbstverständlich sein sollte, gibt es eine schier ausufernde Menge von Fallbeispielen aus dem Leben, die alle aufgelistet wurden – offensichtlich um möglichst jede denkbare Eventualität zu erfassen. Wenige der zahlreichen Gesetze sind heute noch bekannt, denn kaum jemand liest die Litaneien von Aneinanderreihungen von anachronistischen Verhaltensweisen und wie sie zu ahnden sind. Ein Gebot aber kennen auch heute selbst Agnostiker (2. Buch Mose Kapitel 21, Vers 24): »Auge um Auge, Zahn um Zahn, Hand um Hand, Fuß um Fuß.« Die Vorschrift, Gleiches mit Gleichem zu vergelten, wird gewöhnlich als das typische Rechtsdenken des Judentums angesehen und gern als Gegensatz zum Christentum herausgestellt. In der Tat: Aus heutiger Sicht erscheint die Forderung, dem Übeltäter genau das zuzufügen, was er seinem Opfer antat, äußerst brutal.

Man muß sich aber vergegenwärtigen, daß in der Zeit, bevor die mosaischen Gesetze als Normen postuliert wurden, die grausamen und ungeschriebenen Gesetze der Blutrache galten. Eine Straftat führte dann geradezu zwangsläufig zu einer kaum aufzuhaltenden, stetig anwachsenden Welle von Gewalt. Du hast meinen Bruder verletzt? Dann töte ich deinen Bruder! Du hast meinen Bruder getötet? Dann töte ich zwei deiner Brüder! Du hast zwei meiner Brüder getötet? Dann töte ich deine ganze Familie! Du hast meine ganze Familie getötet? Dann töte ich deinen ganzen Stamm.

Es gab keine normierten Gesetze, sieht man einmal vom Gesetz der Blutrache ab. Das »Auge um Auge, Zahn um Zahn« des mosaischen Gesetzes mutet aus heutiger Sicht brutal und grausam an. Zur Zeit Mose jedoch setzte es einer Spirale der Gewalt ein Ende. Die Blutrache wurde durch einen konkreten Gesetzeskanon ersetzt. Jetzt wird ein Tötungsdelikt mit der Tötung des Delinquenten geahndet. Die Bestrafung ist geregelt. Es folgt – anders als bei der Blutrache – keine neuerliche Ahndung der Bestrafung.

Somit wurde die Blutrache, die seit Menschengedenken Usus war, abgeschafft. Als ähnlich revolutionär muß damals auch die teilweise Abschaffung der Sklaverei erachtet worden sein. Selbst wenn das mosaische Gesetz weiterhin Sklaverei duldet, wird dennoch der Menschenhandel zumindest eingeschränkt. Bevor die mosaischen Gesetze in Kraft traten, waren Sklaven wie Tiere der

Willkür ihrer Besitzer ausgesetzt. Nun galten auch für Sklaven erstmals Gesetze. So heißt es (2. Buch Mose Kapitel 21, Verse 1 und 2): »Dies sind die Rechtsordnungen, die du ihnen vorlegen sollst: Wenn du einen hebräischen Sklaven kaufst, so soll er dir sechs Jahre dienen; im siebten Jahr aber soll er freigelassen werden ohne Lösegeld.«

Die mosaischen Gesetze waren ein großer Schritt in Richtung einer Rechtsprechung, wie wir sie heute kennen, weil sie konkrete Strafen für konkrete Taten festlegten. Die Abschaffung der ausufernden Blutrache muß als großer Fortschritt bezeichnet werden. Dabei darf allerdings nicht übersehen werden, daß oft unverständlich harte Strafen gefordert wurden. Vergewaltigern drohte nach dem mosaischen Gesetz die Todesstrafe, aber unter Umständen auch dem Opfer. Hatte sich das Opfer nicht ausreichend gewehrt, so war es des Todes. Erfolgte die Notzucht in freier Natur, fern anderer Menschen, durfte das Opfer am Leben bleiben.

Als weniger verwerflich sah es die mosaische Gesetzgebung an, wenn eine Frau mißbraucht wurde, die nicht verlobt war. Dann mußte der Täter lediglich eine Strafe von fünfzig Silberstücken an den Vater des Mädchens zahlen – und sein Opfer ehelichen. Er durfte sich auch nicht mehr scheiden lassen.

Geschützt werden sollte durch das Gesetz auch die Jungfräulichkeit der Frau (5. Buch Mose Kapitel 22, Verse 13 bis 21). Wer zu Unrecht behauptete, eine Frau sei keine Jungfrau mehr gewesen, als sie in die Ehe ging, der wurde verprügelt und mußte ein erhebliches Strafgeld zahlen. Stimmte aber die Behauptung, dann galt die Frau als Ehebrecherin und wurde zu Tode gesteinigt.

Bei aller Würdigung der Abschaffung der Blutrache als Verdienst der mosaischen Gesetzgebung darf man aber nicht aus den Augen verlieren, daß das Alte Testament auch immer wieder die Todesstrafe für Verbrechen fordert, die nach unserem Verständnis gar keine sind. So drohte unerzogenen Knaben der Tod durch Steinigung (5. Buch Mose Kapitel 21, Verse 18 bis 21): »Wenn jemand einen widerspenstigen und ungehorsamen Sohn hat, der der Stimme seines Vaters und seiner Mutter nicht gehorcht und auch, wenn sie ihn züchtigen, ihnen nicht gehorchen will, so sollen ihn Vater und Mutter ergreifen und zu den Ältesten der Stadt führen und zu dem Tor des Ortes und zu den Ältesten der Stadt sagen: Dieser Sohn ist widerspenstig und ungehorsam ... So sollen ihn steinigen alle Leute seiner Stadt, daß er sterbe, und du sollst das Böse aus deiner Mitte wegtun.«

Auch was die Homosexualität angeht, ist die mosaische Gesetzgebung eindeutig: Ein Mann, der homosexuelle Neigungen auslebt, muß hingerichtet werden. Es mutet schon kurios an, wenn im gleichen Atemzug ein weiteres sexuelles Vergehen genannt wird, das ebenfalls mit der Todesstrafe geahndet wird: Wer mit einer Frau und mit deren Mutter intim wird, der soll, zusammen mit beiden Frauen, verbrannt werden (3. Buch Mose Kapitel 20, Verse 13 und 14).

Kein Priester fordert heute absoluten Respekt ein mit dem Hinweis auf das mosaische Gesetz, wonach dem Geistlichen als absoluter Autoritätsperson strikter Gehorsam zu leisten ist (5. Buch Mose Kapitel 17, Verse 12 und 13): »Und wenn jemand vermessen handeln würde, daß er dem Priester nicht gehorcht, der dort im Dienste des Herrn, deines Gottes, steht ... der soll sterben ... auf daß alles Volk gehorche und sich fürchte und nicht mehr vermessen sei.«

Wer im alten Israel am Sabbat Holz sammelte, der mußte damit rechnen, von der gesamten Gemeinde gesteinigt zu werden. Das geschah ausdrücklich auf Befehl Gottes (4. Buch Mose Kapitel 15, Verse 32 bis 35).

Mit dem Auszug der Israeliten aus der ägyptischen Gefangenschaft und dem dritten Bund Gottes begann die eigentliche Geschichte des Judentums. Lange vor dem mystischen Gottesbündnis mit Mose gab es unter den Nomadenvölkern einen alten Brauch: Wenn ein neuer Weideplatz aufgesucht wurde, zelebrierte man ein Opfermahl. Diese alte Sitte wurde übernommen, aber umgedeutet. Als Gott (2. Buch Mose Kapitel 11 bis Kapitel 13) mit der zehnten Plage den Tod aller ägyptischen Erstgeborenen ankündigte, sollten die Erstgeborenen der versklavten Israeliten verschont bleiben. Gott selbst wollte durch das Land gehen und alle erstgeborenen Kinder und Tiere töten. Die Israeliten aber sollten ihre Türen mit dem Blut geschlachteter Lämmer bestreichen. Dann würde Gott wissen, an welchen Behausungen und Stallungen er vorübergehen konnte. Aus dem Hebräischen »pascha« – vorübergehen – wurde so das Pascha-Fest im Judentum.

Der mosaischen Überlieferung nach veranlaßte erst die blutige zehnte Plage den Pharao, Mose mit seinem Volk ziehen zu lassen. Die Flucht erfolgte überstürzt. Frisches Brot war noch nicht gebacken, man mußte ungesäuerten Teig mitnehmen. In Erinnerung an den Aufbruch aus der Fremde wird auch heute noch das Paschafest gefeiert, an dem es – wie an jedem hohen jüdischen Feiertag – nur ungesäuertes Brot gibt. Bevor es für sieben Tage lang begangen werden kann, muß vorher aus jedem Haus auch der kleinste Krümel Sauerteig entfernt werden. Diese Vorbereitung ist für das Fest ebenso wichtig wie die Feier selbst.

Das Pascha-Reinheitsgebot wird von strenggläubigen jüdischen Orthodoxen mit geradezu pedantischer Sorgfalt beachtet. Selbst winzigste Spuren gesäuerten Brots wären ein absoluter Tabubruch. Ein Stück Brots etwa, achtlos in den See Genezareth geworfen, löst sich auf. Wenn dann das Wasser des Sees über die Leitungen in die Haushalte kommt, könnten theoretisch mikroskopische Spuren gesäuerten Brots trotz des Pascha-Verbots mit dem Wasser unwissentlich konsumiert werden. Für einen strenggläubigen Juden wäre das aber schon ein Verstoß gegen göttliches Gesetz.

Die für manchen Nichtjuden pedantisch erscheinende Einhaltung des Pascha-Reinheitsgebots ist typisch für die Haltung gegenüber den 613 Ge- und Verboten für den Alltag. Die Erfüllung der Vorschriften dient nicht dem Selbstzweck. Gott hat sich Mose gegenüber offenbar. Er hat einen Bund geschlossen, der für beide Seiten verpflichtend ist. Das Volk Israel wird von Gott als sein Volk auserwählt, und das Volk Israel huldigt nur Gott Jahwe als einzigem Gott und befolgt seine Gebote.

Der Begriff der Unreinheit ist im Judentum eng mit der Ablehnung fremder Götter verbunden. Vermutlich wurden zunächst bestimmte Tiere, die anderen Göttern geopfert wurden, als unrein geschmäht. So wurde die Verachtung für fremden Glauben zum Ausdruck gebracht. Fremdes Land wurde für den Juden durch fremde Kulte zum unreinen Land. Wer Götzenland betrat, wurde unrein. Aus diesem Grund kommt eine missionarische Tätigkeit für das Judentum nicht in Betracht.

Wie die Berührung von Unreinem konnte aber auch der Kontakt mit Heiligem unrein machen. Auf diese Weise sollte das Heilige geschützt werden. Als heilig sah man die Sakralkleidung des Priesters an. Nach Verrichtung des Dienstes mußte sie abgelegt werden. Wurde sie außerhalb der religiösen Zeremonien getragen, machte sie den Menschen unrein.

Schon im Paradies entfernte sich der Mensch von Gott. Deshalb mußte er den Garten Eden verlassen. Die Sehnsucht des Menschen nach diesem Paradies ist groß. Er hat nur eine einzige Chance: Er muß die zahlreichen Gebote Gottes buchstabengetreu im alltäglichen Leben befolgen. Er erweist Gott gegenüber Gehorsam, indem er dem göttlichen Willen folgt, so wie er in der Thora dargelegt wird. Als »Thora«, zu deutsch »Gesetz« oder

»Weisung«, bezeichnet man im Judentum die fünf Bücher Mose. Strenggenommen haben diese nach Mose benannten Werke Vorrang in der Glaubenswelt des Judentums. Doch zählt man auch die weiteren Werke des Alten Testaments, etwa die biblischen Geschichtsbücher oder die großen und kleinen Propheten, zu »Weisung« und »Gesetz Gottes«. Die schriftlich fixierte Lehre Gottes war ungleich mehr als nur ein Buch zur Übermittlung von wichtigen Informationen. Von Anfang an sah man die Beschreibung des Heiligen selbst auch als etwas Heiliges an.

Die Thora wird in schwarzer Tinte mit einem Federkiel auf Pergament geschrieben. Das Schreibmaterial und auch das Pergament müssen den strengen Reinheitsgeboten genügen. Alles muß ohne den kleinsten Fehler in schönster Schrift, Buchstabe für Buchstabe, also makellos, niedergelegt werden. Ein einziger Schreibfehler oder eine etwas schief geratene Zeile – und die Thora ist nicht mehr rein und somit für den Gottesdienst ungeeignet.

Es versteht sich von selbst, daß die reine Thora-Rolle das Zentrum einer jeden Synagoge bildet. Sie wird mit höchstem Respekt behandelt. Ein sorgsam gefertigtes Futteral schützt sie, und sie wird in einem besonderen Schränkchen hinter einem Vorhang geradezu versteckt.

Rein – koscher – mußte das Leben sein. Was rein ist und was nicht, legt die Thora fest. Der einzelne Mensch soll sich um Reinheit bemühen, aber auch das Volk Israel soll nach Reinheit streben. Ein Handeln gegen die mosaischen Gesetze ist für den gläubigen Juden unrein. Der Verbrecher im Volk verhindert in diesem Sinne Reinheit. Das Befolgen der Gesetze hingegen führt zu Reinheit: von der Geburt des Menschen bis zu seinem Tod.

Alles wird mosaisch geregelt: Wann ein Knabe beschnitten wird, wann eine Frau auf Geschlechtsverkehr verzichten muß, wie der Rabbi gekleidet sein muß, welches Fleisch nicht verzehrt werden darf. Es ist dabei unsinnig, logisch begründen zu wollen. Hygienische Überlegungen etwa sind nicht vorrangig, wenn es um das Verbot geht, Schweinefleisch zu essen.

Die Gesetze sind Gottes Wort und müssen befolgt werden, weil es die Gesetze Gottes sind. Der Gehorsam ist ein Zeichen des Menschen jüdischen Glaubens: Ich lebe nach dem Gesetz und halte meine Verpflichtung. Ich leiste meinen Teil des zwischen Gott und Mensch geschlossenen Bundes. Der Christ spricht von seinem Glauben. Der gläubige Jude meidet diesen Ausdruck. Gott ist absolute, unbezweifelbare Realität. Man glaubt nicht an ihn, sondern man nimmt seine Realität an. Und man befolgt seine Gesetze.

So präzise die zahlreichen mosaischen Gesetze – zum Beispiel in den exakten Vorschriften, was gegessen werden darf und was nicht – auch sind, es wurde vermutlich seit Bestehen des Judentums über die Auslegung der Gebote und Verbote diskutiert. Auch wenn viele konkrete Beispiele in der Thora genannt werden, ergaben sich immer wieder Situationen, die nicht von einem mosaischen Gesetz erfaßt wurden. Daraus entstanden Fragen der Gläubigen, die auf keinen Fall ein Gesetz Gottes verletzen wollten. So kam es schließlich zu einer Ergänzung: Zur schriftlich fixierten Thora kam die mündliche hinzu, Talmud genannt. Im zweiten und ersten Jahrhundert vor und im ersten wie im zweiten Jahrhundert nach Christus sammelte sich eine Flut von Erklärungen, die vom Umfang her bald ein Vielfaches der erklärten Texte ausmachten.

Über Jahrhunderte hinweg lebte diese mündliche Tradition. Sie hat wesentlich dazu beigetragen, das Judentum als Religion zu erhalten. Gegen Ende des ersten nachchristlichen Jahrhunderts existierte Israel als eigenständiges Land nicht mehr. Das Judentum überlebte in der mündlichen Überlieferung mehr als in der Buchfassung der Thora.

Die mündlichen Erklärungen zur Thora begannen dann allerdings langsam auszuufern. Es entstand das Bedürfnis, sie schriftlich zu fixieren, um den Gläubigen einen Leitfaden fürs Leben zu geben. Was als Lebenshilfe gedacht war, wurde nach und nach zu einer Last. Schließlich existierten so viele Ergänzungen und Auslegungen, daß niemand mehr das Schrifttum überblicken konnte.

Im 6. Jahrhundert n. Chr. lag die »mündliche Thora« auch in schriftlicher Form vor. Es kamen im Verlauf der Jahrhunderte noch Kommentare zu den Kommentaren hinzu. Die Flut an Erklärungen zu den Geboten und Verboten war bald auch für gelehrte Rabbis kaum noch zu durchschauen. Die mündlichen Erklärungen und Ergänzungen, auch »Mischna« genannt, sollten das Leben des Gläubigen erleichtern. In welche noch so individuelle Situation der einzelne Mensch auch geriet, er sollte immer einen Leitfaden haben, der ein richtiges Handeln ermöglichte.

Eine der wichtigsten Gruppen des Judentums sind die Sadduzäer. Wann sie zum ersten Mal auftraten, ist ungewiß. Vielleicht begannen sie schon im sechsten vorchristlichen Jahrhundert auf sich aufmerksam zu machen. Unklar ist auch, wie der Name »Sadduzäer« entstand. Ihr Programm war fest umrissen: Die Sadduzäer setzten sich für eine strikte Befolgung der göttlichen Gesetze ein. Sie anerkannten allerdings ausschließlich die fünf mosaischen Bücher Mose. Die anderen Teile des Alten Testaments, so zum Beispiel die prophetischen Bücher, lehnten sie ab, was zur Folge hatte, daß sie wichtige Lehren, die sonst im Judentum zum Glaubensfundament gehörten, nicht nachvollziehen konnten. Beispielsweise glaubten sie nicht an einen zukünftigen Messias. Die Hoffnung auf eine Auferstehung der Toten in der messianischen Zeit negierten sie deshalb ebenfalls.

Um 150 v. Chr. machten sich im »Heiligen Land« die Pharisäer, eine religiöse Organisation, bemerkbar, die man als neue

Frömmigkeitsbewegung bezeichnen kann. Die Wurzeln dieser Gruppe sind umstritten. Unter Johannes Hyrkanus I. (135 bis 104 v. Chr.) organisierten sich die Pharisäer zu gemeinsamem Protest gegen die zunehmende Verweltlichung des Priestertums. Sie beklagten, daß die mosaischen Gesetze immer weniger Beachtung fänden, und forderten eine Rückkehr zu einem gottgefälligen Leben, was ihrer Ansicht nach dringend erforderlich war, um die Gunst Gottes zurückzugewinnen, der seinem Volk schwere Schicksalsschläge sandte, um die Verfehlungen der Menschen zu ahnden.

Sowohl die Sadduzäer als auch die Pharisäer waren für eine Erneuerung des Judentums durch Rückbesinnung auf die Gesetzesnormen. Die Pharisäer versuchten allerdings durch die Art der Auslegung das Befolgen der mosaischen Gesetze zu erleichtern. Das Sabbatgesetz verbietet eindeutig, einen Gegenstand aus einem Wohn- und Lebensbereich in den anderen zu tragen. Innerhalb eines Bereichs durfte er aber hin- und hergeschafft werden. Befolgt werden mußte die Vorschrift, aber es fehlte eine Angabe im Gesetz über die Größe eines Bereichs. Wenn man vor dem Sabbat im Hof Nahrungsmittel deponierte, dann gehörte der Hof zum »Bereich«. Somit durften Gegenstände auch am Sabbat über den Hof geschleppt werden, was sonst strikt verboten war.

Die Sadduzäer waren im ersten Jahrhundert vor Christus alles andere als erfreut über die Vorherrschaft der Römer im Heiligen Land. Die Besatzer waren doch Ungläubige, welche die mosaischen Gesetze mit Mißachtung behandelten. Auf der anderen Seite bangten sie um die eigene Macht im Land. So empörten sie sich über Aufständische. Warum? Vermutlich geschah dies aus Angst, die Römer könnten beim Kampf gegen Aufwiegler auch gleich die Rechte der Zeloten zumindest beschneiden. Ihre mehr oder minder deutliche Kooperation brachte ihnen die Gunst der römischen Mächtigen ein. Die Römer revanchierten sich und setzten mit Nachdruck durch, daß aus Sadduzäerfamilien viele Hohepriester rekrutiert wurden.

Die Pharisäer hingegen galten beim Volk als fromm und gläubig. Sie waren wegen ihres als sprichwörtlich geltenden Gerechtigkeitssinns im Volk sehr beliebt. Den Römern gegenüber verhielten sie sich abwartend und zurückhaltend. Es war aber keineswegs die nackte Angst vor den Herrschenden, die zu einer gewissen Passivität führte.

Zum einen gab es die Fraktion, die in den heidnisch-ungläubigen Römern eine Strafe Gottes sah. Als einziges Mittel, wieder von dieser Last befreit zu werden, setzte man auf das strikte Einhalten der mosaischen Gesetze. Damit, so glaubte man, könne man Gott wieder besänftigen. Milde gestimmt, würde Gott die Geißel der Römer in der Versenkung verschwinden lassen. Zum anderen existierte eine – wohl kleinere – Fraktion, die Frömmigkeit als Waffe nicht als ausreichend betrachtete. Diese Gruppierung hoffte, Gewalt sei das Mittel, um die Oberherrschaft der Römer zu beenden. Nur mit Gewalt könne man den Grundsatz »Kein Herr über uns als Gott!« durchsetzen.

Die Thora war die Quelle des Judentums. Sie erklärte und bestimmte auch das Jude-Sein. Und im Mittelpunkt des Lebens im Judentum stand der Tempel mit seinem Altar. Als sich im Jahre 70 n. Chr. das jüdische Volk gegen die Römer erhob, kam es zu einem Kampf zwischen David und Goliath. Doch diesmal siegte Goliath, und David lag am Boden. Das Zentralheiligtum, der Tempel von Jerusalem, wurde fast vollständig zerstört. Nur die westliche Mauer und die Plattform, auf der er einst gestanden hatte, blieben erhalten. Es begann die tempellose Zeit, doch auch nach der Zerstörung des Tempels existierte das religiöse Judentum fort. Trotz steter Verfolgung lebte es fort, auch wenn über Jahrhunderte hinweg das »jüdische Volk« weit über die Welt verstreut lebte. Nicht einmal eine gemeinsame Sprache gab es mehr, vom altehrwürdigen Hebräisch abgesehen, das in den Synagogen weltweit die Sprache des jüdischen Glaubens blieb. Erst im modernen Staat Israel des 20. Jahrhunderts erlangte das Judentum wieder eine politische Bedeutung, indem die in aller Welt verstreuten Juden wieder eine geographische Heimat fanden, gleichgültig, ob sie in Brooklyn, Berlin, Bombay oder Jerusalem wohnten.

Worin aber besteht das Geheimnis des Judentums? So unbeschreiblich glanzvoll und mächtig der Gott des Judentums ist, so ist der Mensch bei allen seinen Fehlern der Bündnispartner Gottes. Jahwe, seinen Ursprüngen nach vermutlich ein lokaler Gewittergott, erwählt sich die Juden als sein Volk. Und die Juden nehmen Gott Jahwe als ihren alleinigen Gott an. Der Mensch der Thora ist fehlerhaft und kommt immer wieder vom Weg ab, doch Gott weist ihn immer wieder ein. Gott steht dem Menschen bei, aber der Mensch hilft sich tatkräftig selbst: Er nimmt die Qualen vierzigjähriger, strapaziöser Wanderschaft durch die Wüste ins »Gelobte Land« auf sich, so wie er selbst die Arche baute, um die grauenhafte Sintflut zu überstehen.

Bibelkritiker weisen nach, daß historisch so manches nicht stimmt, was die Bibel behauptet. Es ist aber nicht die geschichtliche Berichterstattung, die das Alte Testament zur Basis des Judentums macht. Vielmehr ist es die einzigartige Partnerschaft zwischen Gott und den Menschen, die im Zentrum besonders der mosaischen Texte steht. Der Mensch des Judentums kann selbstbewußt sein. Heißt es doch in den Psalmen (Ps. 8, Vers 6): »Du (Jahwe) hast ihn (den Menschen) wenig niedriger gemacht als Gott. Mit Ehre und Herrlichkeit hast du ihn gekrönt.«

Diese Gottesnähe von Mensch zu Gott mißfiel manchem Bibelübersetzer, der dann aus »Gott« die »Engel« machte und behauptete, der Text müsse als »Du (Jahwe) hast ihn (den Menschen) wenig niedriger gemacht als die Engel« übersetzt werden.

Der Mensch der mosaischen Texte ist stark. Ihm wurde die Erde von Gott übergeben, nicht um sie auszuplündern und aus Gewinngier zu verwüsten, sondern um sorgsam mit ihr umzugehen.

2. DAS CHRISTENTUM: VON DER KRAFT DES GLAUBENS

Das Christentum ist die erfolgreichste Religion der Welt. Fast jeder dritte Mensch ist Christ. Doch was bedeutet der Name der mächtigsten Weltreligion? Der syrische Bischof Ignatius von Antiochia (gestorben zwischen 110 und 117 n. Chr.) verwendete ihn zum ersten Mal. Damit wollte er sich zu Jesus Christus bekennen. Christus steht dabei nicht als Name, sondern als Titel. Er soll Jesus als den Gesalbten, als den Messias kennzeichnen.

Die ehrenvolle Titulierung verweist auf den Ursprung des Christentums, der im Judentum liegt. Im ersten vorchristlichen Jahrhundert fühlte sich das Volk Israel zu Recht geknechtet. Man war nicht mehr Herr im eigenen Haus. Die Römer führten das Regiment, und je größer deren Willkür wurde, desto sehnsüchtiger wartete man auf einen zweiten Mose, denn einst hatte Mose das Joch der ägyptischen Sklaverei von den Israeliten genommen. Ein zweiter Mose sollte die Römerherrschaft beenden. Man hoffte auf den Messias. Neu war diese Sehnsucht nicht. Schon in der späten Königszeit (um das 8. und 7. Jahrhundert v. Chr.) schwärmte man von der angeblich so goldenen Vergangenheit. Damals hatte der legendäre König David noch über ein geeintes Israel geherrscht. Bald darauf zerfiel das jüdische Reich, und nach dem Exil in Babylon gab es nicht einmal mehr einen Nachfahren Davids auf dem immer bedeutungsloser werdenden Königsthron.

Zur Zeit Jesu war kaum ein theologischer Begriff so umstritten wie der des Messias. Irgendwann würde der Messias erschei-

Michelangelo Buonarotti
Das Jüngste Gericht
Ausschnitt: Christus (mit Maria) als Weltenrichter
1535–1541

nen, dann würde das »Reich Gottes« anbrechen. Aber wie würde dieses göttliche Imperium aussehen? Würde es auf das Land Israel begrenzt bleiben? Oder würde es die gesamte Erde umfassen? Würde es eine neue Zeit in der alltäglichen, irdischen Welt einläuten? Oder würde das Reich Gottes außerhalb von Zeit und Raum errichtet werden? Würde das Gottesreich nur für die Toten Wirklichkeit werden, den Lebenden aber noch verschlossen bleiben? Oder würde es eine Auferstehung geben, nach der das Reich Gottes nur den »Gerechten« offenstand?

Von den Sadduzäern einmal abgesehen, glaubten alle Israeliten – sowohl die Pharisärer als auch die Essener – an irgendeine Form eines zukünftigen Gottesreiches. Relativ umfangreiche Schriften beschäftigen sich mit dem Thema »Das Kommen des Messias und das folgende Gottesreich«. Diese Texte wurden aber nicht in das Alte Testament aufgenommen. In den Offenbarungen, »Apokalypsen« genannt, zeigen sich die unterschiedlichen Erwartungen.

Da gibt es einerseits die Vision von einem künftigen jüdischen Gottesreich. In Texten aus der Makkabäerzeit dominieren solche nationalistisch-irdischen Bilder. Nach einem Weltgericht werden die »Bösen« verurteilt und bestraft, den »Guten« hingegen steht ein weltliches Imperium offen. Es wird von Gott selbst regiert – durch seinen Stellvertreter, durch den Messias.

Andererseits findet sich auch eine ganz anders ausgerichtete Vision vom Gottesreich. Hier wird der Messias ebenfalls erwartet. Allerdings bereitet er die Menschen lediglich auf ein jenseitiges Reich vor. In den »Henochbüchern« etwa begegnet uns Gott als der große Weltenwanderer. Ihm sind alle Geheimnisse bekannt, besonders jene der Zukunft. Der Messias wird kommen, um zu richten.

Kompliziert wird die Suche nach einem einheitlichen Messiasbild dadurch, daß konträre Bilder vom Jenseits parallel nebeneinander beschrieben werden.

Die Pharisäer zu Jesu Zeiten waren vom Kommen des Messias überzeugt. Sie sahen aber realistisch, daß keine Messiasbewegung die Römer vertreiben konnte. Deshalb empfahlen sie, sich mit den römischen Machthabern zu arrangieren. Dabei glaubten die Pharisäer auch, daß der Messias die Unterdrückung beenden würde. Doch erst wenn man streng nach den mosaischen Gesetzen lebte, würde der Messias erscheinen. Kriegerische Rebellion wurde keineswegs nur aus opportunistischen Gründen abgelehnt. Rebellion oder Revolution gegen die Römer würde zu Gemetzel führen – auch in Jerusalem. Damit würde die Heilige Stadt entweiht werden.

Die Pharisäer glaubten, der Messias komme erst, wenn alle Gesetze – wie das der Sabbatruhe – eingehalten würden. So lange wollten die Zeloten jedoch nicht warten. Sie setzten auf Guerillataktik, auf den militärischen Angriff. In der Zeit der kriegerischen Befreiung glaubte man, nicht alle mosaischen Gesetze befolgen zu müssen.

Studiert man genauer, wann in Quellen aus jener Zeit der Ausdruck »Messias« benutzt wird, so erkennt man: Wenn zwei Juden von »Messias« sprachen, dann müssen sie keineswegs das gleiche Bild vor Augen gehabt haben. Zwei ganz unterschiedliche Konzepte werden deutlich: Version 1 (pharisäisch): Frommes Leben führt zum Kommen des Messias, der die Römer vertreibt. Version 2 (Volksglaube): Ein mutiger, heldenhafter Mann kommt, stürzt das Regime der Römer und offenbart sich durch seinen wundersamen Sieg gegen die eigentlich unbezwingbaren Römer als Messias. In den Augen des Volkes mußte sich ein Mensch erst als Messias qualifizieren. Wenn jemand verkündete: »Ich bin der Messias!«, dann wurde das vom Volk als Kampfansage verstanden. Die Anerkennung als Messias konnte es aber erst nach dem Sieg über die Römer geben.

Das Neue Testament ist wie das Alte Testament von Unbekannten verfaßt bzw. aus unterschiedlichen Quellen zusammengefügt worden. Diese Bearbeiter haben nach ihrem Empfinden keine Verfälschungen vorgenommen; ihnen ging es vordergründig weder um eine historisch richtige Darstellung der Biografie Jesu, noch lag ihnen daran, ein Geschichtsbuch im heutigen Sinne zu erstellen. Vielmehr wollten sie konkrete Glaubensvorstellungen, die ihrer Ansicht nach richtig waren, verständlich beschreiben. Im Vordergrund stand der Glaube, nicht die wissenschaftliche Suche nach Belegen für den Glauben. Die Texte waren daher in erster Linie Glaubensbekundungen, die anderen Menschen dabei helfen sollten, ebenfalls zum Glauben zu finden.

Der historische Jesus muß wohl den Apokalyptikern zugerechnet werden, die davon ausgingen, daß das Weltgericht und das sich anschließende »Reich Gottes« unmittelbar bevorstanden. So sagt er nach dem Evangelium, das nach Lukas benannt wurde (Kapitel 21, Verse 31 bis 33): »Wenn ihr dies alles gesehen habt, so wißt ihr, daß das Reich Gottes nahe ist. Wahrlich, ich sage euch: Dies Geschlecht wird nicht vergehen, bis daß es alles geschehe. Himmel und Erde werden vergehen, aber meine Worte vergehen nicht.« An anderer Stelle heißt es im selben Evangelium (Kapitel 9, Vers 27): »Ich sage euch aber wahrlich: Es sind etliche von denen, die hier stehen, die werden den Tod nicht schmecken, bis daß sie das Reich Gottes sehen.«

Dieser Text läßt an Eindeutigkeit nichts zu wünschen übrig. Jesus ging davon aus, daß das Reich Gottes in seiner Generation kommen würde. Offen bleibt dabei die Frage, ob sich Jesus selbst für den Messias hielt. Wenn er verkündet, prophezeit, daß das Reich Gottes noch zu Lebzeiten zumindest einiger seiner Zuhörer seinen Anfang nehme, dann offenbart er sich damit nicht als Messias.

Das Volk hatte zu Jesu Zeiten nicht die Muße, sich langwierigen theologischen Studien hinzugeben. Der Alltag war hart und beschwerlich. Man ächzte unter der Herrschaft der Römer und schimpfte auf ihre Verordnungen und Steuern, und man hoffte auf den Messias, der die Römer aus dem Land jagen würde. Die einfachen Menschen waren keine Illusionäre, sondern eher Realisten. Sie spürten die große militärische Überlegenheit der Römer. Da konnte nur ein wundertätiger Messias helfen.

Die Sehnsucht des Volks nach einem Messias findet sich, wenn auch als »geheime Botschaft«, im Neuen Testament – im Text von der Versuchung Jesu (Das Evangelium nach Matthäus Kapitel 4, Verse 1 bis 11, das Evangelium nach Lukas, Kapitel 1 bis 13). Das Volk sah die Römer als Ausbeuter. Der Messias sollte die Unterdrücker besiegen. Dann würde man endlich wieder sorgenfrei leben können, und es würden paradiesische Verhältnisse herrschen. Diese Erwartung thematisiert die erste Versuchung Jesu, welche die Verwandlung von Stein zu Brot behandelt.

Der Kampf des Messias gegen die Römer hat dem Messias überirdische Kräfte abverlangt. Mochte der Messias noch so tollkühn sein, ohne den Schutz der Engel konnte er im Kampf gegen die Römer nur verlieren. Um diesen himmlischen Schutz für Jesu geht es in der zweiten Versuchung Jesu. Selbst wenn er sich durch einen Sprung von der Zinne des Tempels dem eigentlich sicheren Tod ausliefert – dem Messias soll selbst dann nichts Böses widerfahren. Engel fangen ihn rechtzeitig auf.

Nach dem siegreichen Kampf des Messias gegen die Römer soll er, so erwartet es das Volk von ihm, zum Herrscher werden. Mit dem Messias als Anführer konnte das Volk der Israeliten nur unbesiegbar sein. Zunächst mußten jedoch die ungläubigen Römer besiegt werden. Dann galt es, alle Imperien der heidnischen Welt zu beherrschen. Darum geht es in der dritten Versuchung Jesu.

Man findet die wichtige Information in jeder Übersetzung des Neuen Testaments, allerdings versteckt. Wer jedoch die geheime Botschaft versteht, erkennt, wie das Volk von Jesus dachte. Das Volk jubelt bei Jesu Einzug in Jerusalem (Das Evangelium nach

Markus Kapitel 11, Vers 9 und Parallelstellen): »Gelobt sei der, der da kommt im Namen des Herrn!« »Im Namen des Herrn« kommt der Messias. Indem die Menschen Jesus so titulieren, bestätigen sie nicht vordergründig Jesu herausgehobene Stellung. Das Volk der Straße fordert Jesus vielmehr dazu auf, endlich zu handeln – als Messias. Man erwartet von ihm den Kampf gegen die verhaßten Römer.

Die von den Evangelisten geschilderte Szene von der »Versuchung« Jesu birgt ein Geheimnis in verschlüsselter Form. Umschrieben wird die Erwartung des Volkes, das sich Jesus als politischen Befreier wünschte. Aber warum wird die Position des Volkes dem Teufel zugeschrieben?

Im Evangelium nach Matthäus (Kapitel 16, Verse 13 bis 20) geht es konkret darum, wie das Volk Jesus wahrnahm. Jesus will von seinen Jüngern wissen, für wen ihn das Volk hält. Er bekommt eine verwirrende Antwort: »Etliche sagen, du seiest Johannes der Täufer, andere, du seiest Jeremia oder der Propheten einer.« Nun erkundigt sich Jesus weiter: »Wer sagt denn ihr, daß ich sei?« Simon Petrus antwortet: »Du bist Christus, des lebendigen Gottes Sohn!« Jesus ist mit dieser Antwort sehr zufrieden. Er lobt seinen Jünger Petrus geradezu überschwenglich: »Selig bist du, Simon, Sohn des Jonas: denn Fleisch und Blut hat dir das nicht offenbart, sondern mein Vater im Himmel.«

Ein wesentliches Element des Christentums tritt zutage. Der Messias des Alten Testaments taucht auch im Neuen Testament auf. Zu Lebzeiten Jesu herrschte ganz offensichtlich nach wie vor zunächst die Messias-Vorstellung des Judentums vor. Jesus selbst war Jude, seine Jünger waren Juden, sie lebten in einem besetzten, aber vom Judentum geprägten Land. Das Christentum als neue Religion, die Jesus auch gar nicht gründen wollte, existierte noch gar nicht. Mit Gewißheit verstanden Jesu Zeitgenossen den Ausdruck Messias daher im jüdischen, also im alttestamentarischen Sinne. Der »Messias/Christus« im Alten Testament war nicht Gottes Sohn. Er hatte überhaupt nichts Göttliches an sich. Daher wurde auch Mose als »Messias/Christus/Gesalbter« bezeichnet (siehe 2. Buch Mose Kapitel 30, Verse 22 bis 30). »Messias« in diesem Sinne war auch Aaron (siehe 3. Buch Mose Kapitel 8, Vers 12).

Paulus tituliert zum Beispiel einmal Mose als »Christus« (Der Brief an die Hebräer Kapitel 11, Verse 23 bis 26). In diesem konkreten Fall wird deutlich, daß eine sprachlich richtige Übersetzung dennoch unsinnig sein kann. In allen Übersetzungen ist davon die Rede, daß Mose die »Schmach Christi für größeren Reichtum als die Schätze Ägyptens« hielt. Mose kann jedoch von Jesus Christus nichts gewußt haben. Sinnvoller wäre es, von der »Schmach des Gesalbten« zu sprechen. Hier leitet »Christus« in die Irre.

Bei Jesaja (siehe Kapitel 45, Verse 1 bis 3) begegnet uns der »Messias« an ganz unerwarteter Stelle: »So spricht der Herr zu seinem Messias, zu Cyrus, den ich bei seiner rechten Hand ergriff, daß ich Völker vor ihm unterwerfe, und Königen das Schwert abgürte ...« Gott Jahwe spricht da zu »seinem Messias«, zu »seinem Gesalbten«. Aus christlicher Sicht könnte man auf Jesus schließen, doch der kann im »Alten Testament« nicht gemeint sein. Es geht eindeutig um den Gründer des persischen Großreiches, um »Cyrus den Großen«.

Als »Messias« wurden im Alten Testament Menschen bezeichnet, denen große Verdienste zugeschrieben wurden. Der »Messias/Christus« Mose holte das geknechtete Volk Israel aus ägyptischer Sklaverei nach Hause.

Nach und nach aber wandelte sich der Messias-Begriff: Man setzte Hoffnung in einen Messias, der die unterdrückten Juden vom Joch der Römer befreien würde. Schließlich stellte man sich den »Messias« immer mächtiger vor. Aus einem irdischen Helfer wurde ein himmlischer, der in Gottes Auftrag handelte – und der auf Gottes Unterstützung rechnen konnte.

Bemerkenswert aber ist dabei, daß der »Messias« keineswegs ins Göttlich-Überirdische entrückt wurde. So wie »Messias« Mose mit Gottes Beistand sein Volk retten konnte, so erhoffte man dies auch vom Messias im ersten Jahrhundert vor und im ersten Jahrhundert nach Christus. Dieses Messias-Verständnis verdeutlicht ein ganz besonderes Verständnis vom Menschen. Gott vertraut Adam und Eva den Garten Eden an. Sie sollen verantwortungsvoll damit umgehen. Gott warnt Noah vor der Sintflut, aber die Rettung muß er sich selbst hart erarbeiten. Nur weil er die Arche baut, überlebt Noah, und nur weil das Volk der Israeliten die Strapazen der Wüstenwanderung auf sich nimmt, schafft es die Flucht ins Gelobte Land. Auch zu Jesu Zeiten setzt man auf den Menschen, der mit Gottes Hilfe zum »Messias« wird.

Es ist das offene Geheimnis von Judentum wie Christentum: Der Mensch soll in scheinbar aussichtsloser Lage nicht verzagen und sich dem Untergang hingeben. Er soll nicht optimistisch auf himmlische Errettung setzen und dabei passiv bleiben. Der Mensch soll aktiv werden, dann entkommt er auch aus aussichtslos wirkender Lage. Der Mensch legt sein Schicksal nicht abwartend in Gottes Hand, der dann das Unmögliche mit Wunder- und Zauberkraft bewirkt. Nein, im Glauben an Gott findet der Mensch die Kraft, mutig für sich selbst einzustehen. Und dieser Glaube ist es, der von Gott mit Erfolg gekrönt wird.

In diesem Sinne glaubt auch das unterdrückte Volk der Israeliten an die Rettung, an den menschlichen Messias, dem Gott beisteht. Im Laufe der Jahrhunderte wurde das biblische Bild vom Verhältnis zwischen Mensch und Gott jedoch verfälscht. Der Mensch wurde immer kleiner und ohnmächtiger, Gott wurde immer größer und gewaltiger. Man entfernte sich immer weiter von der wirklichen Darstellung des Menschen im Judentum wie im Christentum. Wer der wirklichen Aussage von

Altem Testament wie Neuem Testament auf den Grund geht, der findet einen starken Menschen – und keinen schwachen.

In der Geschichte von der Versuchung Christi wird die Hoffnung im Volk auf einen starken Menschen als Messias zu einem teuflischen Gedanken. Insofern hat Dan Brown, der Verfasser des Bestsellers »Sakrileg«, recht: Es gab eine Verfälschung vom rein menschlichen Jesus zum göttlichen Jesus. Diese Entwicklung erfolgte aber nicht Jahrhunderte nach Jesu Zeiten auf Betreiben von Kaiser Konstantin. Sie läßt sich innerhalb der biblischen Texte selbst nachweisen. Jesus wird nach und nach vergöttlicht, auch wenn er dabei immer auch noch ein Mensch bleibt.

Im Zuge der »Vergöttlichung« Jesu im Christentum kam es auch verstärkt zu einer Fehldeutung der »Wundergeschichten«. Der göttliche Jesus verfügt über magische Zauberkräfte, mit denen er die Naturgesetze aufheben kann, wenn er zum Beispiel wenig Brot in viele Brotlaibe verwandeln, mit wenigen Fischen ganze Volksmassen sättigen, Blinde wieder sehend, Taube wieder hörend, Aussätzige wieder gesund machen und Tote zum Leben erwecken kann. Diese Vergöttlichung Jesu führte zu einer Umdeutung der Wunder. Jesus konnte eben Wunder vollbringen, weil er göttlich ist. In zahlreichen Kindheitsevangelien, die nicht in den Text der Bibel aufgenommen wurden, schildern die unbekannten Autoren Wunder, die das göttliche Jesuskind vollbracht haben soll. Auch diese Texte sind keine bewußten Fälschungen. Vielmehr sind sie Belege für den gewandelten Glauben. Immer stärker rückte nämlich der wunderwirkende göttliche Jesus ins Zentrum des Glaubens.

Diese Wundertätigkeit Jesu muß jedoch im Zusammenhang mit der gewandelten Messias-Vorstellung gesehen werden. Aus dem – ursprünglichen – politischen Messias (Aufständischer gegen politische Unterdrückung) wurde der endzeitliche Messias. Der Messias erscheint, wenn die irdische Zeit abgelaufen ist und bevor das »Reich Gottes« kommt.

Die Wundertätigkeit Jesu ist nicht Beweis für die Göttlichkeit Jesu, sondern Hinweis auf den Beginn der messianischen Zeit. Der Messias ist der Lotse, der die Menschen in eine bessere, ja heilige Zeit führt. So wie es einst im Paradies keine Krankheiten und keinen Tod gab, so wird es auch im »Reich Gottes« wieder sein. Und in der Zeit vor dieser paradiesischen Endzeit geschehen Wunder. Kranke werden wieder gesund. Brot wird vermehrt. Blinde werden wieder sehend. Tote erheben sich von ihrem Sterbelager.

Der Mensch hat seine Grenze als Mensch überschritten. Deshalb wurde er von Gott – sagt die Bibel – immer wieder in seine Grenzen verwiesen. Wenn der Mensch aber seine Grenzen akzeptiert und sich seiner eigenen Fähigkeiten besinnt, ist für ihn Erstaunliches möglich. Bevor das »Reich Gottes« anbricht, sind sogar »Wunderheilungen« möglich. Liest man die Evangelien gründlich, stellt man fest: Immer wieder wird darauf hingewiesen, daß die Heilungen nicht das Ergebnis magischer Zauberei sind. Sie widerfahren dem Menschen nicht ohne dessen Mitwirken.

Häufig steht bei Berichten über Wunderheilungen ein Wort Jesu. Immer wieder versichert er einem geheilten Menschen: »Dein Glaube hat dir geholfen!« Ein Beispiel mag genügen (das Evangelium nach Matthäus Kapitel 9, Verse 27 bis 29): »Und als Jesus von dannen weiterging, folgten ihm zwei Blinde nach, die schrien und sprachen: ›Ach, du Sohn Davids, erbarme dich unser!‹ Und als er heimkam, traten die Blinden zu ihm. Und Jesus sprach zu ihnen: ›Glaubt ihr, daß ich euch solches tun kann?‹ Da sprachen sie zu ihm: ›Herr, ja!‹ Da rührte er ihre Augen an und sprach: ›Euch geschehe nach euerm Glauben!‹ Und ihre Augen wurden geöffnet.«

Erneut wird ein partnerschaftliches Zusammenwirken bezeugt. Zur wundersamen Heilung gehört das Mitwirken des

Menschen. Ohne das Mittun des Kranken wäre Jesu Bemühung vergeblich geblieben. Überhaupt verdeutlicht Jesus, daß er den selbständigen und eigenverantwortlichen Menschen schätzt. Der Mensch soll seine Verantwortung nicht einer höheren Instanz übergeben, sondern selbst handeln.

Diese Lebenshaltung, die Jesus fordert, verdeutlicht er in zwei Gleichnissen: »Die anvertrauten Zentner« (Das Evangelium nach Matthäus Kapitel 25, Verse 14 bis 30) und »Die anvertrauten Pfunde« (Das Evangelium nach Lukas Kapitel 19, Verse 11 bis 27). Beide Gleichnisse bieten eine ähnliche Aussage in unterschiedlichen Gewändern. Im Gleichnis von den anvertrauten Zentnern überläßt ein Mensch seinen drei Knechten fünf, zwei und einen Zentner Silber. Als er nach einer langen Reise zurückkehrt, sieht er nach, was die Knechte aus seinem Silber gemacht haben: Die beiden, denen er fünf und zwei Zentner Silber gegeben hatte, haben mit dem Kapital klug gehandelt und haben es verdoppelt. Sie werden vom Herrn reich belohnt. Der dritte Knecht aber hat aus dem anvertrauten Silber nichts gemacht. Er hat es ängstlich vergraben. Bei Rückkehr des Mannes bekommt er das Silber wieder zurück, allerdings ohne Zugewinn.

Die Knechte, die ihr Silber verdoppelt haben, werden belohnt. Der Knecht, der genausoviel zurückgibt wie er erhalten hat, wird dagegen bestraft. Der Sachverhalt im Gleichnis »Die anvertrauten Pfunde« ist ähnlich. Wieder erhalten Knechte Geld. Wieder gelingt es zwei von ihnen, das Geld zu vermehren. Und wieder hat der dritte Knecht nichts aus dem anvertrauten Kapital gemacht.

Doch zurück zum »Messias-Verständnis«. Das Neue Testament bietet Anhaltspunkte für die Erwartungshaltung des Volkes Jesus gegenüber. Die »Versuchung Jesu« weist daraufhin, daß das Volk ihn als Hoffnungsträger sah: nicht im religiösen Sinne, sondern eindeutig politisch. Der begeisterte Empfang Jesu durch das Volk in Jerusalem bestätigt: Die Menschen setzten ihre Hoffnung in ihn als ihren Befreier, eine Tatsache, die mit Sicherheit den römischen Machthabern nicht entgangen ist. Ein Prediger wie Jesus, der für die Zukunft das hereinbrechende Gottesreich verkündete, wäre den römischen Geheimdienstlern, Sicherheitsleuten und Militärs mit Sicherheit höchst gleichgültig gewesen. Religiöse Eiferer, die nach römischem Empfinden von frommen Wunschbildern schwafelten, lösten bei den Inhabern der Macht allenfalls ein mildes Lächeln aus. Einem solchen Träumer hätte kein Römer den Prozeß gemacht. Verurteilt und hingerichtet wurden aber Aufständische und politische Aufrührer, die den Römern – bei aller Macht, die sie als Besatzer hatten – dennoch Schwierigkeiten bereiten konnten.

Jesus wurde nach übereinstimmender Aussage der Evangelien gekreuzigt. Übereinstimmung besteht bei den vier Evangelisten des weiteren darüber, daß Jesus zusammen mit zwei weiteren Männer ans Kreuz geschlagen wurde. Gewisse Diskrepanzen gibt es allerdings bei der Beschreibung dieser beiden Leidensgenossen. Der unbekannte Verfasser des nach Johannes benannten Evangeliums bleibt vage (Kapitel 19, Vers 18): »Zwei andere zu beiden Seiten« habe man mit Jesus gekreuzigt. »Lukas« (wir wissen nicht, wer sich hinter diesem Namen wirklich verbirgt) hingegen formuliert genauer. Er nennt die beiden anderen Delinquenten Jesu »Übeltäter«. Wofür sie jedoch verurteilt und hingerichtet wurden, verrät uns dieser Terminus nicht. Präziser sind die Evangelien nach Matthäus (Kapitel 27, Vers 38) und nach Markus (Kapitel 15, Vers 28). Beide Texte bezeichnen die beiden anderen Hingerichteten im griechischen Original übereinstimmend als »lästai«.

Uneins über diesen Begriff sind sich indes die Übersetzer. Für die einen sind »lästai« im Deutschen »Räuber«, für die anderen »Mörder«. Wer aber über die Zeit der römischen Besatzung in Israel ein wenig genauere Kenntnisse besitzt, der weiß, daß es sich bei »lästai« um einen Propagandaausdruck im Geist der römischen Besatzer hndelt. »Lästai« waren politische Aufwiegler und Partisanen, die gegen die Übermacht der Römer kämpften. Einen positiven Terminus wie »Freiheitskämpfer« mochten die römischen Herrschenden den militanten Oppositionellen aus verständlichen Gründen nicht zubilligen. Man würdigte sie herab, indem man sie auf dieselbe Stufe wie gewöhnliche Verbrecher stellte. Herodes ging als General der Heeresgruppe in Galiläa mit ganz besonderer Grausamkeit gegen die Aufständischen vor, die in seiner Region so etwas wie eine geheime Kommandozentrale hatten. Seine Strategie bestand darin, jeden möglichen Aufstand schon im Vorfeld auszukundschaften und im Keim zu erstikken. Nach den Berichten des Historikers Flavius Josephus gab es gegen die grausame Vorgehensweise des Herodes Proteste. Anscheinend aber waren den Machtpolitikern im fernen Rom brutale Vollstrecker keineswegs unsympathisch. Ein paar Tote unter den Feinden Roms in Galiläa erregten in der Hauptstadt des Imperiums kein Mitleid.

Ein weiterer Grund für das besonders brutale Vorgehen des Herodes in Galiläa war, daß er es leid war, nachzugeben. Die Rebellen hatten es geschafft, ihn aus Syrien zu vertreiben. Über Ägypten entkam er nach Rom. Mag sein, daß man ihn bestrafen wollte, als er im Jahr 40 vor Christus vom Senat in Rom zum »König der Juden« gemacht wurde. In Israel wurde Herodes auch keineswegs mit offenen Armen empfangen. Er sah sich vielmehr gezwungen, seinen Titel mit militärischen Mitteln durchzusetzen. Was ihm der Senat gegeben hatte, mußte er sich mit Gewalt erst holen. Doch wenn nun Jesus in Galiläa – und nicht nur da! – als Hoffnungsträger der Israeliten galt, die ein Ende der Römerherrschaft herbeisehnten, dann mußte er für die Römer ein potentiell gefährlicher Gegner sein. Die Kreuzigung war eine Hinrichtungsart der Römer, insbesondere für Aufständische. Die

Vermutung liegt daher mehr als nahe, daß Jesus als politischer Rebell verurteilt und hingerichtet wurde.

Die Römer als Henker Jesu finden sich in zwei Prophezeiungen Jesu. So heißt es im Evangelium nach Matthäus (Kapitel 20, Verse 18 und 19): »Siehe, wir ziehen nach Jerusalem. Und des Menschen Sohn wird den Hohenpriestern und Schriftgelehrten überantwortet werden; und sie werden ihn verdammen zum Tode. Und sie werden ihn überantworten den Heiden, ihn zu spotten und zu geißeln und zu kreuzigen ...« Ganz ähnlich lautet eine Formulierung im Evangelium nach Lukas (Kapitel 18, Verse 32 und 33): »Denn er wird überantwortet werden den Heiden, und er wird verspottet und geschmäht und angespuckt werden. Und sie werden ihn geißeln und töten.«

In beiden Texten werden die Römer als Henker Jesu bezeichnet. Allerdings werden sie in auffälliger Weise nur verächtlich umschrieben, nämlich als Heiden. Richtig ist, daß für einen gläubigen Juden ein Römer ein verhaßter Mensch war, auf den er herabblickte. Warum aber wird nicht ausdrücklich darauf hingewiesen, daß es die Römer waren, die Jesus kreuzigten? Statt dessen werden expressis verbis die Hohenpriester und Schriftgelehrten genannt: Sie sind es, denen man Jesus überantwortet und die über ihn richten. Und sie sind es, die ihn dann wiederum den Römern aushändigen, damit er hingerichtet wird. Historisch kann das Geschehen sich so nicht abgespielt haben. Die Römer besaßen de facto die Macht im Heiligen Land und verurteilten Aufständische zum Tode. Nie und nimmer hätten sie sich von den Juden zu Handlangern degradieren lassen. Und schon gar nicht hätten sie sich der jüdischen Gerichtsbarkeit unterstellt!

Theologieprofessor Gerd Lüdemann bringt es auf den Punkt: »Die Heiden (= Römer) ... erscheinen als bloße Instrumente der ... geschilderten Bosheit der jüdischen Oberen ... Historisches: Die Behandlung dieser Frage entfällt.«[6]

Noch unhistorischer wird es im Evangelium nach Johannes (Kapitel 18 und 19). Jesus, der unter Anleitung der jüdischen Priester und Schriftgelehrten verhaftet wurde, wird vor Pilatus gezerrt. Die Juden wollen seinen Tod. Sie befehlen Pilatus gewissermaßen, Jesus dem jüdischen Gesetz gemäß zu verurteilen. Nur die Kreuzigung kommt in Frage. Pilatus findet indes keine Schuld an Jesus. Als die Juden darauf bestehen, daß er am Kreuz sterben muß, fügt sich Pilatus schließlich. »Da überantwortete er (Pilatus) ihnen (den Juden), daß er gekreuzigt werde.«

Somit sind die Juden nicht nur die treibende Kraft, die Jesus von den Römern hinrichten läßt, wie in den Evangelien nach Matthäus und Lukas zu lesen ist. Die Römer halten sich ganz heraus: Pilatus spricht Jesus nicht schuldig und wird von den Juden erpreßt. Er läßt Jesus dann auch noch von den Juden kreuzigen. Auch Paulus weist in seinem ersten Brief an die Thessalonicher (Kapitel 2, Vers 15) darauf hin: »Diese (die Juden) haben den Herrn Jesus getötet.«

Welchen Grund sollten die Juden gehabt haben, Jesus nach dem Leben zu trachten? Im Evangelium nach Johannes (Kapitel 18, Vers 7) werfen sie ihm vor: »Wir haben ein Gesetz, und nach diesem Gesetz muß er sterben, denn er hat sich selbst zu Gottes Sohn gemacht.« Nach jüdischer Tradition war es keineswegs ein Verstoß gegen irgendein Gesetz, sich als »Sohn« oder »Kind Gottes« zu bezeichnen. Mit diesem Argument hätte sich Pontius Pilatus überhaupt nicht beeindrucken lassen. Vielleicht hätte er als »Heide« sogar geglaubt, daß Jesus damit Gott gelästert hat. Vielleicht hätte er es dann den wütenden Juden gestattet, Jesus als »Gotteslästerer« hinzurichten. Dann aber wäre Jesus von den Juden gesteinigt und nicht von den Römern gekreuzigt worden.

Glaubwürdiger scheint zunächst ein anderes Vergehen zu sein, das seine Feinde angeblich dazu bewogen hat, den Tod des Messias herbeizuführen: der Verstoß Jesu gegen das Gebot der

Sabbatruhe. Besonders die Pharisäer achteten darauf, daß der von Gott geforderte Sabbat streng eingehalten wurde. Tatsächlich war für eine Mißachtung der heiligen Feiertagsruhe die Todesstrafe vorgesehen (2. Buch Mose Kapitel 31, Vers 14): »Darum haltet meinen Sabbat, denn er soll euch heilig sein. Wer ihn entheiligt, der soll des Todes sterben. Denn wer eine Arbeit am Sabbat tut, der soll ausgerottet werden aus seinem Volk.«

Aber wiederum gilt: Kein römischer Richter hätte einen Juden wegen eines Verstoßes gegen dieses Ruhegebot hinrichten lassen. Die sakralen Regeln, die das Herzstück der Thora bilden, waren den Römern aus einsichtigen Gründen vollkommen gleichgültig. Kein römischer Richter hätte sich dazu veranlaßt gesehen, Mißachtung irgendwelcher religiöser Vorschriften zu ahnden. Die Römer waren die Herren im Heiligen Land, nicht die Vollstrecker ihrer jüdischen Untertanen.

In welcher Weise sollte Jesus überhaupt das Sabbatgebot gebrochen haben? Der Vorwurf, der ihm von jüdischer Seite angeblich gemacht wurde, mutet überaus perfide an: Jesus wird in immer neuen, dabei ähnlichen Geschichten als edel und hilfreich geschildert. Kranke kommen zu ihm oder werden, wenn sie es aus eigener Kraft nicht mehr können, zu ihm gebracht. Jesus heilt diese Menschen, doch die Schriftgelehrten und Pharisäer freuen sich nicht darüber, sondern machen es ihm zum Vorwurf, daß er Gutes tut – und dabei gegen das Sabbatgebot verstößt..

Das Evangelium nach Markus (Kapitel 8, Verse 22 bis 26) vermeldet eine der vielen Wundertaten Jesu, nämlich die »Heilung eines Blinden«. Auch das Evangelium nach Johannes (Kapitel 9, Verse 1 bis 41) erzählt vom selben Ereignis. Allerdings geht der unbekannte Verfasser, dessen Text nachträglich dem Johannes zugeschrieben wurde, weit ausführlicher in die Details. Plötzlich taucht nämlich ein Vorwurf auf, der bei Markus nicht zu finden ist! Jesus mag in bester Absicht gehandelt haben, aber er hat gegen das mosaische Sabbatgebot verstoßen, weil er am Feiertag heilte, somit also arbeitete. Das aber war strikt untersagt! Auch am »Teich von Bethesda« soll Jesus nach Johannes (Kapitel 5, Verse 1 bis 18) wiederum am Sabbat einen Lahmen kuriert haben.

Die Schriftgelehrten und Pharisäer erscheinen in einem denkbar schlechten Licht: Sie stellen die buchstabengetreue Einhaltung der mosaischen Gesetze über das Wohl des Menschen. Spitzfindig wird heute versucht, Jesus vom Vorwurf, gegen heiliges Gesetz verstoßen zu haben, reinzuwaschen. Ein Übertragungsfehler liege vor. Jesus habe dem geheilten Lahmen gar nicht befohlen, sein Bett davonzutragen. Vielmehr habe er ihn aufgefordert, seinen Stock (»matte«) zu nehmen, nicht sein Bett (»mitta«). Dieser Versuch überzeugt nicht, denn an anderer Stelle, im Evangelium nach Lukas (Kapitel 5, Vers 18) wird der Lahme auf seinem Bett zu Jesus geschleppt. Und da der Messias von Volksmassen umringt ist, kann der hoffnungsvolle Kranke nicht auf direktem Weg vor Jesus geschafft werden. Also wuchtet man ihn aufs Dach und läßt ihn durch eine Öffnung im Dach zu Jesus hinab, offensichtlich mit Seilen, die am Bett befestigt waren. Man wird den Kranken wohl kaum auf einem Stock befördert haben.

Der Versuch, den Vorwurf der Sabbat-Störung durch Arbeit zu entkräften, geht am Problem vorbei. Die eigentliche Frage lautet: Durfte am Sabbat einem kranken Menschen geholfen werden oder nicht? Darauf ist die Antwort eindeutig. Das mosaische Gesetz verbietet zwar am Sabbat Arbeit wie Holzsammeln, nicht aber die Behandlung von Kranken. Auch wenn keine Lebensgefahr für einen Menschen bestand, durfte ihm am Sabbat geholfen werden. So ist auch die Behandlung von Zahnschmerzen am Sabbat gestattet und wird nicht als Verstoß gegen die Sabbatruhe gesehen.

Es sind aber nicht nur die Hohenpriester, Schriftgelehrten und Pharisäer, die so in ein denkbar ungünstiges Licht gerückt werden. Vielmehr wird die Schuld am Kreuzigungstod letztlich »den Juden« zugewiesen. Im Evangelium nach Markus (Kapitel 15, Verse 6 bis 19) erfahren wir, daß Pilatus Jesus eigentlich freilassen möchte. Offenbar hat er aber vor den jüdischen Hohenpriestern so große Angst, daß er es nicht wagt, Jesus auf freien Fuß setzen zu lassen. Anscheinend hofft er auf das Volk Jerusalems.

Zum Pascha-Fest, so erfahren wir weiter, war es Brauch, daß die römischen Herren einen überführten Verbrecher begnadigten. An diese Sitte wird nun Pilatus erinnert. Er stellt dem Volk den Mörder Barnabbas und Jesus zur Wahl. Das Volk soll entscheiden, wer hingerichtet und wer freigelassen wird. Die Sympathie des Römers liegt eindeutig auf seiten Jesu. Das Volk aber, aufgestachelt von den Hohenpriestern, fordert die Freilassung des Mörders Barnabbas und die Kreuzigung Jesu. Diesem grölend vorgetragenen Wunsch wagt sich Pilatus nicht zu widersetzen. Schließlich gibt er nach: »Pilatus gedachte, dem Volk zu Willen zu sein, und gab den Barnabbas los und ließ Jesus geißeln und überantwortete ihn, daß er gekreuzigt werde.«

Das Volk ist es also, das Jesus kreuzigen läßt – gegen den ausdrücklichen Wunsch des Pilatus. Auch die Parallelstellen zu Markus beschreiben es in ähnlicher Weise (Das Evangelium nach Matthäus Kapitel 27, Vers 15, Das Evangelium nach Lukas Kapitel 23, Vers 17 und das Evangelium nach Johannes Kapitel 18, Vers 39) und lieferten damit ein zentrales Argument für schlimmste antisemitische Exzesse im Verlauf der Geschichte der letzten zweitausend Jahre. Denn waren somit nicht »die Juden« die Gottesmörder?

Die Historie spricht eine andere Sprache. Die angebliche Pascha-Amnestie hat es in Wirklichkeit gar nicht gegeben. Der angebliche Brauch ist allem Anschein nach eine Erfindung der unbekannten Verfasser der biblischen Texte. Die einzelnen Texte des Neuen Testaments sind nicht chronologisch nach der Zeit ihrer Entstehung angeordnet. Das erschwert den Umgang mit dem Buch der Bücher, wenn man die geheimnisvolle Welt des Christentums erkunden will. Schon etwas gründlichere Lektüre läßt erkennen, daß es nicht *die* Lehre des Neuen Testaments gibt. Vielmehr ist deutlich zu sehen, daß die Glaubensinhalte eine Wandlung vollzogen haben. Selbst der zentrale Begriff des Christentums, Christus gleich Gesalbter gleich Messias, war diesem Prozeß der Veränderung unterworfen.

Gerade der »Christus« wurde nach und nach vollkommen neu interpretiert. Am Anfang gab es den menschlichen Messias, von dem die Juden hofften, er möge das Regime der Römer beenden. Sie sahen in Jesus den Freund der Juden, der von den Römern als Feind des Imperiums gefürchtet und als Umstürzler zum Tode verurteilt und am Kreuz hingerichtet wurde.

Daraus wurde ein ganz anderer Messias: Der »neue« Jesus sah das Herannahen des »Reiches Gottes«. In dieser Phase des »Heiligwerdens« waren viele Wunder möglich – so denn der Kranke fest von seiner Genesung überzeugt war. Die Pharisäer und Schriftgelehrten haßten Jesus und versuchten mit allen Mitteln, seine Hinrichtung zu erzwingen. Wegen angeblicher Mißachtung von mosaischen Gesetzen wurde Jesus schließlich gekreuzigt: nicht als Freund der Juden und Feind der Römer, sondern auf Betreiben der Juden und gegen den Willen der Römer.

Warum kam es zu dieser Umkehrung des Sachverhalts in den Schilderungen der Evangelien? Im Judentum gab es einen Gott Jahwe, der ursprünglich ein lokaler Gott ohne besondere Bedeutung war. Jahwe schloß einen Bund mit den Menschen und wurde zum einzigen Gott der Juden. Er einte das Volk der Juden.

Es findet sich kein Hinweis darauf, daß Jesus den Glauben der Juden aufgeben und eine neue Religion gründen wollte. Allenfalls hatte er vor, das Judentum zu reformieren, ähnlich wie

Luther das katholische Christentum. Jesus wurde für die Juden zum Hoffnungsträger. Doch er wurde nicht zum Bekämpfer und Überwinder der Römer. Er wurde vielmehr verhaftet, gepeinigt, verhört, verurteilt und gekreuzigt. Die Römer waren und blieben zunächst die beherrschende Macht der damals bekannten Welt. In einer von den Römern bestimmten Welt entstand das junge Christentum. Offensichtlich arrangierte man sich mit der römischen Obrigkeit.

Die sich nur langsam vom Judentum loslösende Sekte der Christen mußte von Anfang an um das Überleben kämpfen. Als Urchrist saß man zwischen allen Stühlen. Man war kein richtiger Jude mehr, aber auch kein Heide. War man nun für oder gegen die Römer? Auf keinen Fall wollte man sich die Römer zu Feinden machen. In dieser Zeit wäre es nicht opportun gewesen, die Römer als die Mörder des christlichen Messias anzuprangern. Also gab es die wichtige Änderung: Nicht mehr die Römer waren für den Tod Jesu verantwortlich, sondern die Juden.

In der Frühzeit des jungen Christentums entdeckt man eine Parallelentwicklung: Sowohl die Anhänger des Judentums als auch jene des Christentums warteten auf den Beginn des Reiches Gottes. Ihre Vorstellungen wichen aber gleichzeitig stark voneinander ab. Die Juden waren davon überzeugt, daß ein messianisches Reich auf unserer Welt auf irdischer Basis entstehen würde. Ein Nachkomme aus dem Königsgeschlecht Davids würde es initiieren, mit dem altehrwürdigen Jerusalem als leuchtende Metropole. Die ersten Christen warteten auf ein vollkommen anderes göttliches Reich: auf ein himmlisches Reich. Sie hatten wohl weniger präzise Vorstellungen als Hoffnungen auf etwas Unbegreifliches, auf etwas, das sich in seiner überirdisch-himmlischen Art dem Denken des Menschen entziehen mußte. Ein himmlischer Messias würde dieses Unbegreifliche den Menschen bringen, für die Menschen aller Zeiten und Orte.

In der frühen Kirche tauchte allerdings ein Problem auf: Jesus hatte doch davon gesprochen, daß das »Reich Gottes« noch zu Lebzeiten von so manchem seiner Zeitgenossen ausbrechen werde! Demnach stand dieses Ereignis unmittelbar bevor. Dann wurde Jesus gekreuzigt, und die Jahre verstrichen. Immer noch gab es Menschen, die Zeitgenossen Jesu waren. Manche von ihnen hatten ihn leibhaftig gesehen. Andere wiederum kannten noch Menschen, die Jesus begegnet waren. Aber die Zeit schritt voran, die Jahrzehnte vergingen.

Bald lebten nur noch einige wenige sehr alte Menschen, die Jesu Altersgenossen gewesen waren. Doch auch sie starben, ohne daß das Reich Gottes anbrach. Schließlich existierten keine Zeitzeugen mehr. Man kannte Jesus nur noch vom Hörensagen.

War damit die junge Kirche bereits in ihrer Existenz bedroht, noch bevor sie sich überhaupt etablieren konnte? So mancher Angehöriger des neuen Glaubens wird sich wieder enttäuscht abgewendet haben. Manch anderer wird wieder in den Schoß des jüdischen Glaubens zurückgekehrt sein, nachdem die »baldigen Ereignisse« nur Hoffnungen blieben.

Im lokal begrenzten Israel unter Jahwe hofften die Gläubigen auf ein »paradiesisches Israel«. Die Zukunftsvision hatte sich gewandelt: In den Sternen stand nun das unter dem universalen Gott blühende universale Himmelreich. Doch was machte der Gläubige, wenn das für die nahe Zukunft prophezeite Gottesreich ausblieb? Wie verhielt man sich als Gläubiger, wenn sich der für die unmittelbare Zukunft angekündigte Messias nicht zeigen wollte?

Im Christentum setzte ein radikales Umdenken ein: Der Messias war nicht mehr vordergründig der Erlöser auf politischer Ebene. Er sollte nicht mehr zu Lebzeiten die reale Situation verbessern. Der »alte« Messias hatte wie Mose die Israeliten aus der ägyptischen Sklaverei in die Freiheit geführt. Der Messias im Heiligen Land sollte das Regime der Römer beenden und die

Israeliten von der bedrückenden Knechtschaft erlösen. Der neue Messias wurde als Erlöser auf ganz anderer Ebene gesehen. Er war nicht mehr nur der Messias der Israeliten, sondern der Retter für die Welt. Indem er am Kreuz starb, nahm er die Sünden der Welt auf sich – und erlöste die Welt von dem Bösen.

Diesen neuen Messias postuliert Paulus, wenn er in seinem ersten Brief (Kapitel 1, Verse 18 und 19) schreibt: »Und wisset, daß ihr nicht mit vergänglichem Silber oder Gold erlöst seid ..., sondern mit dem Blut Christi als eines unschuldigen und unbefleckten Lammes.« Die schmachvolle Hinrichtung Jesu am Kreuz, sein qualvolles Leiden und Sterben wurden von der schlimmsten menschlichen Niederlage zum göttlichen Triumph. Der Kreuzestod Jesu wurde zum Teil des göttlichen Schöpfungsplanes. Schon bevor die Welt erschaffen wurde, waren Jesu Leben und Tod von Gott im kosmischen Plan vorgesehen: als Erlöser für die Welt.

Die Anhänger des frühen Christentums blickten aber in Sachen Messias nicht nur in die Vergangenheit, sondern auch in die Zukunft. Sie glaubten, daß Jesus als der glorreiche Messias zur Erde zurückkehren werde. Er würde zunächst eine gewisse Zeit mit den dann noch lebenden Christen (Der erste Brief des Paulus an die Thessalonicher Kapitel 4, Vers 17) verbringen: »Danach wir, die wir leben und übrigbleiben, werden hingerückt werden zugleich mit ihnen in den Wolken, dem Herrn entgegen, in die Luft, und werden so bei dem Herrn sein allezeit.«

In dieser ersten Etappe werden schließlich zunächst alle verstorbenen Christen vom Tode auferstehen. Auch ihnen wird der Genuß zuteil, als erste im neuen Gottesreich zu leben. Erst danach kommt es zur allgemeinen Auferstehung der Toten. Die »Heiligen« gehören später dem großen Endzeit-Gericht an. In diesem Bild wird der Gute für seinen wahren Glauben belohnt, und ihm wird so etwas wie Rache zuteil. Er bekommt die Genugtuung, als Richter jene abzuurteilen, die ihn vielleicht zu

Lebzeiten gepeinigt haben. Wer recht hatte, wird somit über den erhoben, der im Unrecht war.

Die Vorstellungen über die zeitliche Dauer der himmlischen Ereignisse blieben zunächst vage. Sie wurden schließlich konkretisiert. Die noch lebenden und auferstandenen Christen werden demnach (Die Offenbarung des Johannes Kapitel 20, Vers 4) »leben und regieren mit Christus tausend Jahre«. Dieses Millennium ist als Belohnung für die Christen gedacht, besonders für jene, die ihres Glaubens wegen verfolgt wurden. Mit anderen Worten: Wer zu Lebzeiten unter bösen Verfolgern gelitten hat, der bekommt dann womöglich die Chance, als Richter seinen einstigen Peiniger abzuurteilen.

Erst nach tausend Jahren dürfen – nach dieser Vorstellung – die übrigen Toten aus ihren Gräbern steigen. Dann jedoch wird die wundersame Zukunft beginnen: Nach dem allgemeinen Gottesgericht wird der sehnsüchtig erwartete Himmel (im theologischen Sinne) auf der neuen Erde erschaffen. Danach erst kommt das heilige himmlische Jerusalem auf die Erde hernieder. Nach der Aburteilung der Sünder beginnt das neue Paradies auf der neuen Erde. In einer Art Schlaraffenland wird den guten Christen die himmlische Gerechtigkeit zuteil, die ihnen zu Lebzeiten oftmals verweigert worden war.

Aber wie sollte man sich verhalten, wenn der für die baldige Zukunft avisierte Messias ausblieb? Wie sollte man als Missionar den neuen Glauben glaubhaft anpreisen, wenn das versprochene Himmelsreich eben nicht real wurde? Wie sollte man begeistert predigen, daß bald die wegen ihres Glaubens gemeuchelten Christen ihre Gräber wieder lebendig verlassen, wenn die Jahrzehnte verstrichen, ohne daß dergleichen geschah? Die Theologie umschreibt mit »Parusie-Verzögerung«, was für viele Christen der ersten Jahrzehnte eine bittere Enttäuschung gewesen sein muß: das Ausbleiben der versprochenen Wiederkunft Christi.

Die Theologie ist eine Meisterin der Fremdworte; von Wissenschaftlern wird eine Geheimsprache erschaffen, die der Laie nicht verstehen kann. Dabei ließen sich für noch so klangvolle Ausdrücke leicht auch schlichtere Bezeichnungen finden, aber womöglich würden die dann von vielen verstanden werden.

So spricht der Theologe von »Eschatologie«, wenn er die Lehre von den »letzten Dingen« meint. Sehr zur Enttäuschung der jungen Kirche stellten sich aber die angekündigten »letzten Dinge« nicht ein. Das wird nicht selten hämischen Spott bei Andersgläubigen verursacht haben. Daher kam es zum »Prozeß der Ent-Eschatologisierung«. Das für die unmittelbare Zukunft versprochene Gottesreich ließ weiter auf sich warten. Oder etwa nicht? Langsam veränderte sich die ursprüngliche Lehre weiter. Das Reich Gottes, so hieß es nun, sei doch längst schon ausgebrochen. Mit dem Aufbau der christlichen Kirche habe das von Jesus angekündigte »Reich des Vaters« begonnen. Die Kirche machte sich selbst zum Stellvertreter Gottes. Gott selbst war zwar nicht auf die Erde herabgestiegen, aber die Kirche existierte nun und breitete sich immer weiter aus.

Was jedoch war mit den »Auferstehungen«, die für diese so segensreiche Zeit prophezeit worden waren? Nirgendwo konnten Tote gesichtet werden, die wieder ihrem Grab entstiegen. Dank einer Neuinterpretation galt auch diese Vorhersage als erfüllt. Durch die von den Priestern gespendete Taufe, so hieß es nun, würden die Gläubigen in die Kirche aufgenommen. Da die Kirche als Repräsentant Gottes und auch als Reich Gottes angesehen wurde, bedeutete folglich die Taufe, den Eintritt des Gläubigen in das Reich Gottes, also eine Art »Auferstehung«.

Allerdings erhob sich nun nicht mehr der Tote aus dem Grabe, nun »starb« symbolisch der »sündige Mensch«, um gereinigt vom »Sündenschmutz« neu geboren zu werden. Diese Umdeutung vollzog sich schrittweise. Kirchenlehrer Augustinus (etwa 354 bis 430 n. Chr.) war es, der endgültig die neue Lehre als »Erfüllung« von Jesu Prophezeiung deklarierte. Die »heiligen Gaben«, die der Gläubige erst im Reich Gottes erwartete, waren nun keine Zukunftshoffnung mehr. Vielmehr waren sie nach neuer Lehre schon gegenwärtig – in der Gestalt der Sakramente (Taufe, Abendmahl). War das im »Vaterunser« herbeigeflehte Reich Gottes (»Dein Reich komme!«) schon längst da?

Geschichte wird immer von Siegern geschrieben, nicht von Verlierern. Das gilt auch für die Kirchengeschichte. Diese Umbesinnung in Sachen »Reich Gottes« wurde keineswegs von *der* Kirche als allgemeine Wahrheit übernommen. Immer wieder gab es Protest von Christen, welche die neue Richtung als Verrat am fundamentalen Glaubenssatz sahen. Schon um das Jahr 156, also im zweiten nachchristlichen Jahrhundert, forderte Montanus in Kleinasien die Rückkehr zum Urglauben. Er berief sich auf Jesu Überzeugung vom unmittelbar bevorstehenden Weltenende und verkündete die Wiederkunft Christi. Wie Jesus erklärte Montanus: Die Rückkehr des Messias stehe unmittelbar bevor.

Montanus beanspruchte für sich, vom »Heiligen Geist« inspiriert worden zu sein. Die strengen Gesetze der Frömmigkeit müßten wieder strikt befolgt werden. Heftige Kritik wurde an den Bischöfen geäußert. Hatten diese Kirchenfürsten nicht Unwürdigen die Sünden erlassen? Lebten nicht viele Bischöfe mehr wie mächtige Kleinfürsten denn wie Gläubige? Es kam zu heftigen Attacken gegen die Bischöfe, denen man Amtsanmaßung vorhielt. Sie hätten von den echten Aposteln nur das Lehramt übernommen. Das berechtigte sie zu predigen und zu missionieren, zu mehr aber nicht.

Die Montanisten akzeptierten die Bischöfe lediglich als einfache Priester, bestritten aber, daß sie das Recht erhalten hätten, den Menschen ihre Sünden zu vergeben. Das Motto der frühen Kirchenkritiker lautete, verkürzt formuliert: Entmachtet die Bischöfe, folgt den Propheten! Unter Propheten waren Montanisten zu verstehen, die angeblich vom »Heiligen Geist« selbst instruiert wurden. Damit waren die Propheten die eigentlichen Führer der Kirche, nicht die Bischöfe, denen Verweltlichung vorgeworfen wurde.

Die Bewegung der Montanisten erfreute sich rasch zunehmender Beliebtheit. Offenbar war vielen Gläubigen die Neuinterpretation der jesuanischen Prophezeiung von der unmittelbar bevorstehenden Wiederkehr des Messias zu theoretisch, ja unglaubwürdig. In den überlieferten Worten von Jesus, auf den doch ihr Glauben zurückging, stand nichts davon, daß das Reich Gottes durch die Institution Kirche vertreten werde. Es gab kein Jesuswort in den Schriften des Evangeliums, wonach mit der Auferstehung der Toten die Taufe gemeint sei. Jesus hatte in klaren Worten eine deutliche Botschaft hinterlassen: Der Messias werde wieder auf die Erde herabsteigen. Das Reich Gottes werde anbrechen.

Die verklausulierten Erklärungen der kirchlichen Würdenträger sollten plausibel machen, warum die versprochene Wiederkehr des Messias ausblieb. Die Theologie schien die Botschaft Jesu nicht mehr ernst zu nehmen. So fand Montanus auf seinen Reisen durch Kleinasien begeisterte Zuhörer. Bis nach Rom und Karthago entstanden neue Gemeinden. Immer mehr Menschen jubelten Montanus zu. War er doch konkret wie Jesus und verkündete keine Theologie, die umständlicher Erklärungen bedurfte. Er forderte seine Anhänger dazu auf, sich in Pepouza in Phrygien zu versammeln. Genau dort werde es geschehen, daß das »himmlische Jerusalem« auf die Erde komme. (Jahrhundertelang galt dieser geheimnisvolle Ort als unauffindbar. Inzwischen wurde er von Archäologen in einem unzugänglichen Flußtal südlich von Usak, Türkei, entdeckt.)

Montanus lehrte aber nicht nur durchaus im Sinne Jesu das baldige Ende der Zeit. Er wollte nicht nur die junge Kirche reformieren und die ursprüngliche Lehre vom Ende der Dinge ins Zentrum des Glaubens zurückholen. Montanus wollte zudem den Frauen wieder einen größeren Einfluß in der Kirche einräumen. Das Priesteramt sollte nicht mehr nur auf Männer beschränkt werden. Auch Frauen sollten (wieder?) ins Amt berufen werden, und Priesterinnen sollten das Wort Gottes verkünden dürfen.

Was die Rolle der Frau im Glauben anbelangt, scheinen sich die Montanisten wieder mehr auf Jesus besonnen zu haben. Es ist ja bekannt: Schon Jesus zog nicht nur mit seinen männlichen Jüngern durch die Lande und predigte. Immer begleiteten ihn besonders wichtige Frauen. Auch Montanus hatte Frauen in seinem Gefolge. So wie Jesus seiner engsten Vertrauten Maria Magdalena seine Geheimnisse anvertraute, so gehörten zum engsten Kreis des Montanus Priscilla und Maximilla.

Maria Magdalena wurde von den männlichen Jüngern Jesu mit Argwohn beäugt. Besonders Petrus scheint auf Maria Magdalena eifersüchtig gewesen zu sein. Er haßte die engste Vertraute Jesu geradezu und hoffte, Jesus werde sie aus ihrer Runde vertreiben. Offenbar hatte Maria Magdalena Angst vor Petrus. Trachtete er ihr nach dem Leben? Maria Magdalena jedenfalls zog es nach alten Überlieferungen vor, das Land zu verlassen, und floh. In Frankreich soll sie sehr erfolgreich für das Christentum missioniert haben.[7] Und doch war es eben diese Maria Magdalena, die von Jesus in Mysterien eingeführt wurde, von denen die übrigen Jünger keine Ahnung hatten. Nach der Definition des Neuen Testaments war Maria Magdalena die erste Apostolin und hätte als solche die Nachfolgerin Jesu werden müssen.

Die Kirche sah sich in ihrer Existenz gefährdet. Konnte es soweit kommen, daß Montanus zum neuen mächtigen Meister der immer noch jungen Religion wurde? Es ist schon mehr als eine Ironie des Schicksals: Montanus, der die Kirche wieder zu

Jesus zurückführen wollte, wurde als Feind der Kirche angesehen. Man wehrte sich vehement gegen den Montanismus. Ob die Endzeitpredigten oder die Rückbesinnung auf die »Heiligen Frauen« ausschlaggebend für die strikte Ablehnung waren, läßt sich heute nicht mehr ermitteln. Die uns vorliegenden Berichte sind ja einseitig aus Sicht der etablierten Theologie geschrieben.

Je stärker der Einfluß der Kirche auf die Gesellschaft wurde, desto stärker wurde auch ihre Ablehnung der neuen Bewegung. Wie erfolgreich und beliebt mag sie zunächst gewesen sein? Darüber kann man nur spekulieren. Ihr Siegeszug wird seit mehr als 1500 Jahren von der offiziellen Kirchengeschichte heruntergespielt. Ihre Bedeutung zeigt sich aber am lang anhaltenden Kampf der Kirche gegen die Reformer. Gewiß, Montanus verlor schon zu Lebzeiten wieder viele Anhänger. Schließlich blieb – wie zu Jesu Zeiten – das angekündigte Weltende erneut aus, aber die nach Erklärung der Kirche offiziell »vom Teufel besessenen Irrlehren« wurden noch Jahrhunderte weiterverbreitet. Erst Mitte des sechsten nachchristlichen Jahrhunderts gelang es mit Militärgewalt, den Montanismus endgültig zu zerstören.

Die Idee vom »unmittelbar bevorstehenden« Reich Gottes, von Jesus gepredigt, tauchte im Verlauf der Kirchengeschichte immer wieder auf. Für Luther war das Zeitenende »nahe«. Der Reformator meinte, das irdische Leben werde von einem »inneren« und von einem »äußeren Antichristen« bestimmt. Der »Heilige Vater« in Rom, der Papst, war für Luther der »innere Antichrist«. Die muslimischen Türken, die damals Europa zu erobern schienen, fürchtete Luther als »äußere Antichristen«. Beide zusammen lösten bei ihm fatalistische und optimistische Gedanken zugleich aus: von der Endzeit, die schon so lange auf sich hatte warten lassen.

»Die Lehre der Liebe«, behauptet Peter Sandmeyer in der Zeitschrift »Stern«[8] über das Christentum, »stellte die herrschenden Lehren auf den Kopf. Der neue Glaube unterschied nicht länger Arm und Reich, Jude und Römer, Sklave oder Freier. Er forderte Nächstenliebe für alle gleich.« Das stimmt so nicht. Die neue Lehre unterschied sich in Sachen Nächstenliebe nicht grundsätzlich von der alten. So fordert auch das strenge mosaische Gesetz Toleranz gegenüber Fremden (2. Buch Mose Kapitel 22, Vers 20): »Die Fremdlinge sollst du nicht bedrängen und bedrükken; denn ihr seid auch Fremdlinge in Ägyptenland gewesen.«

Die alte (sprich jüdische) Lehre verbot aber nicht nur, den Fremdling schlecht zu behandeln. Auch das jesuanische Gebot zur Nächstenliebe findet sich fast wortwörtlich im Alten Testament (3. Buch Mose Kapitel 19, Vers 18): »Du sollst deinen Nächsten lieben wie dich selbst.« Jesus beansprucht auch nicht, ein neues Gebot – das der Nächstenliebe – aufgestellt zu haben. Vielmehr wird er von einem Pharisäer gefragt, welches denn das »vornehmste Gesetz« sei. Jesus antwortet (Das Evangelium nach Matthäus Kapitel 12, Verse 29 bis 31): »Höre, Israel, der Herr unser Gott, ist allein der Herr. Und du sollst Gott, deinen Herrn, lieben von ganzem Herzen, von ganzer Seele, von ganzem Gemüte und von allen deinen Kräften. Das andere ist dies: Du sollst deinen Nächsten lieben wie dich selbst.« Diese Antwort setzt sich aus zwei aneinandergefügten, wortwörtlich übernommenen Geboten aus dem Alten Testament zusammen. (Sie stehen im mosaischen Gesetz bei Mose: 5. Buch Mose Kapitel 6, Verse 4 und 5 sowie 3. Buch Mose Kapitel 19, Vers 18.)

Kurioserweise zitiert Jesus – folgt man dem Evangelium nach Matthäus (Kapitel 5, Vers 43) – das Alte Testament in der berühmten Bergpredigt falsch. Um genau zu sein, schiebt er einige zusätzliche Worte ein, die im Alten Testament nicht zu finden sind: »Ihr habt gehört, daß gesagt ist: ›Du sollst deinen Nächsten lieben und deinen Feind hassen.‹ Ich aber sage euch: Liebet euere Feinde, segnet die, die euch hassen, bittet für die, die euch beleidigen und verfolgen.« Will sich Jesus hier profilieren? Will er die Besonderheit seiner Lehre besonders hervorheben, indem er die alte Lehre verfälscht? Tatsächlich findet sich nirgendwo im Alten Testament die Aufforderung, den Feind zu hassen, wohl aber der klare Gebot der Nächstenliebe.

Jesus predigte nichts Neues, aber er ging doch wesentlich über das Alte hinaus. Er fügte zur Nächstenliebe die »Feindesliebe« hinzu und hob Grenzen und Standesunterschiede auf, die im Alten Testament nicht angetastet wurden. Das Alte Testament verlangte auch die Nächstenliebe, aber es änderte nichts an gesellschaftlicher Rangordnung und Positionierung. Jesus hingegen predigte die Gleichheit aller. Der Apostel Paulus formulierte diese neue Haltung Jesu besonders klar in seinem Brief an die Galater (Kapitel 3, Vers 28): »Hier ist nicht Jude noch Grieche, hier ist nicht Knecht noch Freier, hier ist nicht Mann noch Weib; denn ihr seid allemal einer in Christus Jesus.«

Diese von Jesus gepredigte Gleichheit aller stand im krassen Gegensatz zur alltäglichen Wirklichkeit zu Zeiten des Alten wie des Neuen Testaments. Das Volk der Israeliten sah sich von den Römern geknechtet und unterdrückt. Auch die Israeliten bildeten keine Gesellschaft ohne Standesunterschiede. In dieser Zeit fiel Jesu Botschaft auf fruchtbaren Boden. Dabei ist es letztlich – von der Wirkung her – belanglos, ob der historische Jesus wirklich so radikal dachte oder sprach.

Jedenfalls propagierten die Evangelien des Neuen Testaments einen radikalen Jesus, und der Gott, den Jesus predigte, wurde genauso gezeichnet: als himmlischer Vater, vor dem alle gleich sind. Der Gott des Alten Testaments forderte Anbetung. Der Gott des Neuen Testaments verachtet jene, die fromm tun, aber nicht die Liebe im Herzen haben. Es genügt Gott nicht mehr, daß man ihn lobpreist. Er fordert wahre Liebe. Wer seinen Bruder nicht liebt, der kann auch Gott nicht lieben (1. Brief des Johannes Kapitel 4,

Vers 20): »So jemand spricht: Ich liebe Gott, und hasset seinen Bruder, der ist ein Lügner. Denn wer seinen Bruder nicht liebt, den er sieht, wie kann er dann Gott lieben, den er nicht sieht?«

Es muß dahingestellt bleiben, ob der historische Jesus wirklich so ein Gottesbild predigte (Das Evangelium nach Lukas Kapitel 1, Verse 52 bis 56) – von Gott als mächtigem Gerechten, der die Herrscher entmachtet und die »Niedrigen erhebt«. Die Vorstellung von Gott, der den Hungernden Speise gibt und die Besitzenden leer ausgehen läßt, kam jedenfalls zu Jesu Zeiten und in den ersten Jahrhunderten danach besonders gut an. Ein Gott, der nicht vor allem zornig ist, sondern gütig und der die bedenkt, die selbst barmherzig sind, wirkte besonders anziehend für die Macht- und Rechtlosen jener Zeit.

Revolutionäre Visionen von der Gleichheit aller empfinden ja immer die als verlockend, die sich ungerecht behandelt und vom Schicksal betrogen fühlen. Für die Mächtigen und Wohlhabenden hingegen sind derlei Gedankenspiele meist eher besorgniserregend als optimistisch stimmend. Mit dem Machtzuwachs der Kirche änderte sich aber das Denken und Verhalten der führenden Kirchenvertreter. Nach annähernd drei Jahrhunderten immer wieder aufflackernder Christenverfolgungen verkündete Kaiser Konstantin im Jahr 313 n. Chr. das sogenannte Toleranzedikt. Er erhob noch nicht das Christentum zur Staatsreligion, aber er stellte Christentum und Heidentum gleich. Anno 381 n. Chr. machte Theodosius I. aus der Religion der Unterdrückten die Religion des Staates.

Nun postulierten die Christen nicht mehr ein Ende der Unterdrückung. Sie wurden nicht mehr wegen ihres Glaubens verfolgt. Im Gegenteil, sie kamen zu Einfluß und Reichtum. Die Kirchenmänner forderten selbst Macht und schienen rasch vergessen zu haben, wie es war, als Christen ihres Glaubens wegen von den Mächtigen gequält wurden. So korrumpierte

Macht auch die Kirche. In erschreckender Weise wird der Verrat der einstigen Ideale am Beispiel Martin Luthers deutlich. Der Reformator unterschied streng zwischen frommer Theorie und irdischer Praxis.

In seiner Schrift »Von der Freiheit eines Christenmenschen« verkündete Martin Luther (1483–1546) in geradezu pharisäerhafter Manier: »Ein Christenmensch ist ein freier Herr über alle Ding und niemandem untertan.« Und in »Eine treue Vermahnung zu allen Christen« (1522) schrieb Luther: »Also, die Lügner, die verstockten Tyrannen, magst du wohl hart antasten und frei tun wider ihre Lehre und Werk, denn sie wollen nit (nicht) hören.«

Derlei Töne bestärkten Menschen mit starkem Gerechtigkeitssinn wie Thomas Müntzer (1490–1525). Müntzer, durch Luthers Empfehlung 1520 als Prediger nach Zwickau gekommen, klagte verzweifelt die Unterdrückung des Bauernstandes durch die Obrigkeit an. 1524 empörte er sich in seiner »Hochverursachten Schutzrede«:

»Sieh zu, die Grundsuppe des Wuchers, der Dieberei sein unser Herrn und Fürsten, nehmen alle Kreaturen zum Eigentum: die Fisch im Wasser, die Vögel im Luft, das Gewächs auf Erden muß alles ihr sein. Darüber lassen sie dann Gottes Gebot ausgehen, unter die Armen und sprechen: ›Gott hat geboten: Du sollst nit stehlen.‹ Den armen Ackermann, Handwerkmann und alles, das da lebet, schinden und saugen sie aus. So er sich dann vergreifet am allergeringsten, so muß er hängen. Die Herren machen das selber, daß ihn' der arme Mann feind wird. Die Ursach des Aufruhrs wöllen sie nit wegtun. Wie kann es die Länge (auf die Dauer) gut werden? So ich das sage, muß ich aufrührerisch sein! Wohlan!«

Für Luther aber gehörte das Gebot von der Nächstenliebe aus der Bergpredigt »nicht ins Rathaus«. Gewalt durfte nach seiner Ansicht nur von der Obrigkeit ausgehen, wie er in seinem Traktat »Wider die räuberischen und mörderischen Rotten der

Bauern« (1525) klarmachte. Mochten die Bauern auch noch so grausam mißhandelt worden sein, erheben durften sie sich deswegen nicht. Obrigkeit war gottgewollt. Wer sich gegen die weltliche Macht erhob, griff – nach Luther – Gott an. Deshalb empfahl er: »So soll nu die Obrigkeit hie getrost fortdringen und mit gutem Gewissen dreinschlahen (dreinschlagen).«

Der Reformator Martin Luther nahm in erschreckender Weise die Denkungsweise islamistischer Fundamentalisten vorweg, die Kämpfer gegen die »teuflischen Ungläubigen« als Märtyrer preisen. Im gleichen Sinne formulierte Luther: »Also kann's geschehen, daß, wer auf der Oberkeit Seiten erschlagen wird, ein rechter Märterer (Märtyrer) für Gott sei, so er mit solchem Gewissen streit, denn er geht in göttlichem Wort und Gehorsam. Wiederum, was auf der Bauren Seite umkommt, ein ewiger Hellebrand ist, denn er fuhret das Schwert wider Gottes Wort und Gehorsam und ist ein Teufels Glied.«

Aus heutiger Sicht unerträglich sind Luthers Empfehlungen an die weltliche Macht, wie denn mit den Aufständischen umzugehen sei: »Drum, liebe Herren, erlöset hie, rettet hie, helft hie! Erbarmet euch der armen Leute! Steche, schlahe (schlage), würge hie, wer da kann! Bleibst du druber tot, wohl dir! Seliglicheren Tod kannst du nimmermehr uberkommen, denn du stirbst in Gehorsam göttlichen Worts und Befehls.«

Die christliche Kirche war wohl nie mehr so stark wie zu Zeiten ihrer Unterdrückung. Niemals mehr konnte sie sich so sehr auf jedes einzelne Mitglied verlassen wie während der Christenverfolgungen. Wer sich in diesen grausamen Zeiten zum Christentum bekannte, der war wirklich Christ. Doch je stärker die Kirche wurde, desto schlimmer war der Verrat, den sie beging. Zu den dunkelsten Epochen der Geschichte überhaupt zählen die Kreuzzüge, die Inquisition und die Hexenverfolgungen. Schlimmste Schuld haben die Vertreter des Christentums auch bei der Eroberung der stolzen Imperien Zentral- und Südamerikas aufsich geladen. Der Genozid an der Urbevölkerung Südamerikas wurde stets von Missionaren begleitet.

Aus der Kirche der Unterdrückten und Ohnmächtigen wurde eine Institution der Macht. Je stärker sie wurde, desto schlimmer war der Verrat an den Idealen des Messias. Je mächtiger die »Kirchenfürsten« wurden, desto größer wurde ihr Verlangen, auch die weltlichen Geschicke von Völkern und Reichen zu bestimmen. Je reicher die Kirchengewaltigen wurden, desto stärker geriet der arme Wanderprediger Jesus in Vergessenheit. Sein Gebot der Nächsten- und Feindesliebe wurde ausgerechnet von den mächtigen Kirchenfürsten mit Füßen getreten. Gleichzeitig aber beharrte man an anderer Stelle penibel darauf, biblische Texte buchstabengetreu als unverrückbare Wahrheit auszulegen. Das bekam auf schmerzhafte Weise Giordano Bruno zu spüren, der im Jahr 1600 bei lebendigem Leibe verbrannt wurde, weil sein aus heutiger Sicht modernes Weltbild angeblich der Bibel widersprach. Glimpflicher kam Galileo Galilei davon. Er hatte es gewagt zu behaupten, die Erde drehe sich um die Sonne und nicht umgekehrt. Diese Aussage sahen die Theologen als Widerspruch zu einem kurzen Vers in der Bibel (Psalm 119, Vers 90): »Du hast die Erde fest gegründet, und sie bleibt stehen.« Demnach sei es unmöglich, daß die Erde um die Sonne kreise. Deshalb wurde Galileo Galilei von der »heiligen Inquisition« vor Gericht gezerrt. Am 21. Juni 1633 zeigte man ihm die Folterinstrumente, die schon für ihn bereitlagen. Am Tag darauf fand der Prozeß statt.

Galileo Galilei wußte, daß er mit Folter und Todesurteil zu rechnen hatte. Würde er wie Giordano Bruno auf dem Scheiterhaufen enden? Zunächst bestritt Galilei, überhaupt das kopernikanische System vertreten zu haben. Seine Ankläger hielten ihm seinen Bellarminbrief vor. Er sei Mutter Kirche gegenüber »ungehorsam«. Damit war das Todesurteil recht wahrscheinlich geworden. Der geniale Wissenschaftler sagte sich daraufhin »von seinen Fehlern« los, verfluchte und verabscheute sie. Daraufhin widerfuhr ihm »Milde«. Er wurde »nur« zu lebenslänglicher Haft verurteilt. Galileo Galilei war der qualvollen Hinrichtung auf dem Scheiterhaufen entgangen.

Im Jahr 1054 brach ein theologischer Streit aus. Da man sich nicht darauf einigen konnte, welche Bedeutung Heiligenbilder haben, kam es zur Aufspaltung in Ost- und Westkirche. Zu einer weiteren Spaltung führte eine Auseinandersetzung im Jahre 1520. Der Mönch Martin Luther war empört über das Gewinnstreben der katholischen Kirche seiner Zeit. Mit sogenannten Ablaßbriefen wurde ein schwunghafter Handel betrieben. Man malte den Sündern in dunkelsten Farben aus, welche Qualen sie im Fegefeuer für ihre Vergehen erwarteten. Gegen Geldzahlungen konnten sich reuige Sünder eine Verkürzung der Qualen in den »läuternden Flammen« erkaufen.

Gegen diese Geschäfte protestierte Martin Luther. Er wollte die katholische Kirche reformieren und formulierte aus diesem Grund 95 Glaubensthesen. Dafür wurde er mit dem »päpstlichen Bann« belegt. Als Luther 1520 den Papstbrief öffentlich verbrannte, gab es kein Zurück mehr. Eine neue christliche Kirche, strenggenommen eine Sekte, war entstanden. Der wohl wichtigste Unterschied: Nach der Lehre der katholischen Kirche kann ein Christ etwas für die Vergebung seiner Sünden tun, etwa durch Beten nach der Beichte vor dem Priester. Luther hingegen bestritt das. Die Vergebung der Sünden kann, so Luther, nur Gottes Gnade gewähren.

Im Laufe der Jahrhunderte nach Luthers Reformation kam es immer wieder zu Neugründungen von christlichen Gemeinschaften, deren annähernde Gesamtzahl nicht einmal Experten bekannt ist. Sind es nur einige hundert oder gar einige zehntausend? Die Schätzungen gehen weit auseinander. Einige der christlichen Gruppen und christlichen Sekten seien genannt: »Amish«, »Apostelamt Jesu Christi«, »Baptisten«, »Christian Science«, »Gemeinschaft des göttlichen Sozialismus«, »Hutterer«, »Johannische Kirche«, »Kirche des Reiches Gottes«, »Mennoniten«, »Methodisten«, »Mormonen«, »Neuapostolische Kirche«, »Pfingstler«, »Presbyterianer«, »Quäker«, »Adventisten«, »Unitarier«, »Weltweite Kirche Gottes« und die »Zeugen Jehovas«.

Fast immer gilt: Je kleiner eine christliche Gemeinschaft, desto ernster wird der Glaube genommen, desto heftiger wird missioniert und desto mehr identifiziert man sich mit seinem Glauben. Je größer die Gemeinschaft wird, desto größer ist die Zahl der Mitglieder, die eigentlich keine wirkliche Bindung mit ihrem Glauben haben, die oft nur pro forma dazugehören. Dann werden die zentralen christlichen Rituale – Taufe zur Aufnahme in die Gemeinschaft, Bestätigung dieser Aufnahme durch Erstkommunion und Firmung oder Konfirmation, Hochzeit, ja selbst die Beerdigung – zu gesellschaftlichen Pflichtveranstaltungen ohne religiöses Empfinden. Rund ein Jahrtausend nach der Christianisierung ist ein Europa, das von Jesu Gebot der Nächstenliebe bestimmt wird, nach wie vor eine Utopie.

Liegt es an der Diskrepanz zwischen gepredigter Liebe und gelebter Kälte in Europa, die die Mitgliederzahlen der christlichen Großkirchen schrumpfen läßt? Ganz anders sah dies zu Zeiten des Kalten Krieges im Osten aus. Dort wurden bekennende Christen angefeindet, benachteiligt und unterdrückt. Und doch fanden eben dort die Kirchen wachsende Zustimmung. Wo der Kommunismus Christen verfolgte, bekannten sich die Menschen zum Glauben.

Aber auch in Afrika und Zentral- und Südamerika strömten die Menschen in die Gotteshäuser. Dort waren es die armen Volksmassen, die sich von der christlichen Lehre angesprochen fühlten. Allerdings gingen die Kirchenführer und besonders der niedere Klerus lieber auf Distanz zur reichen Mutterkirche und reihten sich an der Seite der Armen ein. Es wurde eine »Kirche der Befreiung« gepredigt. Zwei Jahrtausende zuvor war Jesus zur Leitfigur, ja zum Idol der Machtlosen und Unterdrückten geworden. Die leidenden Menschen setzten ihre Hoffnung in den leidenden Messias, der den Tod besiegte. Die Menschen in Lateinamerika und Afrika sahen sich von den Mächtigen gedemütigt, so wie der Jesus der Evangelien gedemütigt worden war.

Wo bittere Armut herrscht, wird am ehesten christliche Nächstenliebe gelebt und nicht nur gepredigt. Wo es am Lebensnotwendigen im Materiellen fehlt, dort wächst die Hoffnung auf das immaterielle Glück. Wo die Menschen in Trostlosigkeit leben, blicken sie mit großer Sehnsucht nach Bethlehem und Jerusalem. Fast zwei Jahrtausende nach der Kreuzigung ist aus einer unbedeutenden Sekte im Heiligen Land die bedeutendste Weltreligion geworden. In Ländern des Wohlstands schwindet die Zahl der Christen, in den Ländern der dritten Welt wächst sie. Dort betreiben evangelikale und unabhängige Freikirchen massiv Mission. Zum Entsetzen konservativer Christen wird dort aber nicht die »reine Lehre« gepredigt. Statt dessen entsteht ein Gemisch aus den alten, ortsansässigen, heimischen Religionen und dem Christentum der Bibel.

In den reichen Ländern Europas und in den USA wachsen aber zusehends Menschen ohne jegliche Zukunftsperspektive heran. Wird hier das Christentum wieder zur trostspendenden Religion der Armen und Hoffnungslosen werden?

Noch sehen viele vom Schicksal Benachteiligte die christlichen Großkirchen eher auf der Sonnenseite der Reichen als in der tristen Welt der Armen angesiedelt.

Wird das Christentum wieder zu einer die Massen ansprechenden Spiritualität zurückfinden? Wenn es eine echte Chance für die Nachfolger Christi geben soll, dann muß sich Kirche wieder auf den Menschen besinnen – in seiner Ganzheitlichkeit. Dazu gehört auch die weibliche Seite des Glaubens, die seit Jahrhunderten vernachlässigt wird.

3. DER ISLAM: VOM HEILIGEN KRIEG ZUM INNEREN KAMPF

Durch die Ereignisse des 11. September 2001 rückte der Islam weltweit ins Zentrum des Interesses. Tausende von Toten schokkierten die Menschen. An die Stelle der Furcht vor einem Krieg trat für viele Zeitgenossen die Angst vor Terroranschlägen. Konnte nicht jeder jederzeit und überall zum Opfer werden? Überall konnte der neue, religiös begründete Terror zuschlagen.

Ein neues Feindbild entstand. Obwohl viele kaum Bescheid wissen über den Islam, setzen ihn doch viele mit terroristischer Gewalt gleich. So unberechtigt ein solches allgemeines Vorurteil auch ist, wird es doch von extremen Islamisten geschürt. Die Terroristen selbst sind es, die medienwirksam in die Welt hinausposaunen, daß sie die Vollstrecker des wahren Islams seien. Sie beanspruchen für sich, im Namen Gottes zu morden. Auch Diktator Saddam Hussein berief sich gern auf den Islam. Seinen Anspruch auf die Führung der arabischen Nation begründete er religiös. Er sei ein Held des »Heiligen Krieges«. Aber ist der Islam wirklich terroristisch? Oder wird er lediglich von einer Minderheit mißbraucht?

Anhänger des Islams wurden häufig als »Mohammedaner« bezeichnet. Diese Bezeichnung wird von Muslimen als irreführend, ja als gotteslästerlich empfunden. Der Islam, die jüngste der drei großen monotheistischen Weltreligionen, ist – wie das Juden- und das Christentum – eine Religion der Schrift. Das heilige

Mohammeds Ankunft in Medina
Illustration aus einer religiösen Handschrift
um 1800

Buch, der Koran, soll einst von Gott dem Propheten Mohammed durch den Engel Gabriel offenbart worden sein. Mohammed (570 bis 632 n. Chr.) ist der Übermittler des Islams an die Menschen. Er ist nach dem Verständnis der Muslime ein Mensch ohne göttliche Eigenschaften.

Der Koran (»Lesung«) wird vom frommen Muslim als Teil eines göttlichen »Urkorans« angesehen. Allah allein verfügt über den »Gesamtkoran«. Mohammed war Analphabet. Er diktierte die Offenbarungen nach und nach schreibkundigen Sekretären. Das heilige Buch des Islams lag zu seinen Lebzeiten noch nicht als Buch vor. Ähnliches gilt ja auch für das Alte und Neue Testament. Die einzelnen Teile existierten zunächst als separate Texte. Ein Kanonisierungprozeß wie bei der Bibel ist beim Koran nicht bekannt. Bei den biblischen Büchern wurde ja im Laufe von Jahrhunderten eine Auswahl getroffen, welche Texte in die Bibel aufgenommen wurden und welche nicht. Im Verlauf dieses Prozesses gab es unter den christlichen Theologen durchaus Uneinigkeit. So wäre die »Apokalypse« oder »Offenbarung des Johannes« nicht in das Neue Testament aufgenommen worden, hätte man gewußt, daß dieser düster-symbolische Text mit dem Jesus-Jünger Johannes nicht das geringste zu tun hat.

Anders im Islam: Alles, was Mohammed als Offenbarung Allahs hatte notieren lassen, fand auch Eingang in den Koran. Allerdings wurden die Aufzeichnungen erst nach Mohammeds Tod zunächst gesammelt, bearbeitet und schließlich zusammengefaßt. Für besonders strenggläubige Puristen gibt es nur diesen einen Koran – in arabischer Sprache. Allah hat sich ihrer Überzeugung nach in Arabisch offenbart. Also müsse der Koran auch in dieser Sprache gelesen und gelehrt werden. Eine Übersetzung in andere Sprachen sei unzulässig. Hätte Allah gewollt, daß sein Wort in anderer Sprache bekannt würde, dann hätte er für seine Offenbarung eine andere Sprache gewählt.

In Indonesien und Nigeria etwa hält man sich an diese strenge Devise. Allahs Wort wird dort von den Muslimen in arabischer Sprache gelernt.

Eingeteilt ist das heilige Buch des Islams in 114 Abschnitte, Suren genannt. Die einzelnen Suren sind nach dem Textumfang geordnet: Auf eine sehr kurze Einleitung (Sure 1) folgt Sure 2 mit 286 Versen. Die kürzesten Suren, die jeweils aus nur wenigen Versen bestehen, befinden sich also am Schluß des Korans. Gerade diese kurzen, knappen Suren sind – nach textkritischer Analyse – in Mekka entstanden. Wer sich als interessierter Laie an den Koran herantasten möchte, mag zunächst mit den kurzen Suren am Schluß beginnen.

Kein Zweifel besteht für den gläubigen Muslim: Der Koran ist göttliches Wort. Umstritten bleibt allerdings, wie der Koran geschaffen wurde. Zwei Lehren werden nach wie vor erörtert: Hat Allah den Koran mittels eines Akts göttlicher Schöpfungskraft ins Dasein gerufen? Dann gäbe es einen Zeitpunkt der Entstehung. Auch wenn der Koran immer bestehen wird, hat er – nach dieser Lehre – einen zeitlichen Anfang. Die zweite Lehrmeinung lehnt den Gedanken ab, der Koran sei nicht in jeder Hinsicht ewig. So wie Allah ewig und zeitlos sei und weder Ursprung noch Ende kenne, so sei der Koran eine ewige Ausdrucksform Allahs.

Mohammed hat, so glaubt der überzeugte Muslim, nicht nur den göttlichen Koran vom Engel übermittelt bekommen. Er predigte die Lehren des heiligen Buches selbst und äußerte sich zu vielen Fragen, die von Freunden wie Feinden an ihn herangetragen wurden. Daher wurden schon zu Mohammeds Lebzeiten seine Worte und Taten aufgezeichnet.

Im Lauf der Jahrzehnte, ja Jahrhunderte entstand auf diese Weise ein mehrbändiges Werk, Hadith genannt. Mit Sicherheit sind nicht alle »Propheten-Worte« aus dieser Sammlung echt – wenn man historisch-kritisch nachfragt. Für den gläubigen

Muslim aber gilt: Ein Hadith-Kommentar, der von frommen Weisen über Jahrhunderte hinweg als echt anerkannt wurde, ist über jeden Zweifel erhaben. Mit anderen Worten: Die altehrwürdige Tradition »heiligt« den Text.

Hadith-Texte spiegeln echten Volksglauben wider. Vor allem gehen sie auf die Veränderungen im Lauf der Zeit ein. Probleme, die zu Zeiten Mohammeds noch unbekannt waren, konnten im Koran selbst nicht berücksichtigt werden. Fromme Korankundige wollten den Gläubigen stets aktuelle Ratschläge erteilen. Also wurde in den Hadith-Texten die Anwendung des Korans auf neue Zeiten übertragen.

Die Hadith wird seit Jahrhunderten gelehrt, aber auch diskutiert. Es entstanden mehrere Rechtsschulen, gegründet von berühmten Lehrern. Welche Texte der Hadith sollten in welcher Form für den Gläubigen bindend sein? Darüber herrschte Uneinigkeit, aber unbestritten war stets: Der Koran ist Gottes Wort, die Hadith ist das nicht. Mohammed selbst erfuhr, daß immer wieder Meinungsunterschiede unter seinen Anhängern auftraten. Wie konnte das göttliche Wort im täglichen Leben umgesetzt werden? Diese Meinungsvielfalt sah er als Zeichen für die göttliche Barmherzigkeit an. Mit anderen Worten: Allah läßt seinen Kindern Spielraum in der Umsetzung des Glaubens im Alltag.

Im Mittelalter war in Europa so gut wie nichts über den Islam und seinen Propheten Mohammed bekannt. Dennoch wurde er als »Antichrist« karikiert. So ungerechtfertigt diese Verunglimpfung auch war, besonders sympathisch konnten die Anhänger Mohammeds dem christlichen Europa nicht erscheinen. Die Anfangszeit des Judentums war in der Realität weit friedlicher als im Alten Testament beschrieben. Die angeblichen kriegerischen Feldzüge bei der Eroberung des Heiligen Landes fanden bei weitem nicht so martialisch statt, wie es die Bibel behauptet. Statt militärischer Siege gab es in Wirklichkeit ein langsames Infiltrieren. Das Christentum nahm seinen Anfang als Religion der Geknechteten und Unterdrückten. Erst als es sich etabliert hatte, begannen die Feldzüge, auf denen etwa Missionare die wüsten Eroberer Lateinamerikas begleiteten.

Die Geschichte des Islams begann nach einer kurzen friedlichen Phase in der Realität etwa so gewaltsam wie die fiktive Geschichte des Judentums.

Bevor Mohammed 622 n. Chr. nach Medina aufbrach, lebte und arbeitete er in Mekka. Sein Leben wird in zahlreichen Biographien beschrieben. Grundsätzlich kann man feststellen: Je älter eine Lebensbeschreibung ist, desto lebensnäher wurde sie verfaßt. Die umfangreichste Vita Mohammeds schrieb Ibn Ishak (gestorben 768 n. Chr.). Dieses Werk ist in der Originalfassung verschollen. Wir sind auf eine »Neuedition« angewiesen, für die Ibn Hisham (gestorben 834 n. Chr.) verantwortlich zeichnet. Je mehr Zeit seit Mohammeds Erdenleben verstrich, desto verklärter wurde der Religionsstifter beschrieben. Aus dem Machtpolitiker von Weltrang wurde zusehends eine Art Heiliger, der gänzlich frei von Sünden war und wundersame Taten vollbrachte.

Besonders grandios dargestellt wird das Leben in diesen poetischen Werken, wenn es um die Zeit nach Mohammeds Berufung zum Propheten geht. Man wird deutlich an die Beschreibung von Jesu Wirken im Neuen Testament und einigen apokryphen Schriften erinnert. Selbst Mohammeds militärische Erfolge werden religiös verklärt. Da werden himmlische Heerscharen bemüht, die ihm beistehen. Wunder vollbringt er auch, etwa Krankenheilungen. Mohammed erweckte demnach auch seine Eltern zum Leben, die ja aus Sicht des Islams als ungläubige Heiden gestorben waren. So konnten sie den Islam, den es zu ihren Lebzeiten noch gar nicht gab, als ihren Glauben übernehmen. Das Paradies war ihnen damit sicher.

Der historische Mohammed stammte aus einer armen Familie aus dem Geschlecht der Koraishiten. Seine Eltern starben früh. Mohammed wurde deshalb von seinem Großvater und später von seinem Onkel erzogen. Seine Kindheit und Jugend dürfte hart gewesen sein. Schon mit jungen Jahren arbeitete er als Hirte. Schließlich fand er eine Anstellung als Kameltreiber bei der reichen Witwe Khadija. Offenbar erwarb er sich rasch das Vertrauen seiner wohlhabenden Arbeitgeberin. Mit fünfundzwanzig heiratete er die vierzigjährige Frau. Sechs Kinder kamen zur Welt: vier Mädchen und zwei Knaben. Die Jungen starben schon im frühen Kindesalter. Mohammed war durch die Ehe zum reichen Mann geworden, der mit großem Erfolg das Vermögen mehrte.

Als Geschäftsmann unternahm er viele Reisen. Dann aber änderte er sein Leben und begann die Welt der Kaufleute zu meiden, um sich stärker mit religiösen Fragen auseinanderzusetzen. Sein Reichtum erlaubte es ihm, die Einsamkeit zu suchen und ein Leben fernab des Alltags zu führen. Er fastete viel und meditierte. In dieser Lebensphase der Konzentration auf die geistige Welt zog sich Mohammed immer wieder zurück, etwa in Höhlen. Aus dem Weltmann war ein nachdenklicher, ja grüblerischer Mensch geworden. In einer Höhle bei Mekka soll es dann zum entscheidenden Ereignis im Leben des Propheten gekommen sein.

Während Mohammed – inzwischen vierzigjährig – schlief, trat der Engel Gabriel an ihn heran. Seine Botschaft stand auf einem kostbaren Seidentuch. Der Engel forderte Mohammed auf, »zu rezitieren«. Was aber sollte er aufsagen? Mohammed sollte etwas »verkündigen«, aber was? Welche Botschaft sollte er den Menschen bringen? Ihm war doch nichts über den Inhalt dessen, was er predigen und lehren sollte, mitgeteilt worden. Mohammed konnte also dem Befehl nicht nachkommen. Daraufhin setzte diese himmlische Erscheinung Mohammed so sehr zu, daß er kaum noch atmen konnte und dem Erstickungstod nahe war.

Dreimal wiederholte sich diese schmerzhafte, angsteinflößende Szene. Endlich fragte Mohammed, was er denn wiedergeben solle. Als Antwort trug ihm der Engel die ersten fünf Verse der 96. Sure vor:

»Rezitiere im Namen deines Herrn, der schuf; der den Menschen schuf aus einem Blutstropfen, rezitiere bei diesem Herrn, dem Hochgelehrten, der mit dem Schreibrohr lehrte, den Menschen lehrte, was er nicht wußte.«

Am Morgen erwachte Mohammed und verließ seine Höhle. Er mag von der dreifachen Begegnung mit dem Engel erschöpft gewesen sein. Im Freien, so heißt es, offenbarte sich der Engel: »Mohammed, du bist der Gesandte Gottes, und ich bin Gabriel.«

Mohammed eilte nach Hause. Erschüttert berichtete er seiner Frau, was ihm widerfahren war. Mohammeds Frau Khadija war somit der erste Mensch, der von der Begegnung mit dem Engel erfuhr. Und sie bestätigte, daß ihm eine göttliche Offenbarung zuteil geworden sein müsse.

Eine Parallele zum Christentum tritt zutage. Das neben der Kreuzigung für den christlichen Glauben fundamentale Ereignis aus Jesu Leben war seine Auferstehung von den Toten. Noch heute basiert die Hoffnung gläubiger Christen auf diesem wundersamen Ereignis: So wie Jesus von den Toten auferstanden ist, so glaubt auch der Christ, eines Tages wieder aus dem Grabe zu steigen. Jesu Auferstehung wird im Neuen Testament zuerst – späteren Manipulationen zum Trotz – von Jesu engster Vertrauter, von Maria Magdalena bekundet. Somit wurde Maria Magdalena zur ersten Apostolin Jesu. Eine Frau erlebte also als erste eines der wichtigsten Ereignisse der christlichen Glaubenswelt. Für den Islam hatte Mohammeds Frau Khadija eine ähnlich wichtige Position. Sie war der erste Mensch, der von der Berufung Mohammeds durch Allah erfuhr und der – nach Mohammed selbst – den Islam als den wahren Glauben annahm.

Auf das Höhlenerlebnis folgten weitere Offenbarungen. Mohammed wurde auf diese Weise der Koran vermittelt.

In einer vordergründig rational orientierten Zeit werden »vernünftige« Erklärungen auch für religiöse Phänomene und Themen gesucht. Für den Gläubigen greifen vermeintlich wissenschaftliche Antworten zu kurz. Das Gesetz Mose (3. Buch Mose Kapitel 11, Verse 1 bis 8) verbietet es dem gläubigen Juden, Schweinefleisch zu verzehren. Ein identisches Verbot spricht auch der Koran (2. Sure, 172) aus. Wissenschaftlich mag man dieses Gesetz mit einem Hinweis auf die Hygiene erklären. Zu Zeiten der mosaischen Gesetze und Mohammeds kannte man keinerlei wirksame Kühlvorrichtungen. In der Hitze der Wüstenländer war das Risiko einer Trichineninfektion für den Fleischesser hoch. Eine solche Argumentation muß den gläubigen Juden wie den Muslim befremden. Ein göttliches Gebot darf nicht hinterfragt werden. Es ist zu befolgen, weil es göttliches Gesetz ist. Gott ist für den Gläubigen absolute Autorität. Seine Vorschriften bedürfen keiner Erklärung und müssen befolgt werden, ohne daß man darüber nachdenkt, wie sinnvoll sie aus rationaler Sicht auch sind.

Vor diesem Hintergrund ist auch zu verstehen, warum der Muslim Naturgesetze ablehnt. Sobald man akzeptiert, daß bestimmte Geschehnisse auf Grund von Naturgesetzen erfolgen, stellt man sie über Gott. Eis schmilzt nach diesem Denken nicht an der Sonne, weil die Natur es nach gewissen Gesetzmäßigkeiten so eingerichtet hat. Vielmehr geschieht alles nach dem Willen Allahs. Wenn Allah es wollte, könnte er die Naturgesetze aufheben und Wasser bei großer Hitze gefrieren und Gold bei großer Kälte schmelzen lassen.

Völlig inakzeptabel ist es für den Muslim auch, wenn die von Mohammed erlebten Offenbarungen auf medizinischpsychologische Weise erklärt werden. Die Inspirationen Mohammeds verliefen offenbar stets nach einem Schema ab. Der Prophet wurde wie von einer unsichtbaren Hand schwer zu Boden gedrückt. Es war, als ruhe eine gewaltige Last auf ihm. Sein Körper wurde von starkem Zittern befallen. Schweiß tropfte von seiner Stirn, sein Mund schäumte. Ihm war, als lasse sich von irgendwo her ein nicht näher zu beschreibendes Geräusch wahrnehmen. War es ein Surren, ein Summen oder Brummen? Folgt man Hirnforschern wie Eric Altschuler von der Universität Kalifornien in San Diego, dann litt Mohammed an epileptischen Anfällen. Der Mediziner äußerte auf einem Treffen der »Amerikanischen Gesellschaft für Neurowissenschaften«, daß zum Beispiel die Visionen Hesekiels das Ergebnis von Epilepsie seien.

Zunächst überkamen die »Anfälle« Mohammed plötzlich, stets begleitet von Offenbarungen. Später konnte er die Erscheinungen selbst herbeiführen, was er offenbar auch tat, wenn eine bestimmte Situation eine konkrete Antwort erforderte. Dann holte sich Mohammed sozusagen himmlischen Beistand. Für den gläubigen Muslim ließ Gott etwas geschehen, was nur aus Sicht des Menschen wundersam war. Allah wurde für Mohammeds Seele erfaßbar. Mohammed konnte, so drückt es die arabisch-blumige Sprache aus, in dieser Nacht die Bäume sprechen und das Gras wachsen hören. Für die Dauer von Mohammeds Schauung wurde die Schöpfung von einem nicht in Worte zu fassenden Frieden erfüllt. In dieser Nacht wandte sich die Natur in ihrer Gesamtheit Allah zu. Und Mohammed verstand Gott.

Für den gläubigen Juden ist es auch zu Beginn des dritten Jahrtausends nach Christus unbestreitbare Tatsache, daß Gott zu Mose aus dem Dornenbusch sprach oder daß es Gott war, der seinem Propheten Hesekiel Botschaften vernehmen ließ. Für den gläubigen Anhänger des Islams gibt es ebenso keinen Zweifel daran, daß Gott durch seinen Engel zu Mohammed sprach. Auf diesem Wege kam die Menschheit in den Besitz des Korans. Der

Koran ist – anders als für viele Christen die Bibel – nicht nur von Gott inspiriertes Schrifttum, der Koran selbst ist göttlich. Es mag sein, daß wir nicht alle Teile dieses Urkorans kennen, die Mohammed offenbart wurden. Manche mögen nicht entdeckt worden sein. Vielleicht harren sogar noch weitere Koran-Suren irgendwo darauf, gefunden zu werden.

Professor Dr. Julian Jaynes hat versucht, eine »wissenschaftliche Erklärung« für die göttlichen Offenbarungen zu finden, die weltweit und über Jahrtausende hinweg Menschen zuteil wurden. In seinem umfangreichen Werk »Der Ursprung des Bewußtseins durch den Zusammenbruch der bikameralen Psyche«[9] stellt er die These auf, daß die »himmlischen Stimmen« gar nicht aus der Außenwelt kamen. In Wirklichkeit, so Professor Dr. Jaynes, »kommunizierte das Sprachzentrum in der einen Hälfte (eine Kammer des Gehirns) mit dem Hörzentrum in der anderen.«[10]

Sollte das heißen, daß göttliche Stimmen – von Mose bis Mohammed – nicht von außen kamen? Lag ihr Ursprung vielmehr in den Tiefen des menschlichen Gehirns? Die Vorstellung, daß Gott aus dem Menschen zum Menschen selbst spricht, mag für Gläubige aller Konfessionen und Glaubensrichtungen blasphemisch klingen. Aber ist sie es wirklich? Kann nicht jeder Gläubige auf diese Weise uralten Glauben mit moderner Wissenschaftserkenntnis aussöhnen? Dann würde die Suche nach dem himmlischen Gott wieder zum Menschen zurückführen, in den Menschen sozusagen. Findet sich der Mensch bei der Suche nach religiösen Wahrheiten selbst? Führt die Gottessuche ins tiefste Innere des Menschen selbst, aus dem die göttlichen Gebote für ein gedeihliches Miteinander der Menschen kommen?

In Mekka wirkte Mohammed wie ein priesterlicher Missionar. Er predigte und führte ein Leben, das auch im christlichen Sinne fromm war. Sein Leben war von Beten, Fasten und Predigen bestimmt. Tatsächlich gelang es ihm, so manches Mitglied seines

Stammes der Quraisch vom Vielgottglauben abzubringen und für den Islam zu gewinnen. Zu den ersten Anhängern des neuen Glaubens zählten schon zur ersten Stunde einige sehr einflußreiche Männer seines Stammes. Und doch gilt: So wie Jesus erfreute sich auch Mohammed in seiner engsten Heimat zunächst keiner besonders großen Beliebtheit. Sein von ihm propagierter Monotheismus war revolutionär. In Mekka war ein uralter Polytheismus etabliert. Es gab feste Strukturen, die von Mohammed abgelehnt wurden. Dadurch fühlten sich besonders die Vertreter des Vielgottglaubens in ihrer Macht bedroht. Mit der Abschaffung der Vielgötterei würden sie mit Gewißheit ihr Ansehen und ihren Einfluß verlieren. Ganz offensichtlich haben mächtige Zeitgenossen auch versucht, Mohammed zum Schweigen zu bringen. Man wollte ihn mit üppigem Reichtum und Macht korrumpieren. Angeblich bot man ihm an, einer der reichsten Männer der arabischen Welt zu werden, wenn er nur aufhören würde, die Menschen mit seinem religiösen Eifer zu behelligen. 620 bis 622 n. Chr. gab es Verhandlungen zwischen verschiedenen Stammesfürsten und Mohammed. Sie verliefen aber ergebnislos. Ob Mohammed wirklich dazu bereit gewesen wäre, sein Prophetenamt aufzugeben und Allahs Auftrag zu vergessen, muß sehr bezweifelt werden. Mordpläne wurden wiederholt ausgeheckt, scheiterten aber ebenfalls.

Im Koran heißt es (8. Sure, 29): »Und damals schmiedeten die Ungläubigen gegen dich Pläne, dich gefangenzunehmen oder dich zu ermorden oder dich zu vertreiben. Sie schmiedeten Pläne, aber auch Allah schmiedete Pläne. Und Allah ist der beste Pläneschmied.«

Mohammed wandelte sich. Aus dem frommen Prediger in Mekka wurde in Medina der gewandte Politiker und geschickte Militärstratege. Es gelang ihm rasch, eine Armee aufzubauen. Als der Stamm der Quraisch Mohammed bei Badr angriff, erlitten die Feinde eine blutige Niederlage. In kürzester Zeit war Mohammed zum Machtfaktor in der arabischen Welt geworden. Mit seinem ersten großen Erfolg gab sich Mohammed nicht zufrieden. Er beschloß, die ganze arabische Welt für den Islam zu unterwerfen.

Im Jahr 630 ergab sich ihm die Bevölkerung von Mekka (»Würfel«). Die Stadt galt schon seit ewigen Zeiten als heiliges Zentrum. Mohammed integrierte den Kult um den schwarzen Stein in den Islam und machte es den Menschen so leichter, den neuen Glauben anzunehmen. Nach der islamischen Lehre soll einst Adam an der Stelle der Kaaba das erste Haus errichtet haben, das je ein Mensch baute. Die aus dem Alten Testament bekannte Sintflut hat dann wohl dem altehrwürdigen Haus Adams arg zugesetzt. So gab dann Allah (2. Sure, 124 bis 129) Ibrahim (Abraham) und dessen Sohn Ismail den Befehl, ein Heiligtum zu errichten. Es sollte ein Haus Gottes und der Menschen sein.

Der Engel Djabril (Gabriel im Neuen Testament) höchstpersönlich händigte Ibrahim den »schwarzen Stein« aus, damit er ihn in das heilige Haus einsetzen möge. Ursprünglich, so heißt es, war dieser Stein weißer als Milch, aber die wachsende Verderbtheit ließ ihn schwarz werden. (Aus wissenschaftlicher Sicht dürfte es sich bei dem schwarzen Stein um einen Meteoriten handeln.) Heute liegt der würfelförmige Bau der Kaaba im Hof der Moschee der heiligen Stadt. Neben der Kaaba soll einst Hadschar (biblisch: Hagar), die Magd Abrahams und Mutter Ismails, bestattet worden sein.

Wie so oft erzählen Koran und Altes Testament die gleichen Geschichten. In der Bibel heißt es: Hagar war die Magd von Sarah, der Frau Abrahams. Da Sarah keine Kinder mehr bekommen konnte, gab sie ihrem Mann ihre Magd Hagar als Nebenfrau, damit die ihm das ersehnte Kind schenken möge (1. Buch Mose Kapitel 16, Verse 1 bis 16).

630 eroberte Mohammed Mekka. Das einstige heidnische Heiligtum wurde muslimisch. Wo seit Urgedenken verehrte, nun aber verponte Götter angebetet worden waren, da entwikkelte sich das Wallfahrtsheiligtum des Islams. Alle Muslime, die dazu gesundheitlich und finanziell in der Lage sind, sind verpflichtet, einmal im Leben nach Mekka zu pilgern. Sie dürfen dann den Ehrentitel eines »Haddschi« ihrem Namen zufügen.

Mit militärischem Geschick und Verhandlungen gelang es Mohammed, die arabischen Stämme zu einen. Diese Einheit war die Voraussetzung für die gewaltige Expansion des Islams nach dem Tod des Propheten im Jahre 632 n. Chr. Zu Mohammeds Lebzeiten war ganz Arabien muslimisch geworden. Nach seinem Tod sollte die Missionierung fortgesetzt werden. Dabei verfuhr man nach den Prinzipien, die im Koran in wenigen Worten zusammengefaßt wurden (9. Sure, 28): »Kämpft gegen diejenigen, die nicht an Allahund an den Jüngsten Tag glauben und die das nicht für verboten erklären, was Allah und Sein Gesandter für verboten erklärt haben, und die nicht dem wahren Glauben folgen – von denen, die die Schrift erhalten haben, bis sie eigenhändig den Tribut in voller Unterwerfung entrichten.«

Nachdem Mohammed die Glaubensbrüder der arabischen Halbinsel unter dem Zeichen des Islams vereint hatte, wandte er sich der Missionierung anderer Zielgruppen zu. Die zitierte Sure (9, 28) benennt diejenigen, »die die Schrift erhalten haben«. Damit sind die Juden und die Christen gemeint, ohne daß diese beiden Glaubensgruppen namentlich genannt werden.

Bekämpft werden sollen vier Gruppen von Menschen:

- die nicht an Allah glauben,
- die nicht an den Jüngsten Tag glauben,
- die Dinge tun, welche Allah und Mohammed verboten haben, und
- die nicht den Islam als Wahrheit anerkennen.

Nach dem Tode Mohammeds, der selbst siebenundzwanzig Feldzüge geführt und weitere siebenundvierzig Mal seine Truppen ausgeschickt hatte, begannen heftige Streitigkeiten um seine Nachfolge. Sein Schwiegervater Abu Bakr wurde schließlich zum Kalifen gewählt. Dessen Nachfolger waren die Kalifen Umar, Uthman und Ali. Diese vier Männer erwiesen sich als würdige Nachfolger Mohammeds – in Sachen Kriegsstrategie. Unter ihrer Regentschaft wuchs das islamisierte Gebiet stark an: Das heutige Ägypten, Syrien, der Irak und der Iran wurden muslimisch.

Das Geschichtsbewußtsein unserer Zeit reicht nicht weit zurück in die Vergangenheit. Man meint heute zumeist, die arabische Welt sei schon »immer« muslimisch gewesen. Aber Syrien und Palästina waren christlich, als diese Länder im Jahr 635 n. Chr. von muslimischen Heeresverbänden besetzt wurden. 638 geriet Jerusalem unter muslimische Herrschaft. 640 fiel das damals christliche Ägypten und wurde muslimisch.

Zu Zeiten der Umayyad-Dynastie (661 bis 750 n. Chr.) wuchs das islamische Europa weiter – im Westen bis Spanien und Marokko und im Osten bis Indien. Anno 711 überwanden muslimische Eroberer die Straße von Gibraltar. Ihre Schiffe landeten an der Küste der Iberischen Halbinsel. Portugal und Spanien wurden dem Großreich einverleibt. Rund acht Jahrhunderte blieben die Länder, die heute als Hochburgen des Katholizismus gelten, unter der Fahne des Halbmondes.

Anno 721 stießen die scheinbar unbesiegbaren Truppen von Spanien aus nach Frankreich vor. Auch die Pyrenäen konnten sie nicht aufhalten. Narbonne wurde angegriffen und erobert. Fast die gesamte männliche Bevölkerung wurde getötet, und Frauen und Kinder wurden in die Sklaverei verschleppt. Äußerst brutal gingen die muslimischen Besatzungstruppen vor. In Sevilla etwa befahl König Mutamid, besiegte Christen zu enthaupten. Deren abgeschlagene Köpfe ließ er in seinen prachtvollen Gärten als grausigen Trophäenschmuck aufstellen.

Für die besiegten Christen begann mit der muslimischen Besetzung eine Zeit des Grauens. Die Todesstrafe – Hängen, Kreuzigen, Enthaupten oder Pfählen – wurde für unterschiedliche Delikte verhängt. Kleidete sich etwa ein Christ in Grün, galt dies als ein todeswürdiges Verbrechen. Grün war die Farbe des Islams! Ließ da jemand Kirchenglocken erklingen? Sprach da jemand den Namen der »jungfräulichen Gottesmutter« aus? Führte jemand den Namen Jesu im Munde? Für diese »Verbrechen« wurde die Todesstrafe ausgesprochen und mit großer Härte vollstreckt.

Frankreich schien sich dem gewaltigen Ansturm der Muslime nicht widersetzen zu können. Scheinbar verfügten die muslimischen Militärs über unbegrenztes Potential an Menschen und Waffen. Anno 731 zum Beispiel wälzte sich eine Flut von dreihundertundachtzigtausend Soldaten zu Fuß auf Bordeaux zu. Die Einwohner ergaben sich kampflos. Nichts schien diese Übermacht aufhalten zu können. 732 kam es zur entscheidenden Schlacht von Poitiers, die Karl Martell gewann. Wäre das Gemetzel zugunsten der islamischen Truppen ausgegangen, würde man womöglich heute nicht mehr vom christlichen, sondern vom islamischen Abendland sprechen.

Die Abbasiden (750 bis 1258 n. Chr.) ließen schließlich das Reich des Islams zu einer Weltmacht werden. Sie verschoben die Grenzen bis nach Zentralasien und machten Bagdad zur Hauptstadt des Imperiums. In dieser Epoche überfielen sie – im Sommer 846 – Ostia. Die Stadt wurde geplündert und gebrandschatzt. Über den Tiber gelangten die Söhne Mohammeds bis ins Zentrum der christlichen Welt. Rom wurde belagert und immer wieder angegriffen. Was man in der christlichen Metropole kaum für möglich gehalten hatte, geschah. Die prachtvolle Basilika des heiligen Petrus und andere Kirchen wurden entweiht, kostbare Sakralgegenstände wurden entwendet. Papst Sergius II. mag Rom bereits unter der Herrschaft der Nachfolger Mohammeds gesehen haben. Doch dazu kam es nicht. Man arrangierte sich. Der Heilige Vater erklärte sich bereit, Jahr für Jahr ein Vermögen von 25 000 Silbermünzen zu bezahlen. Daraufhin zogen sich die muslimischen Truppen wieder zurück. Wenig später ließ Papst Leo IV. wehrhafte Verteidigungsmauern errichten.

1258 gelang es den Mongolen, Bagdad zu erobern. Sie zwangen den Muslimen aber nicht ihren Glauben auf, vielmehr bekannten sie sich selbst zum Islam. 1453 gelang es den türkischen Osmanen, eines der großen christlichen Symbole zu unterwerfen. Konstantinopel, die christliche Hauptstadt des Byzantinischen Reiches, wurde von muslimischen Truppen eingenommen.

Die Expansion zog sich über Jahrhunderte hin. Die Eroberungszüge waren brutal. Städte wurden geplündert und verwüstet, Kirchen niedergebrannt, Klöster dem Erdboden gleichgemacht. Wenn es ein »Buch der Unmenschlichkeit« gäbe, dann würde die Eroberung Konstantinopels darin in blutroten Buchstaben verzeichnet sein. Die letzten Christen hatten sich mit dem Patriarchen in die Kathedrale Hagia Sophia geflüchtet. Eine letzte Messe wurde gehalten. Die osmanischen Truppen metzelten alle nieder – vom Säugling bis zum Greis. Mit den abgeschlagenen Köpfen von Babys und Kleinkindern wurden, so berichtet es der Historiker Phrantzes, die Kerzen im Gotteshaus gelöscht. Stundenlang währte das entsetzliche Blutbad.

Die Ausbreitung des Islams war von Anfang an das Ergebnis einer exzessiven Machtausdehnung mohammedanischer Staaten. Schon Mohammed selbst hatte ein zentral regiertes Reich gegründet und organisiert. Als Verkünder des Wortes Gottes sah sich Mohammed im alleinigen Besitz der Wahrheit. Ihm war seiner Überzeugung nach die Wahrheit offenbart worden. Deshalb konnte kein anderer als er selbst die Geschicke des Landes bestimmen.

Militante Islamisten lesen aus dem Koran den Befehl heraus, eine Ausbreitung des muslimischen Glaubens mit militärischen Mitteln betreiben zu müssen. Heißt es doch (8. Sure, 38): »Und kämpft gegen sie, damit keine Verführung mehr stattfinden kann, und kämpft bis sämtliche Verehrung auf Allah allein gerichtet ist. Stehen sie jedoch (vom Unglauben) ab, dann, wahrlich, sieht Allah sehr wohl was sie tun.«

Der Koran fordert eine harte Vorgehensweise gegen die Ungläubigen (9. Sure, je nach Zählweise 122 oder 123): »O ihr, die ihr glaubt, kämpft gegen jene, die euch nahe sind unter den Ungläubigen, und laßt sie euch hart vorfinden und wißt, daß Allah mit den Gottesfürchtigen ist.«

Bemerkenswert ist hier der deutliche Hinweis auf die Nähe der »Ungläubigen«. Der Koran fordert eindeutig, daß jene Ungläubigen zu bekämpfen sind, die »nahe« sind. Mit einem angeblich von Allah gewünschten weltweiten Kampf der Muslime gegen Ungläubige ist das nicht zu vereinbaren. Wenn der ungläubige Feind in der Nähe zu bekämpfen ist, so kann man aus diesem Befehl nicht die Aufforderung machen, in die Welt hinauszuziehen und gegen alle Ungläubigen zu kämpfen – denn die befinden sich ja in der Ferne und nicht in der Nähe. Man kann eher mit Fug und Recht von der Aufforderung zur Selbstverteidigung ausgehen: Der Gläubige soll gegen Ungläubige in der Nähe ankämpfen, um nicht in Versuchung geführt zu werden. Er soll hart gegen eine Verführung zum Unglauben vorgehen.

Zweifelsohne haben die Eroberungsfeldzüge muslimischer Heere gegen Europa zu einem negativen Meinungsbild vom Islam beigetragen. Es ist aber falsch, anzunehmen, daß die Religion des Islams nur durch das Schwert verbreitet wurde. Muslimische Eroberungszüge waren Machtpolitik und nicht auf religiöse Missionierung ausgerichtet. Die Eroberung und Zerschlagung der Hochkulturen Lateinamerikas durch europäische Heere erfolgte ja auch im Zuge reiner Machtpolitik. Gewiß, die Eroberer wurden auch von christlichen Priestern begleitet, aber die Feldzüge gegen die Völker Lateinamerikas sollten Gold einbringen und nicht Seelen für den christlichen Glauben gewinnen.

Nicht übersehen werden darf, daß es über Jahrhunderte keineswegs den einheitlichen islamischen Staat gab. So weist Helmuth von Glasenapp mit Recht in seinem Buch darauf hin, daß es in den islamischen Truppen durchaus »innere Interessenkämpfe und Wirren«[11] gab, welche die Verbreitung des muslimischen Glaubens eher behinderten als förderten. Auch war der Islam kein feststehendes, unveränderbares Gedankengebäude, das über die Jahrhunderte hinweg den Europäern aufgedrängt werden sollte. So siegreich die Truppen mit dem Koran im Gepäck auch waren, ihr Glaube änderte sich durch den Kontakt mit fremden Kulturen und Denkweisen. Die muslimische Welt lernte von Europa, und Europa lernte von Menschen islamischen Glaubens.

Schon in frühen Zeiten der Geschichte des Islams kam es zu einer Aufspaltung. Eine Gruppe, die Sunniten, anerkannte die ersten Kalifen als rechtmäßig. Die Gegenpartei waren die Schiiten. Heute stellen die Sunniten die Mehrheit der Muslime, die Schiiten bilden eine Minderheit. Aus den Schiiten entwikkelten sich erst im dreizehnten Jahrhundert in der Türkei die Alewiten. Sie sind moderner eingestellt und werden von den strenggläubigen Muslimen als Ketzer verachtet. Schließlich spalteten sich noch die Anhänger des Sufismus ab, für die neben dem Buchstaben des Gesetzes die innere Glaubenserfahrung des Muslims von ganz besonderer Bedeutung ist. Die Sufis propagierten einen lebensnahen Volksglauben. Deshalb erfreuten sie sich zeitweise äußerster Beliebtheit.

Helmuth von Glasenapp faßt diese äußerst komplexe Thematik so zusammen: »Die Berührung mit den Kulturen der unterworfenen Völker führte dazu, daß der einfache Glaube Mohammeds unter dem Einfluß der aristotelisch-neuplatonischen Philosophie, der christlichen Gnosis und des indischen Pantheismus eine hochstehende philosophische Spekulation und eine tiefsinnige Mystik auslöste. Ebenso wirkten römische Rechtsgedanken und byzantinische Verwaltungskunst auf die islamische Gesetzeswissenschaft ein. Im islamischen Volksleben aber machten sich Vorstellungen und Bräuche der bekehrten fremden Völker immer mehr geltend und bereicherten das starre monotheistische System durch eine Fülle von dem Islam ursprünglich fremden Bestandteilen, wie zum Beispiel den Heiligenkult.«[12]

Nicht vergessen werden darf: So wie es auch eine friedliche christliche Missionierung gab, so gab es ebenfalls eine friedliche Ausbreitung des Islams. Teile Indiens, Chinas und Indonesien wurden von friedlichen Missionaren für den Islam gewonnen.

Unübersehbar ist der positive Einfluß der muslimischen Kultur. Das heutige Zahlensystem wurde im christlichen Abendland von Papst Silvester II. (Papst seit 999) gefördert. Der Heilige Vater hatte schon in jungen Jahren Verbindung mit der arabischen Welt. Unser Zahlensystem, das schriftliches Rechnen ermöglicht, haben wir von den Arabern übernommen, die es ihrerseits bei den Indern entdeckten. Die westliche Wissenschaft wäre ohne kräftige Anleihen aus der arabischen Welt undenkbar. Die Algebra etwa geht auf ein Lehrbuch des Muhammad ibn Musa al-Chwarismi (813 bis 833 n. Chr.) zurück. Auch die Astronomie erlebte in der arabischen Welt schon eine Glanzzeit, als sie in Europa noch unbekannt war. Anno 1145 schloß der arabische Geograph Idrisi sein Lebenswerk ab: Es bestand aus siebzig Landkarten. Idrisi nahm die Kugelgestalt der Erde als selbstverständlich an.

Die Medizin des Abendlandes prägte ein Grundsatz, der den Fortschritt hemmte: Krankheit galt als Folge von Sünde. Nur Gott war demnach in der Lage, zu heilen. Eine Arzneikunde, wie sie in der arabischen Welt selbstverständlich war, wurde argwöhnisch beäugt. Wurde da versucht, Gott ins Handwerk zu pfuschen? In der islamischen Welt – etwa in Córdoba – stand der Mensch im Mittelpunkt des ärztlichen Interesses. Seine Krankheiten sollten mit wissenschaftlicher Akribie kuriert werden. Eng verbunden waren in der arabischen Welt Krankenhäuser und Apotheken. In der muslimischen Welt seit dem achten Jahrhundert bekannt, wurden Apotheken regelmäßigen Kontrollen unterzogen. Dafür war eine Gesundheitspolizei zuständig, die auch den Lebensmittelhandel überprüfte. So sollten Erkrankungen und Lebensmittelvergiftungen verhindert werden.

An erster Stelle stand der Mensch, dem die Medizin helfen konnte – unbehindert durch theologische Spitzfindigkeiten. So gab es in Córdoba Mitte des zehnten Jahrhunderts bereits etwa fünfzig Krankenhäuser, die erhebliche Staatsgelder erhielten. In den Kliniken war größtmögliche Hygiene eine Selbstverständlichkeit. Die Apotheken, Operationssäle und orthopädischen Stationen waren aber nicht nur Stätten der medizinischen Versorgung und Behandlung von Kranken, sondern ebenso Orte der Wissensvermittlung an Studenten, welche die ärztliche Heilkunst erlernen wollten. Chirurgen arbeiteten nicht allein; stets stand ihnen ein Assistent zur Seite. Auf diese Weise sollten Fehlentscheidungen rechtzeitig vermieden werden.

Das Krankenhauswesen im spanischen Córdoba war von muslimischen Ärzten aufgebaut worden. Im christlichen Europa wurde es mit größtem Argwohn betrachtet. Wie sollte man mit Christen verfahren, die sich von einem nichtchristlichen Arzt – einem Juden oder Araber – behandeln ließen? Waren deren medizinische Erfolge nicht ein Affront gegen die christliche

Theologie? Schließlich wurde den Krankheiten sozusagen handwerklich begegnet, nicht christlich-religiös. Ja, man verzichtete sogar darauf, Patienten vor der Behandlung zur Beichte zu nötigen.

Das islamische Gesundheitssystem blieb in Europa zunächst eine lokale Besonderheit. Nach wie vor war das Heilen das Metier der Kirche. Gegen den Widerstand der Kirche machte sich Kaiser Friedrich II. im dreizehnten Jahrhundert für das islamische Gesundheitssystem stark, worauf sich Papst Gregor IX. öffentlich über diese »sündige Verweltlichung« empörte. Der Kaiser aber ließ sich nicht von seinen Plänen abbringen. Für ihn gehörte die Medizin in staatliche Hände. Friedrich II. war es auch, der mit al-Kamil, dem ägyptischen Sultan, direkt verhandelte – gegen den Willen der Kirche. So kam es am 18. Februar 1229 zu einem Friedensvertrag zwischen Abend- und Morgenland.

Erst die islamischen Ärzte rückten den einzelnen Kranken ins Zentrum ihres Interesses. Nach bestem Wissen und Gewissen wurde versucht, dem kranken Individuum zu helfen. Anders bei der christlichen Ärzteschaft. Im Vordergrund standen bei ihnen religiöse Dogmen, die medizinischen Fortschritt stark behinderten. So mußte das Renaissance-Genie Leonardo da Vinci heimlich Anatomiestudien betreiben. Solche Forschungen waren von der Kirche streng verboten. Der menschliche Leib sollte so unversehrt wie möglich bestattet werden – im Hinblick auf eine »gute Auferstehung«.

Der Koran läßt sich nicht immer problemlos übersetzen. Schwierig wird es, wenn Ausdrücke von zentraler Bedeutung nicht nur mit einem einzelnen Wort wiedergegeben werden können. In Vers 34 von Sure 8 wird gefordert, so lange zu kämpfen, bis es keine »fitna« mehr gibt. Was meist mit »Verführung« übersetzt wird, bedeutet aber auch Unglaube und Vielgötterei, also eine Verehrung anderer Götter als Allah.

Erst wenn die Ungläubigen damit aufhören, die verhaßte Vielgötterei zu betreiben, wird Allah dies erfreut zur Kenntnis nehmen. Die Christen mögen da keinen Gegensatz zum Islam sehen, ist doch auch der christliche Glaube monotheistisch! Doch Vorsicht: Die christliche Lehre von der Dreifaltigkeit Gottes ist für den gläubigen Muslim einer der schlimmsten Verstöße gegen das zentrale Gebot des Islams. Für den Christen ist die Dreieinigkeit Gottes Teil seines monotheistischen Glaubens. Er verehrt nicht drei verschiedene Götter, sondern einen. Für ihn sind Gott-Vater, Sohn und Heiliger Geist Aspekte eines Gottes. Für den Muslim hingegen ist das Christentum mit dem Monotheismus des Korans nicht zu vereinbaren, wenn auf der Dreieinigkeit bestanden wird. Wer Gott, Gott-Vater und Heiligen Geist anbetet, der ist Anhänger des vom Islam verachteten Polytheismus.

Mit anderen Worten: Ein Christ kann nur dann vom gläubigen Muslim akzeptiert werden, wenn der Christ seinen Glauben aufgibt. Klar und deutlich sagt es Sure 5 (Vers 50 oder 51, je nach Zählweise): »O ihr, die ihr glaubt! Nehmt nicht die Juden und Christen zu Beschützern. Sie sind einander Beschützer. Und wer sie von euch zu Beschützern nimmt, der gehört wahrlich zu ihnen.«

Wiederum erweist sich die Übersetzung an kritischer Stelle als problematisch: Dem gläubigen Muslim wird verboten, sich Juden und Christen zu »auliya« zu nehmen. »Auliya« bedeutet Freunde, Beschützer, Helfer. Wortwörtlich genommen verbietet der Koran dem Muslim also, sich Juden oder Christen als Freunde zu nehmen, weil er sonst einer von ihnen wird – und somit zu einem verachteten Ungläubigen.

Mohammed selbst bekämpfte massiv den Unglauben. Für ihn gab es keine andere religiöse Verirrung als den Glauben an mehrere Gottheiten. Deshalb sah es Mohammed als seine wichtigste

Aufgabe an, den Polytheismus – für ihn Wurzel alles Bösen – auszutilgen. Gewiß waren ihm sowohl das Juden- als auch das Christentum wohl vertraut. Da auch diese beiden großen Religionen für ihn zumindest vom Grundgedanken her monotheistisch waren, hoffte er, von beiden Religionen anerkannt zu werden. Allerdings müßte das Christentum auf die Lehre von der Dreieinigkeit verzichten, um von den Muslims nicht als gotteslästerlich angesehen zu werden. Doch die beiden anderen großen monotheistischen Weltreligionen akzeptierten den Koran nicht als dritte Gottesoffenbarung nach Altem und Neuem Testament. Sie verweigerten ihm, Mohammeds optimistischen Erwartungen zum Trotz, die Anerkennung als den letzten und größten Gesandten Gottes. Weder Juden noch Christen sahen in Mohammed das »Siegel der Propheten«. Sie waren auch nicht dazu bereit, ihre eigenen Glaubensüberzeugungen lediglich als »Vorstufen der Wahrheit« zu betrachten.

Mohammeds Erwartungen muß man, gelinde gesagt, als naiv bezeichnen. Das Judentum weigerte sich, das Christentum anzuerkennen, und bestritt vehement die Lehre von Jesus als dem Messias. Das Christentum nahm zwar einen Text des Judentums, das Alte Testament, in die Bibel auf, von einer echten Anerkennung kann aber keinesfalls die Rede sein. Vielmehr sah man geradezu herablassend auf den alten Bund herab, dessen Bedeutung nur in der Vorbereitung des Christentums bestand. Texte im Alten Testament wurden als Prophezeiung von Jesus als dem Messias verstanden. Die Aufgabe des Judentums bestand für Christen ausschließlich darin, die Welt auf den christlichen Messias vorzubereiten. Wie konnte da Mohammed annehmen, daß Judentum und Christentum ihn als das Ziel der Wahrheitssuche preisen würden?

Dabei befand sich Mohammed in einer sehr ähnlichen Situation wie tausend Jahre zuvor jüdische Verfechter eines strengen Monotheismus. Allerdings war er wesentlich erfolgreicher als die jüdischen Bekämpfer des Polytheismus.

Jahwe, der Gott des jüdischen Monotheismus, stand ursprünglich keineswegs allein da. Über einen langen Zeitraum hinweg hatte er eine Partnerin, die göttliche Aschera. Auch wenn die Religionsgeschichte gern diesen Aspekt verdrängt und von dem monotheistischen Judentum gesprochen wird, bestand zumindest für einen erheblichen Teil der Geschichte de facto der Polytheismus weiter. Der salomonische Tempel, das Zentralheiligtum des Judentums, existierte 370 Jahre. Fast zwei Drittel dieser Zeit, 236 Jahre, mußte Jahwe sich dieses Heiligtum mit Aschera teilen.

Ähnlich sah die Situation zu Mohammeds Lebzeiten aus. Helmuth von Glasenapp faßt zusammen: »Durch seine Religionsstiftung gab er (Mohammed) dem Volk nicht nur einen außerordentlichen politischen Auftrieb, sondern er hob es auch auf ein höheres geistiges Niveau, denn bisher hatte die Religion der Araber in einer Anzahl von Stammeskulten bestanden, in denen ein männlicher Gott, der meist mit dem Namen Allah bezeichnet wurde, samt einer weiblichen Göttin Allat und einer großen Zahl von anderen höheren Wesen verehrt wurde. Im Kultus spielten dabei heilige Steine eine besondere Rolle. An Stelle dieses ›Götzendienstes‹ setzte Mohammed einen absoluten Monotheismus. Es unterliegt keinem Zweifel, daß er bei dieser Ausgestaltung von der Religion der Juden und Christen beeinflußt war, die er auf seinen Reisen und in Medina kennengelernt hatte.«[13]

Offensichtlich war Mohammed in der Bekämpfung des Vielgottglaubens wesentlich erfolgreicher als das Judentum. Im Judentum stand auf den Glauben an andere Götter die Todesstrafe. Dennoch konnte – wenn überhaupt – der von der Staatsreligion Judentum geforderte Eingottglauben kaum durchgesetzt werden.

Selbst in den tendenziösen Berichten des Alten Testaments sind immer wieder sehr deutliche Hinweise zu finden, daß neben dem offiziellen Eingott-Jahwe-Kult andere Gottheiten verehrt wurden. Mohammed hingegen gelang es offensichtlich, und zwar in wesentlich kürzerer Zeit, den Islam zu einer echten monotheistischen Religion zu machen.

So gesehen kann man das Judentum als Vorstufe des Islams ansehen: Mohammed setzte die im Judentum immer wieder real gescheiterten Versuche fort, den Vielgottglauben zu besiegen. Was im Judentum mehr oder minder offiziell neben dem mosaischen Ein-Gott Jahwe geduldet wurde, das verbot Mohammed mit Erfolg.

Unverkennbar ist der Einfluß des Judentums auf die Schilderung der Weltschöpfung des Islams. Das Judentum kennt in seinem ältesten Schöpfungsbericht das Paradies als den Anbeginn. Es wurde für den Menschen geschaffen. Die Sünde des Menschen besteht darin, daß er mehr als Mensch sein will. Gott Jahwe wirft den Menschen immer wieder auf sich selbst zurück. Allah erschafft – wie Jahwe – den ersten Menschen aus Lehm. Wie der jüdische Gott hauchte er ihm den Odem ein. Der Mensch des Islams nimmt – wie der Mensch des Psalmisten – eine erstaunlich hohe Position ein. Das wird bei der weiteren Schöpfung deutlich.

Nach dem Koran schuf Allah die Engel aus Licht, die Dschinnen-Geister aus dem Gluthauch der Wüste. Aus der Schar der Engel kommt der Teufel des Islams, wie der Luzifer des Christentums. Als Allah die Engel auffordert, sich ehrerbietig vor Adam zu verneigen, verweigert einer den Gehorsam (2. Sure, 33): »Und als Wir zu den Engeln sprachen: ›Werft euch vor Adam nieder‹, da warfen sie sich nieder bis auf Iblis, er weigerte sich und war hochmütig.« Diese Episode wird ein weiteres Mal im Koran erzählt (18. Sure, 48): »Und da sprachen wir zu den Engeln: ›Werft euch vor Adam nieder!‹ – und sie warfen sich nieder, außer Iblis. Er war einer der Dschinn, so war er ungehorsam gegen den Befehl seines Herrn.«

War nun Iblis ein Dschinn oder ein Engel? Wie auch immer: Berücksichtigt man beide Verse, dann stand der Mensch Adam in der Schöpfungsordnung sehr hoch – über den Dschinn und über den Engeln. Weil Iblis das nicht anerkannte und Adam seinen unterwürfigen Respekt verweigerte, wurde er dazu verurteilt, die Menschen bis zum »Jüngsten Gericht« in Versuchung zu führen. Wir erinnern uns: Im Alten Testament ist es der Teufel in Schlangengestalt, der Eva und Adam zum Ungehorsam Gott gegenüber verleitet.

Die Schöpfungsberichte von Bibel und Koran ähneln sich, wobei das Glaubensbuch für Muslime detailreicher ist. Allah erschafft die Welt durch das Wort »kun« (es sei), ähnlich wie Gott Jahwe spricht »es werde ...«. Nach dem Koran (65. Sure, 12) kreiert Allah sieben Erden und sieben Himmel, die wie Stockwerke übereinanderliegen. Über den Himmeln sind nach muslimischer Theologie sieben Lichtmeere und zahlreiche weitere »ätherische Regionen« angesiedelt. Ganz oben folgt dann das Paradies, das wiederum aus sieben Bezirken besteht. So wie sich die Himmel über der Erde auftürmen, so geht es unter der Erde, auf der wir leben, weiter: mit sechs Höllen. Das Weltbild des Islams wurde auch nach Niederschrift des Korans noch weiterentwickelt.

In der Vorstellung vom ersten Menschen geht der Islam weit über das Juden- und Christentum hinaus: Allah erschaft nämlich Adam als Urmenschen. Aus Adam erwächst dann die gesamte Menschheit, nicht aber im biblischen Sinne als die nach und nach geborenen Kinder und Kindeskinder Adams. Allah läßt die gesamte zukünftige Menschheit aus Adams Rücken entsteigen. Alle künftigen Menschen bekunden dann vor Allah ihr Glaubensbekenntnis und bekennen damit ihre Zugehörigkeit zum Islam. Danach zieht sich die gesamte Menschheit wieder in Adams Rückgrat zurück. Die Geist-Seelen aller Menschen finden Zuflucht in einem Schrein von Allahs Thron.

Somit unterscheiden sich Judentum und Islam in einem ganz zentralen Punkt: Nach der muslimischen Philosophie existierten alle Menschen bereits einmal durch Allahs Schöpfungsakt zum Anbeginn der Zeit. Gott schuf mit Adam zugleich alle Menschen. Und in Adam existierten bereits alle Menschen, die jemals die Erde bevölkern sollten. Alle Menschen sind nach dieser Philosophie in einem ersten Leben vor dem späteren irdischen Leben Muslime geworden.

Durch die Geburt tritt dann später jeder einzelne Mensch in sein zweites Leben ein, um dann mit seiner Geist-Seele wiedervereint zu werden. Beim physischen Tod kommt es wieder zur Trennung von Geist-Seele und Körper. Beim Jüngsten Gericht jedoch verbinden sich Körper und Geist-Seele wieder neu miteinander.

Diese Vorstellung läßt sich modern interpretieren: Alles kommt aus dem Menschen selbst. Wenn der Mensch nach den Ursachen für Probleme und Nöte sucht, dann soll er keine fremden Verursacher vorschieben, sondern selbst Verantwortung übernehmen. Böses, aber auch Gutes kommen aus dem Menschen selbst.

Nicht nur für uns Heutige ist der christliche Begriff der »Erbsünde« schwer verständlich. Der Islam kennt diese Vorstellung nicht. Auch im Koran gibt es die Ursünde von Adam und Eva im Paradies (2. Sure, Verse 33 und 34), doch anders als im Alten Testament bereut Adam nicht nur seine Schuld, sondern ihm wird auch vergeben. Seine Schuld wird nicht von allen künftigen Generationen wie eine mühsame Last weiter und weiter geschleppt. Damit erübrigt sich auch der Kreuzestod eines Erlösers, um die Erbsünde zu löschen. Der einzelne Mensch ist für sein eigenes Verhalten verantwortlich. Wenn er schuldig wird – im Sinne von Gesetzesübertretung –, dann muß er selbst für sein eigenes Verhalten büßen, nicht aber für die Verfehlungen der Menschen vor ihm.

Vordergründig betrachtet, gibt es einen Begriff im muslimischen Glauben, der an die »Erbsünde« erinnert: »ghaflah«. Der fromme Muslim wird immer wieder an diese Sünde erinnert und aufgefordert, ihr entgegenzuwirken. Worin besteht diese Sünde? »Ghaflah« läßt sich am besten mit »Vergessen« übersetzen. Der Mensch vergißt gelegentlich seinen göttlichen Ursprung, doch gerade daran soll er sich immer wieder voller Dankbarkeit erinnern, vor allem weil ihn, so sieht es der Islam, Gott als perfektes Wesen erschaffen hat. Anders im Christentum: Die Erbsünde erinnert den Menschen ständig daran, daß er – auch ohne sein Zutun – von Geburt an mit Sünde beladen, also schlecht ist. Nur durch Jesu Opfertod am Kreuz kann diese Schuld ausgemerzt werden. Ein solches Martyrium ist nicht erforderlich, um dem »ghaflah« des Islams entgegenzuwirken. Es genügt, wenn der gläubige Muslim den Koran liest und sich auf diese Weise an seinen göttlichen Ursprung erinnert.

So mancher Geistliche, insbesondere der christlichen Kirchen, versucht den Menschen klein zu machen und hält ihm einen furchterregenden, großen Gott vor. Der Grund dafür scheint sehr simpel und menschlich. Wenn man selbst Priester des richtigen und großen Gottes ist, dann wächst man, je größer man Gott macht, gleichsam mit – und kann auf die erbärmlich kleinen Menschen herabblicken. Und je zorniger der Gott ist, den ein Geistlicher vertritt, desto mächtiger wird auch der Priester in seiner Gesellschaft. Denn wenn ein Mensch den wütenden Gott fürchtet, dann ist er auf die Vermittlung des Priesters angewiesen. Am Ende wird dann auch noch die andere Religion verfälscht dargestellt. Das geschah in besonderem Maße mit dem Islam –

über Jahrhunderte hinweg. Mohammed wurde im Mittelalter mit dem Antichristen gleichgesetzt. Den Koran kannte niemand, außer einigen wenigen Experten. Daher blieb weitestgehend unbekannt, daß der Koran einen Gott der Liebe beschreibt.

Gewiß, auch der Gott des Korans ist allmächtig und gewaltig. Das heilige Buch des Islams schildert die aus dem Alten Testament bekannte Begegnung zwischen Mose und Jahwe auf dem heiligen Berg. Im Koran bittet Mose Allah, der große Gott möge sich ihm doch zeigen (7. Sure, 142). Allah verweigert Mose jedoch die Erfüllung seines Wunsches. Dennoch soll an ihm ein Exempel statuiert werden, um Allahs Größe und Macht zu verdeutlichen: »Als nun sein Herr auf dem Berg erschien, da ließ er ihn zu Schutt zerfallen, und Mose sank ohnmächtig nieder.« Wieder zu Sinnen gekommen, preist Mose Gott, äußerst beeindruckt von dieser Demonstration göttlicher Macht.

Für den gläubigen Muslim ist Gott in seiner Allmacht furchteinflößend, so wie für einen Bergsteiger ein schier riesiger Berg. Der Bergsteiger muß den Weg des Aufstieges genau kennen. Er weiß, daß ein Fehltritt den sicheren Tod bringen kann. Der Weg auf den Berg steht für den gottgefälligen Weg durch das Leben eines Muslims. Die göttlichen Gebote kennt der fromme Muslim aus dem Koran. Ihnen muß er folgen. Wie ein Abweichen vom Weg den Bergsteiger abstürzen läßt, so verderblich kann ein Verstoß gegen die Gesetze Allahs sein.

Die Furcht des Muslims vor Gott ist nicht die Angst eines Menschen vor einem Despoten, sondern vielmehr der ins Unendliche gesteigerte Respekt vor dem Unermeßlichen. Für den Muslim ist es auch aus Gründen der ehrfurchtsvollen Distanz, die zwischen Allah und Menschen bestehen muß, nicht akzeptabel, daß Gott einen Sohn hat, der sich auf das Niveau der niederen Menschlichkeit herabläßt. Der Islam verehrt voller Ehrfurcht Jesus als Propheten, und man akzeptiert, wie es der Christ glaubt, daß Jesus jungfräulich geboren wurde. Die Trinität aber sieht man als bösartige Erfindung an, die den unüberbrückbaren Unterschied zwischen Gott und Mensch diffus werden lassen soll.

Dazu heißt es im Koran (19. Sure, 87 bis 93): »Und sie (die Christen) sagen: ›Der Allerbarmer hat Sich einen Sohn genommen.‹ Wahrhaftig, ihr habt da etwas Ungeheuerliches begangen! Beinahe werden die Himmel zerreißen und die Erde auseinanderbersten und beinahe werden die Berge in Trümmern zusammenstürzen, weil sie dem Allerbarmer einen Sohn zugeschrieben haben. Und es geziemt dem Allerbarmer nicht, Sich einen Sohn zu nehmen. Da ist keiner in den Himmeln noch auf der Erde, der dem Allerbarmer anders denn als Diener sich nahen dürfte.«

Andere Übersetzungen sind deutlicher. Da heißt es: »Daß sie dem Erbarmer einen Sohn beilegen, dem es nicht geziemt, einen Sohn zu zeugen.« Damit handeln die Christen für den Muslim zweifach gegen ein göttliches Gebot: Indem sie Christus zum Gott machen, verstoßen sie gegen den Monotheismus, der nur einen Gott zuläßt. Und indem sie Gott einen Sohn zugesellen, überbrücken sie, was nicht überwunden werden darf: die Kluft zwischen Gott und Mensch.

Die Gottesfurcht im Islam hat zu einem weitverbreiteten Irrtum über das Wesen Allahs im Koran geführt. Besonders Christen glauben, daß Allah ein Gott der schrecklichen Macht sei – ganz im Gegensatz zum Gott der Liebe des Neuen Testaments. In Wirklichkeit zeichnet der Koran des Islams, in dessen Wortwurzel der Friede steckt (siehe auch: »Schalom«), das Bild eines überaus liebevollen Gottes.

Allah ist laut Koran:

- der Allvergebende, dessen Liebe zum Menschen zärtlicher ist als die der Vogelmutter für ihr Junges,

– der Hüter seiner Diener, der Beschützer der Waisen, der Tröster der in Not Geratenen,
– der Huldvolle, der Nahe, der Hörer, der Mitleidige, der Gnädige,
– der Friedfertige, der Treue, der Heilige, der Führer der Verirrten,
– der Erretter aus jeglicher Gefahr und aus jeglicher Bedrängnis.

Theologen haben herausgefunden, daß Allah im Koran an 192 Stellen mit äußerst freundlichen und liebevollen Beinamen versehen wird. Hingegen wird er an nur siebzehn Stellen als Gott des Zorns, der Vergeltung und der Rache beschrieben.

Gewiß, ähnlich wie das Alte Testament fordert auch der Koran für manche Gesetzesübertretungen die Todesstrafe. So können Unzucht und Ehebruch, wenn die Gesetzesübertretung durch mehrere Zeugenaussagen bestätigt wird, mit Auspeitschung oder der Todesstrafe geahndet werden. Auch der »Abfall vom islamischen Glauben« ist mit der Todesstrafe bedroht, wenn die Öffentlichkeit darüber provokativ unterrichtet wurde. Der fundamentalistische Rechtsgelehrte sieht in der Todesstrafe für die Abkehr vom islamischen Glauben die Verteidigung der islamischen Gesellschaft. Die rechtgläubige Gemeinschaft könnte sonst durch entsprechendes Vorleben ebenfalls vom »wahren Glauben« abgebracht werden.

Für Mord ist ebenfalls die Todesstrafe eine mögliche Form der Ahndung. Das muslimische Recht räumt den Verwandten eines Ermordeten die Möglichkeit ein, juristisch abgesichert Rache an einem Täter zu nehmen. Diese Form der Ahndung eines Tötungsdelikts ist aber nicht zwingend vorgeschrieben. Es ist den Verwandten eines Opfers freigestellt, Entschädigung vom Täter zu fordern.

Jedoch herrscht keineswegs Rechtswillkür im islamischen Staatsgebilde. Basierend auf dem Koran, gibt es die Scharia, das islamische Rechtssystem. Der Mufti, ein korankundiger Rechtsgelehrter, konsultiert den Koran und die islamische Tradition. Was fordert das islamische Recht in einer konkreten Situation als Strafe für ein Vergehen? Der Kadi leitet den Prozeß gegen den Rechtsbrecher und fällt das Urteil. Mohammed – so überliefert es die Hadith – mahnte, daß man dem reuigen Sünder mit Verzeihung und Milde begegnen solle.

Wenn Allah so ein gütiger und liebender Gott ist, geben kritische Stimmen zu bedenken, wieso fordert er dann die blutige Beschneidung von Mädchen? Millionen von Mädchen werden Jahr für Jahr dieser unbeschreiblich schmerzhaften Prozedur unterzogen, bei der Tausende von Mädchen ums Leben kommen. Die genauen Todeszahlen werden verschwiegen, und die Schätzungen gehen weit auseinander. In Deutschland ist die Beschneidung verboten. Wird ein Fall offiziell bekannt, muß er von Rechts wegen als Körperverletzung geahndet werden. Seit Jahren kämpfen viele Menschen gegen die Praxis der Beschneidung von Mädchen, und das mit einigem Erfolg. So haben bereits maßgebliche muslimische Geistliche den alten Brauch als »Sünde« gebrandmarkt.

Im Frühjahr 2005 kam es zu einem bemerkenswerten Gerichtsurteil. Der XII. Zivilsenat des Bundesgerichtshofs (BGH) in Karlsruhe entschied: Eltern kann das Recht auf die Bestimmung des Aufenthalts ihrer Tochter entzogen werden, wenn das Mädchen in ein Land gebracht werden soll, wo ihm die Beschneidung droht. Damit soll, so das Gericht, verhindert werden, daß dem Kind »eine grausame, folgenschwere und durch nichts zu rechtfertigende Mißhandlung« zugefügt wird. Das Gericht stellte weiter fest: Die Beschneidung des Mädchens ist mit dem Kindeswohl nicht zu vereinbaren.

Der konkrete Fall: Ein im Jahr 1998 in Gambia geborenes Mädchen, das seit der Heirat seiner Mutter mit einem Deutschen in der Bundesrepublik lebt, sollte nach dem Willen der Mutter zu ihrer Familie nach Gambia zurückgebracht werden. Das Amtsgericht hatte daraufhin der Mutter, die selbst beschnitten worden war, die Aufenthaltsgenehmigung entzogen. Daraufhin wurde die Pflegschaft für das Mädchen dem Jugendamt übertragen und das Kind bei einer Pflegefamilie untergebracht. Die Mutter legte Beschwerde ein, woraufhin das Mädchen laut Beschluß des Oberlandesgerichts Dresden zurück zur Mutter kam. Allerdings müsse das Kind »zusätzlich abgesichert« werden, um eine Beschneidung zu verhindern.

Bereits am 20. September 1995 hat sich der Vorsitzende des »Zentralrats der Muslime in Deutschland«, Dr. Nadeem Elvas, zum Thema »Frauen-Beschneidung in muslimischen Ländern« geäußert und klargestellt: »Die Beschneidung der Frauen ist im Koran nicht erwähnt. Sie ist auch keine dem Islam entlehnte Tradition, sondern hat ihre Wurzeln in vorislamischer wie auch in vorchristlicher Zeit. Diese Sitte ist auch heute kein spezifisch islamischer Brauch, man findet sie sowohl bei afrikanisch-animistischen als auch bei afrikanisch-christlichen und afrikanisch-jüdischen Stämmen.«

Weiter führt Dr. Nadeem Elvas aus: »Die Orientierung an der Praxis des Propheten, der seine vier Töchter nicht beschneiden ließ, führte im Laufe der islamischen Geschichte praktisch zur Abschaffung dieser vorislamischen Sitte in den meisten islamischen Ländern.«

In einem »Rundbrief der deutschen Muslim-Liga« wird klargestellt: »Die mit ›pharaonischer Beschneidung‹ schöngeredete Verstümmelung der Geschlechtsteile von Mädchen widerspricht eindeutig den Lehren des Islams, weil damit eine gravierende und gesundheitlich riskante Veränderung der Schöpfung Gottes vorgenommen wird.«

Die Beschneidung der Mädchen muß sogar als Blasphemie, als Gotteslästerung angesehen werden. Allah schuf nach der Lehre des Korans den Menschen perfekt: also fehlerfrei (zum Beispiel Sure 95, Vers 3): »Wahrlich, Wir haben den Menschen in bester Form erschaffen.« Wenn man nun behauptet, daß eine Beschneidung der Mädchen erforderlich sei, kritisiert man damit Allah und seine Schöpfung. Ein perfekt geschaffener Mensch bedarf nicht der Verbesserung. Wer die Beschneidung fordert, der beansprucht dann, mehr zu sein als Allah, indem er eine vermeintliche »Verbesserung« vornimmt.

Der gläubige Muslim nimmt aus ehrerbietiger Furcht keine Änderungen am Koran vor. Er studiert den Koran selbst, aber auch die Werke über Mohammeds Reden und Leben. Die Beschneidung von Mädchen kommt im Koran nicht vor. Die Schlußfolgerung ist einfach und klar: Die Beschneidung von Mädchen ist nicht mit dem Koran zu vereinbaren. Wer behauptet, der Koran fordere den barbarischen Eingriff, beleidigt den Koran.

Die große ehrerbietige Furcht vor der Größe Allahs gibt dem gläubigen Muslim Sicherheit. Er fühlt sich in Sicherheit. Damit ist ihm jede andere Angst vor allem genommen, was ihm gefährlich erscheinen könnte. In dieser Lage, in die sich der Gläubige versetzt fühlt, findet der Muslim zu sich selbst. Der Muslim liest den Koran und blickt zu Gott auf – und entdeckt sich selbst.

Der evangelische Theologe Professor Dr. Schindler erklärt hierzu: »Muslim und Muslima beschreiten den Weg zu Allah. Sie fühlen sich sicher und geborgen. Sie treten am Abend unter den Sternenhimmel, blicken zum Firmament auf. Sie fühlen die Liebe Gottes. Indem sie zu Allah finden, dürfen sie wirklich sie selbst sein. Allah akzeptiert sie. Der Weg des einzelnen Menschen zu Gott ist auch der Weg des Menschen zu sich selbst.« Weiter sagt Professor Schindler: »Indem sich der gläubige Muslim Allah unterwirft, wird er gleichzeitig von jeder anderen Unterwerfung befreit. Indem der gläubige Muslim die Autorität Allahs anerkennt, wird jede andere Autorität für ihn null und nichtig. Der Mensch gerät leicht in zahlreiche Abhängigkeiten des Lebens. Die Hinwendung zu Allah macht ihn davon frei.«

Muslim und Muslima bekennen sich mit einem sehr kurzen Glaubensbekenntnis zu ihrer Religion, das nur aus einem einzigen Satz besteht: »Es gibt keinen Gott außer Gott und Mohammed ist sein Prophet.« Mindestens einmal im Leben muß jeder Muslim diesen Satz gesprochen haben, korrekt und wohlüberlegt, im Bewußtsein seiner Bedeutung. Das Shahadah – das Glaubensbekenntnis – bekundet das Ja des Gläubigen zum absoluten Monotheismus und zur absoluten Autorität Mohammeds. Weil für den Muslim dieser knappe Satz so etwas wie ein sicherer Hafen ist, in den man bei jeder Gefahr fahren kann, wird er sehr oft im Alltag zitiert. Der Gläubige besinnt sich auf diese Weise seiner selbst. Es scheint, daß diese Worte des Bekennens um so stärker und wirksamer werden, je öfter sie gesprochen werden.

Diese erste Säule des Islams ist zugleich aber der Schlüssel zur Glaubenswelt des Islams. Wer sie vor muslimischen Zeugen ausspricht, ist damit zum Islam übergetreten. Damit wird der knappe Satz zum Pflichtbekenntnis, das gleichzeitig als Hilfe im Lebensalltag verstanden wird.

Die zweite Säule ist das tägliche Pflichtgebet »Salat«. Bevor es zur Anrufung Gottes kommt, ist eine Reinigung von Körper und Geist vorgeschrieben. Sie kann mit Wasser erfolgen, in der Wüste darf aber auch, eher symbolisch, Sand verwendet werden. Dieses Gebet muß am Morgen, am Mittag, am Nachmittag, bei Sonnenuntergang und zur Nacht gesprochen werden, und zwar Tag für Tag. Ursprünglich sollte sich der Betende dabei nach Jerusalem ausrichten; eine spätere Offenbarung forderte dann dazu auf, sich nach Mekka zu wenden. Die Erfüllung dieser zweiten Pflicht ist, wenn sie nicht automatisch erfolgt, für den Gläubigen eine Quelle der spirituell-religiösen Kraft. Weiß sich doch der Betende im Gebet mit der Gesamtheit der Gläubigen vereint. Unwichtig ist dabei, wie weit verstreut die Betenden dabei sind, ob in Moscheen, in der eigenen Kammer oder irgendwo in unwirtlicher Landschaft. Die gemeinsame Pflichterfüllung verbindet die Menschen miteinander. Professor Hans Schindler: »Eingebunden in der Gemeinschaft zieht sich der einzelne in sich selbst zurück. Dieser Weg zur Stille im Selbst des einzelnen wird von vielen Gläubigen gerade in unserer Welt als wohltuend und hilfreich empfunden. Der Mensch zieht sich im Gebet aus dem Lärm zurück – in sich selbst, und doch ist er Teil der großen Gemeinschaft der Muslime.«

Was für den Nichteingeweihten fremdartig wirken mag, hat tiefste religiöse Bedeutung. Stehend beginnt der Beter, um dann auf die Knie zu fallen. Schließlich senkt er die Stirn zum Boden. Die Position erinnert dabei nicht zufällig an einen Fötus im Mutterleib. Der Beter zeigt so, schon im Diesseits, mitten im Leben stehend, seine Bereitschaft zu sterben und dereinst wiedergeboren zu werden.

Als dritte Säule des Islams gilt die Pflicht, Zakat zu entrichten. Dabei handelt es sich um eine Armensteuer. 2,5 Prozent vom Vermögen fordert der Koran. Die Gelder waren für die Armen gedacht. Geholfen werden sollte auch Sklaven, die sich freikaufen wollten.

Die vierte Säule schließlich ist wohl allen religiösen Kulturen bekannt. Auch Jesus fastete in der Wüste, und diese religiöse bewußte Enthaltung im Fastenmonat Ramadan gehört zu den zentralen Pflichten des Islams. Im neunten Monat des Islamsischen Mond-Kalenders erinnern sich die Muslime an Mohammeds erste Offenbarung und an seine Wanderung von Mekka nach Medina. In dieser Zeit muß der gesunde Anhänger des Islams tagsüber auf Essen, Trinken und Rauchen verzichten. Lediglich Kinder und Todkranke sind von dieser Pflicht entbunden. Von Sonnenuntergang bis Sonnenaufgang ist »mäßiger Genuß« erlaubt.

Das Fasten dient nicht der Selbstkasteiung, sondern der religiösen Stärkung. »Jetzt soll sich unser ganzes Herz durch Fasten und Gebet erneuern, und durch Entsagung werde stark, was müde ist und schwach und krank«, heißt es im christlichen »Hymnus der Mönche zur Fastenzeit«[14]. Auch für den Muslim dient das Fasten der inneren Stärkung. Der Gläubige verzichtet auf die zu Selbstverständlichkeiten gewordenen Genüsse des Alltags. Die Annehmlichkeiten lenken, so empfindet es der Gläubige, zu sehr von seinem eigentlichen Ich ab. Fastend findet der Mensch wieder zu sich und überdenkt sein Leben. Er erkennt, daß er sich selbst auf seinem Lebensweg leicht verliert und mit unnötigen Annehmlichkeiten dem Nachdenken über den Sinn des Lebens ausweicht. Durch bewußten Verzicht erkennt der Mensch, daß das wahre Ziel einer jeden Reise – sinnbildlich gesprochen – der Mensch selbst ist.

Als fünfte Säule des Islams gilt die Wallfahrt nach Mekka. Vor der Ankunft in der heiligen Stadt legt der Pilger seine Kleidung ab und hüllt sich in zwei einfache Leintücher. So erreicht der Arme wie der Reiche äußerlich nicht unterscheidbar die heiligen Stätten. Sieben Mal muß die Kaaba umrundet werden. Nach Abschluß jedes Rundgangs folgt ein Gebet. Jeder Muslim ist darum bemüht, den schwarzen Stein zu küssen oder ihm doch zumindest so nahe wie möglich zu kommen. Danach streben alle Pilger zu den Hügeln Safa und Marawah. Siebenmal muß man sich von Hügel zu Hügel bewegen – »schnellen Schrittes«.

Die Wallfahrt nach Mekka erinnert den Pilger an Mohammeds erste Offenbarung. Das hastige Schreiten von Hügel zu Hügel soll erfahrbar machen, wie hier einst Hagar, eine der Frauen Abrahams, verzweifelt nach Wasser suchte. Leibhaftig die heiligen Stätten zu sehen bringt den Glauben näher als jedes fromme Traktat.

Am nächsten Tag ziehen die Pilger zum Berg Arafat. Hier bekundet ein jeder laut und vernehmlich: »Hier bin ich!« und unterwirft sich der Allmacht Gottes. Schließlich suchen die Gläubigen eine Steinsäule in Minna auf. Sieben Steine schleudern sie gegen die Säule, die den Teufel symbolisiert.

Einmal im Leben sollte jeder Muslim die Pilgerfahrt nach Mekka auf sich nehmen. Alte heidnische Bräuche, meinen Wissenschaftler herausgefunden zu haben, sind der »wahre Ursprung« der Reise, für den Muslim ist jedoch lediglich von Bedeutung, die symbolträchtigen Stätten seines Glaubens nicht nur aus dem Koran und frommer Literatur zu kennen, sondern sie auch physisch zu erfahren. Indem er die strapaziöse Reise nach Mekka antritt, wagt der Pilger eine Expedition in die ferne Fremde. Mancher Muslim fliegt um die Welt, um in Saudi-Arabien mit unzähligen Pilgern die Geburtsstätten des Islams zu besuchen.

Im Namen »Islam« steckt das Geheimnis dieser Religion. Das Wort leitet sich von »s-l-m« ab, was zunächst einmal »Frieden«, aber auch »Hingabe« und »Kapitulation« bedeutet. »Frieden«, »Hingabe« und »Kapitulation« sind Kernbegriffe des muslimischen Glaubens. Die »Hingabe« an Gott und die »Kapitulation« vor der Allmacht Gottes sind für den Muslim Voraussetzungen für ein freiheitliches Leben auf Erden, in der Hoffnung auf das Glück im Jenseits.

Professor Schindler hierzu: »Der fromme Muslim ist stets darum bemüht, sich im alltäglichen Leben für den Glauben einzusetzen. Er strengt sich für den seiner Ansicht nach wahren Glauben an!«

Wie sieht diese Bemühung des Muslims aus? Bei der Pilgerreise nach Mekka wirft der Gläubige sieben Steine gegen eine uralte Säule. Einst hieß es: Er kämpft so gegen den Teufel in Gestalt der Säule. Der Teufel wird nicht mehr als monströses leibhaftiges Wesen verstanden, sondern als Sinnbild für die negativen Neigungen eines jeden Menschen. Der Teufel wirkt demnach in jedem Menschen. Es geht nicht um einen äußeren, sondern um einen inneren Kampf. Der »Zentralrat der Muslime in Deutschland« erläutert: »Der Sinn liegt darin, daß sich der Pilger mit dieser symbolischen Tat von seinen schlechten Neigungen und Gelüsten distanziert und sich von seiner (natürlichen) Schlechtigkeit, die er als Geflüster des Teufels interpretiert, durch seinen Verstand und durch die gelebten moralischen Werte freimacht.«

Diese »Anstrengung« heißt im Arabischen des Korans »Dschihad«, was als »heiliger Krieg« übersetzt wird. Es mag sein, daß zur Zeit der gewaltigen Expansion arabischer Herrscher dieser Ausdruck verwendet wurde, um politischem Machtstreben eine religiöse Begründung zu liefern. Auch die islamistischen Kämpfer verstehen den Dschihad als Aufforderung zum Angriff gegen die Welt des Unglaubens. Doch wie aus dem Steinwurf gegen den Teufel ein Symbol für den Kampf gegen innere Teufel wurde, kann der »Dschihad« sehr wohl als ein innerer Kampf verstanden werden.

So sieht es auch der »Zentralrat der Muslime in Deutschland«: »Der Begriff ›dschihad‹ wird gerne mit ›heiligem Krieg‹ übersetzt, was irreführend ist. Muslime haben nur dann die Erlaubnis zum Kampf, wenn sie angegriffen werden (Verteidigung). Der Begriff ›Islamische Terroristen‹ ist ebenso irreführend, weil Terror nicht islamisch ist. Erklären kann man sich die Existenz angeblich ›islamischer Terroristen‹ durch einseitige Islam-Kenntnisse. Man muß bei der Auslegung des Korans und der Sunna immer das Gesamtwerk im Blick haben. Tut man dies, so sind solche Terrorakte kein Thema mehr.«

Der »Dschihad« ist nach dieser Interpretation kein Krieg gegen Andersgläubige. Er steht vielmehr für die Anstrengung jedes einzelnen Gläubigen, den Islam in seinen Gedanken zu stärken. Einen solchen »Dschihad« führt letztlich jeder Jude, jeder Christ und jeder Muslim, wenn es darum geht, menschenfreundliche Ideale durchzusetzen, auch wenn dabei egoistische Ziele auf der Strecke bleiben. Dieser »Dschihad« ist der innere Kampf des Menschen, zwischen Selbstsucht und Nächstenliebe, zwischen Egoismus und Altruismus.

Buddha Amitabha
Indien
8. Jahrhundert

4. DER BUDDHISMUS: VOM GÖTTLICHEN IM MENSCHEN

Siddharta Gautama, der Begründer des Buddhismus, lebte etwa in der Zeit von 560 bis 480 vor Christus. Zwar gibt es in der Wissenschaft kaum noch Zweifel daran, daß er wirklich gelebt hat, doch die genauen Lebensdaten sind nicht bekannt. Geboren wurde Gautama im heutigen Nepal an der Grenze zu Indien. Der Sproß aus einer sehr wohlhabenden Familie lebte – im Vergleich zur normalen Bevölkerung damals – im Überfluß. Sein Vater war, so heißt es, ein König. Allerdings gab es zur damaligen Zeit im Lebensraum des Religionsgründers sehr viele Monarchen, die keineswegs alle einem Reich nach heutigem Verständnis vorstanden, sondern die man sich eher als mächtige lokale Potentaten, als fürstliche Feudalherren vorstellen muß.

Die Zukunft Siddhartas schien vorherbestimmt zu sein, wie sein Beiname verrät: Shakyasinha – Löwe aus dem Geschlecht der Shakyas. Mit seiner Geburt hatte er gewissermaßen bereits erreicht, was zu erreichen war. Er mußte nur noch abwarten, um zu Amt und Würden zu gelangen. Daher nannten seine Eltern ihn auch Siddharta, zu deutsch: »der an seinem Ziel angekommen ist«. (Andere Quellen interpretieren den Namen als »reich an Kraft«.) Mit seinem Erscheinen auf Erden hatte er das Anrecht auf die Nachfolge seines Vaters. Die edle Abstammung sollte durch einen imposanten Beinamen noch unterstrichen werden. In seiner Familie verehrte man den Propheten Gotama, also verlieh man dem Sprößling den Beinamen Gautama, zu deutsch: Nachkomme des Gotama.

So wie heute noch viele meinen, Christus sei der Nachname Jesu gewesen, so wird gern Buddha als Nachname Gautamas verstanden. Allerdings sind weder »Christus« noch »Buddha« Nachnamen, sondern Titel. Christus kennzeichnet Jesus als den »Gesalbten«. »Buddha« weist auf den »Gesegneten« oder den »Erleuchteten« hin. Der Wortstamm »Budh« hat mehrere Bedeutungen im spirituell-religiösen Bereich: »erwachen« und »Einsicht erlangen«. Ein Buddha ist demnach ein Mensch, der aus der stumpfen Ahnungslosigkeit erwacht und zu höheren Einsichten gekommen ist.

Eine weitere, verblüffende Parallele gibt es zwischen Jesus und Gautama: Jesus wurde nach christlicher Überzeugung vom »Heiligen Geist« empfangen und von der »Jungfrau Maria« geboren. Gautama soll alter Mythologie nach vom »Herrn der Heerscharen« gezeugt und ebenfalls von einer Jungfrau geboren worden sein.

Zum Buddha wurde Gautama erst nach seiner Erleuchtung. Wie im Christentum rankten sich bald immer mehr wundersame Legenden um ihn. So heißt es, daß sich Wunder ereigneten, als er geboren wurde. Überirdisches Licht habe die Welt erstrahlen lassen. Es sei so unbeschreiblich schön gewesen, daß in Blinden der unstillbare Wunsch entstanden sei, dieses Mirakel zu sehen. Prompt sei ihnen das Augenlicht zurückgegeben worden. Auch Taube und Stumme wurden geheilt. Plötzlich konnten sie wieder hören, um die herrlichen Berichte über Gautama zu vernehmen, und wieder sprechen, um aller Welt kundzutun, was geschehen war.

Siddhartas Mutter starb schon unmittelbar nach seiner Geburt. Deshalb wurde er von zwei seiner Schwestern aufgezogen. Seine Ausbildung legte das Schwergewicht auf Sport und Kampf.

Daher blieb Buddha Analphabet. Mit sechzehn Jahren schien sein weiterer Lebensweg bestimmt. Man verheiratete ihn mit einer Cousine, doch zufrieden war Buddha mit seinem luxuriösen Leben nicht. Im Alter von neunundzwanzig Jahren begegnete er der Überlieferung nach einem »heiligen Mann«.

Der Bettler, den er traf, war zwar arm, dabei aber glücklich. Von einem Moment auf den nächsten veränderte Siddharta Gautama Buddha sein Leben. Seinem Vater wie seiner Pflegemutter zum Trotz verließ er Familie und Elternhaus und tauschte den gewohnten luxuriösen Lebensstil gegen mittellose Armut ein. Mit kahlgeschorenem Haupt und dem gelben Gewand eines Asketen wurde aus dem verwöhnten reichen Mann ein »bhikhu«, ein besitzloser Ruheloser, der den inneren Frieden fernab des Reichtums suchte. Fastend führte er das strenge Leben der Enthaltsamkeit und zog durch den Norden Indiens.

Wie kam es zu diesem extremen Sinneswandel? Kein Biograf Buddhas kann sich auf wirklich sichere Zeugenaussagen berufen. Wir sind auf fromme Legenden angewiesen, von denen niemand zu sagen vermag, wann sie entstanden. Der frommen Überlieferung zufolge soll dem jungen Buddha bei einem seiner Ausflüge die Vergänglichkeit allen Seins bewußt geworden sein. Angeblich sah er einen alten, einen kranken und einen toten Menschen.

Die Askese, so Buddha, war tatsächlich dazu geeignet, sich auf das Wesentliche des Lebens zu konzentrieren und sich nicht von Nebensächlichkeiten ablenken zu lassen. Doch das Fasten allein, erkannte Buddha schließlich nach sechs Jahren, führt nicht zur spirituellen Glückseligkeit. Inzwischen erschreckend abgemagert und gesundheitlich angegriffen, fand er zur Meditation. Im Fürstentum Magadha wurde er von einem Weisen in die Geheimnisse der Tiefenmeditation eingeführt. Unter einem Feigenbaum, in vollkommener Meditation, soll Buddha die »edlen Wahrheiten« der nach ihm benannten Lehre erkannt haben. Sie wurden zur Basis seiner Religion.

Buddha brach schon zu Beginn seiner Predigerzeit radikal mit dem Denken seiner Zeit: Die äußerst strenge Einteilung der Gesellschaft in die verschiedenen Kasten verlor für ihn jegliche Berechtigung. Jeder Mensch hatte vollkommen unabhängig von seiner gesellschaftlichen Stellung die Chance, zum Glück zu finden. In der buddhistischen Mönchsgemeinschaft waren alle gleich. Alle waren mittellos und zogen um Almosen bettelnd durch die Lande. Die asketisch lebenden Wandermönche durften nur in der Regenzeit feste Unterkünfte als Quartiere nutzen.

Buddha unterscheidet sich in einem Punkt grundlegend von Mose und Mohammed. Die Begründer des Judentums wie des Islams waren passiv, als sie von Gott auserwählt wurden. Eine höhere Macht entschied sich für die beiden Männer und ließ ihnen Offenbarungen zuteil werden. Buddha hingegen war alles andere als passiv. Er war unzufrieden mit seinem luxuriösen, aber unbefriedigenden Leben und beschloß, seinem Dasein einen Sinn zu geben. Bettelarm zog er durch die Welt, befragte Weise seiner Zeit nach dem Sinn des Lebens und vertiefte sich in die uralten Erzählungen seiner Heimat, die damals schon Jahrtausende alt waren. Wie so mancher Suchende hoffte Buddha auf die strenge Askese. Der Mensch sah seine Lebensumstände als selbstverschuldet an. Ging es ihm schlecht, dann hatte das seinen Grund. Die Wurzel des Bösen konnte in früheren Leben liegen. Sollte es nun möglich sein, durch Askese – etwa Fasten – Schuld aus einem früheren Leben abzutragen?

Mancher Zeitgenosse Buddhas hatte ein festes Weltbild: Das Leben besteht aus Zwängen. Diese Zwänge werden aber nicht von fremder Hand auferlegt. Vielmehr ist es der Mensch selbst, der durch sein eigenes schuldhaftes Verhalten ein negatives Karma aufbaut, das er dann – wenn er kann – in weiteren Leben abbauen muß. Allgemein hatte man auch eine klare Vorstellung, wie man aus der Tretmühle des Leids herauskommen konnte: Durch strikte Abwendung von den weltlichen Genüssen konnte man sein Schicksal selbst günstig gestalten. Auf diese Weise wurde negatives Karma abgebaut, und der Mensch befreite sich selbst von den Zwängen des selbstverschuldeten Schicksals.

Der historische Buddha, mutmaßt man, hat den Versuch unternommen, als fastender Besitzloser dem schmerzhaften Los immer neuer Wiedergeburten zu entkommen. Anscheinend war er in seinen Bemühungen sehr radikal, was ihm nicht nur einige Jünger einbrachte, die seinem Vorbild folgen wollten, sondern ihn auch fast das Leben gekostet hätte. Seine Konsequenz beim Fasten überzeugte seine ersten Schüler – womöglich wie einst beim historischen Jesus, der zu Beginn seines öffentlichen Wirkens ebenfalls fastete. Als Asket zog sich Jesus in die Wüste zurück, was manchen Anhänger von Johannes dem Täufer beeindruckte. Doch als sich Jesus von der strengen Selbstkasteiung wieder abwandte, muß das einige Verwirrung, ja Enttäuschung ausgelöst haben. Von manchem wurde Jesus deshalb als »Fresser und Säufer« verunglimpft.

Buddha wandte sich ebenfalls wieder von der geradezu militanten, selbstzerstörerischen Weltentsagung ab. Statt dessen ging er den Weg der Meditation, der ebenso ein aktives Handeln erforderte. Der Fastende mußte unglaubliche Selbstdisziplin aufbringen, um der Welt zu entsagen, und er lehnte sein physisches Ich verächtlich ab. In der meditativen Selbstversenkung wandte sich Buddha seinem Ich wieder verstärkt zu. Durch die sorgsam trainierte Selbstversenkung fand er in sich und nicht bei fremden Lehrern die Erkenntnis, nach der er so sehnsüchtig gesucht hatte. Buddha fügte sich kein Leid mehr zu, im Gegenteil: Er suchte nach dem Ende des Leids, das er selbst verschuldet hatte – im Verlauf von unzähligen früheren Leben.

In der meditativen Versenkung entdeckte Buddha in seinem tiefsten Selbst den Weg zur Erlösung. Diesen Weg wollte er so vielen Menschen wie möglich zeigen. Während Jesus in den Augen der Christen den Menschen die Erlösung bringt, will Buddha die Menschen lediglich unterrichten. Der gläubige Christ glaubt sich durch Jesus erlöst, der Anhänger des Buddhismus sieht Buddha als Lehrmeister an. Der Lehrmeister bringt dem Schüler bei, wie er selbst zur Erlösung findet.

Fast fünf Jahrzehnte lehrte Buddha, bis er schließlich im Alter von achtzig Jahren bei Kusinara starb. Seinen Anhängern versuchte er Trost zu spenden: »Weint nicht! Habe ich euch nicht gesagt, daß es in der Natur der Dinge liegt, so lieb sie uns auch sein mögen, daß wir uns von ihnen trennen und sie verlassen müssen?« Der Tod gehörte zum natürlichen Lauf der Dinge und war für Buddha kein Grund zur Trauer.

Mohammed hinterließ bei seinem Tod Texte, die er, so wie sie ihm offenbart wurden, diktiert hatte. Nach seinem Tod wurden die einzelnen Texte bearbeitet, geordnet und zum Koran zusammengefügt. Im Judentum kannte man die mosaischen Texte, die Geschichtswerke und Prophetenworte, die zusammen den Kanon des Alten Testaments bildeten. Von Jesus selbst ist keine Zeile geschriebenen Texts überliefert. Nach dem Tod Buddhas versuchte die Schar seiner Anhänger, ähnlich wie die Muslime, die Lehren des Meisters, so gut es nur ging, festzuhalten. Unmittelbar nach seinem Ableben wurde eine erste Versammlung einberufen, der weitere Zusammenkünfte folgten. Im Verlauf von Jahrhunderten trug man dann Buddhas »Lehrgedichte« zusammen.

So waren schon mehrere Jahrhunderte seit Buddhas Tod vergangen, als der »Pail-Kanon« schriftlich festgehalten wurde. Aus Sicht eines möglichst um öffentliche Wirksamkeit bemühten Missionars ist die ursprüngliche Lehre Buddhas nicht leicht zu vermitteln – im Gegensatz zum Christentum und Islam. Der gläubige Christ mag versucht sein, sich passiv zu verhalten. Er lehnt sich zurück und glaubt an den Erlöser Christus, der stellvertretend für die gesamte Menschheit litt und büßte. Der gläubige Muslim mag sich von Allah an der Hand genommen fühlen. Allah hat ihm – so wie Jahwe dem Moses – göttliche Vorschriften anvertraut. Auf diese Weise wurde dem Menschen der göttliche Weg zum Heil offenbart. Buddha aber erlöste nicht, er lehrte, wie sich der Mensch selbst erlöst. Der Buddhist glaubt daran, daß er sich selbst aus dem Leid befreien kann.

Das Leid ist vergänglich, so wie das irdische Dasein vergänglich ist. Die eigentliche Daseinsform ist aber nicht das Leid, es ist der angestrebte Zustand der Leid-Freiheit. Um in diesen »paradiesischen« Zustand – Nirvana genannt – zu gelangen, muß sich der Mensch selbst befreien. Die Lehre Buddhas beschreibt einen Weg, den jeder Mensch selbst gehen muß. Der Buddhismus bietet keinen Erlöser, der diesen beschwerlichen Weg für den Menschen übernimmt.

In einem weiteren, ganz wesentlichen Punkt unterscheidet sich die Religion des Buddha von Judentum, Christentum und Islam. Diese drei großen Weltreligionen bieten Antworten nicht nur auf die Fragen des Heils, sondern auch über die Wirklichkeit der Welt. Viele Fragen, die von Judentum, Christentum und Islam beantwortet werden, behandelt Buddha überhaupt nicht: Ist die Welt ewig und unendlich, oder ist sie zeitlich begrenzt und endlich? Sind Körper und Seele ein und dasselbe? Woher stammt die Seele – wurde sie erschaffen oder nicht? Judentum, Christentum und Islam kennen diese Fragen. Ihre Antworten sind zum Teil mystisch verklärt und werden in wortgewaltigen Bildern gegeben, welche die Sehnsucht des Menschen nach dem Mystischen in der Welt befriedigen.

Zweifelsohne wurden auch Buddha derlei Fragen schon von seinen frühesten und besonders getreuen Anhängern gestellt.

Er aber versuchte erst gar nicht, diese – für andere Religionen äußerst wichtigen Fragen – zu beantworten. Buddha hüllte sich in »heiliges Schweigen«, was dazu führte, daß man ihm Unwissenheit vorwarf. Doch in Wahrheit hielt er diese Fragen für sinnlos, ja für irreführend. Der Mensch, der sich vom ewig wiederkehrenden Leid lösen möchte, muß sich von der Gier lossagen. Die Fragen etwa nach Seele und Körper sind für Buddha lediglich das Ergebnis von Gier nach Meinungen. Sie dienen nicht der Erbauung und wirken so dem Bestreben entgegen, das Rad der ewigen Wiederkehr anzuhalten.

Durch seine meditative Selbstbefragung erfuhr Buddha von den drei Wegen. Zwei dieser Wege beschreiben die beiden denkbaren Extreme. Der erste Weg ist ein Leben, das nur nach Genußsucht ausgerichtet ist. Das einzige Interesse des Menschen besteht in der Befriedigung seiner Gelüste. Das krasse Gegenteil ist der dritte Weg: Der Mensch entsagt allem Physischen und kasteit sich durch Entsagung selbst, im Extremfall bis zum Tode. Der »mittlere Weg« jedoch beschreibt den »achtfachen Pfad zur Erlösung«.

Buddha unterschied sich in seiner Lehre ganz entscheidend von zeitgenössischen Heilsuchenden. Gewiß, er glaubte – so wie auch seine Zeitgenossen – an die Wiedergeburt. Was aber führte dazu, daß der Mensch immer wieder und wieder genötigt war, erneut auf die Erde zu kommen – in welcher Form auch immer? Buddhas Zeitgenossen in Indien verstanden den Sachverhalt kausalistisch: Ein Mensch tut etwas Böses in einem Leben, also muß er zur Strafe erneut geboren werden. In einem weiteren Leben bietet sich ihm dann die Möglichkeit, so zu leben, daß die aufgebaute Schuld abgetragen wird.

Für Buddha hingegen war die Ursache für den Verbleib in der Tretmühle Wiedergeburt nicht schuldhaftes Verhalten von früher. Vielmehr meinte er, daß der aktuell vorherrschende

Egoismus des Menschen dazu führt, daß der Mensch immer wieder in die irdische Wirklichkeit zurückkehren muß.

Wie ist der buddhistische Begriff des Egoismus zu verstehen? Der egoistische Mensch wird von der Sehnsucht getrieben und angeleitet, ein Individuum zu sein und zu bleiben. Die von Buddha gelehrte Glückseligkeit ist das unpersönliche Einssein mit »Gott« – oder mit dem »Universum« bzw. dem »Allgeist«.

Solange aber der Mensch egoistisch bleibt, solange er sein individuelles Ich nicht aufgeben will, ist er dazu verdammt, immer wieder und wieder zu leben. Erst wenn er sich nur noch wünscht, aus dem letztlich qualvollen Zyklus der Wiedergeburten auszusteigen, wird ihm dieses Verlangen auch erfüllt. Bei Buddha geht es also im tieferen Sinne nicht um das Abtragen von früherer Schuld, an die sich der Mensch in der Regel ohnehin nicht erinnern kann. Es geht – psychologisch durchaus modern – um das wirklich intensive Wollen.

Der Mensch bekommt, was er sich selbst von ganzem Herzen wünscht.

Nach Buddha sind die starken Wünsche eines Menschen so vital, daß sie den Tod überleben. Die Sehnsucht des Menschen nach vergänglichem Glück überdauert den Tod. Das sehnsüchtige Hoffen auf die Erfüllung leiblicher Freuden überlebt den Menschen ebenso. Man kann sich diese Wünsche des Menschen wie Schnüre vorstellen, an denen der Mensch wie eine Marionette hängt. Diese Schnüre sind es, die den Menschen lenken. Sie steuern sein Verhalten. Nur ist der Mensch gleichzeitig Marionette und Puppenspieler. Seine Wünsche machen den Menschen unfrei. Und die über seinen Tod hinaus existierenden Schnüre sind es dann, die den Menschen immer wieder in eine neue Wiedergeburt zerren. Erst wenn es dem Menschen gelingt, sich selbst von seinen Wünschen und Sehnsüchten zu trennen, kann er ins Nirvana eingehen.

Der Verlauf des Lebens wird demnach nicht fremdgesteuert: weder von bösen Taten aus der Vergangenheit noch von fremden Mächten, sondern vom Wollen des Menschen selbst. Das Ziel des Menschen, der dem irdischen Leid entkommen möchte, ist also der besonders intensive Wunsch, in eine bessere, letztlich nicht beschreibbare Daseinsform überzugehen. Diese künftige Existenzform ist für den Buddhisten die eigentliche Vision. Ziel des Lebens ist es für ihn, seinen Willen so zu schulen und zu lenken, daß er ihn nicht mehr auf der leidvollen Daseinsbasis des Lebens zurückhält.

Das buddhistische Verständnis vom Weiterexistieren des Lebens über den Tod des Leibes hinaus ist für den Westeuropäer schwer nachvollziehbar. Buddha selbst verglich das Leben mit einem Feuer. Wenn der Mensch lebt, dann lodert die wärmende Flamme des Lebens hell. Verlöscht die Flamme, so ist das Feuer verschwunden. Aber wohin ist es gegangen? Zu Buddhas Zeiten glaubte man, daß ein ausgelöschtes Feuer in einer anderen, wenn auch unsichtbaren Form weiterexistiert. Für die meisten Menschen gibt es nur entweder-oder. Entweder man überlebt den Tod, oder man stirbt. Buddha aber sieht in dieser Frage ein Sowohl-Als-auch. Der Mensch überlebt den körperlichen Tod nicht – und tut es doch. So schwer verständlich diese Haltung auch ist, man kann nur versuchen, sich ihr anzunähern.

Der Mensch als feste Substanz überlebt den Tod nicht. Diese Substanz ist vergänglich und stirbt mit dem physischen Tod. Besonders unbegreiflich war für Anhänger anderer Religionen Buddhas Haltung, was die Seele betraf. Buddha bestreitet, daß der Mensch eine Seele hat – hieß es von Kritikern. Was aber leugnete er wirklich, als er sagte: Der Mensch habe kein »atta«? Buddha glaubte nicht, daß es neben dem physischen Leib des Menschen noch einen zweiten, geistigen Körper gibt. Er leugnete die Existenz einer substantiellen Seele, die den physischen Tod wie ein Spukgeist überdauert.

Und doch war Buddha von der Reinkarnation überzeugt. Wie war aber eine Wiedergeburt möglich, wenn der Mensch keine den Tod überdauernde Seele hat? Buddha kleidete seinen Glauben gern in Bilder. Er verglich das Überlebende mit einer Flamme. Mit ihr wird eine Kerze entzündet. Mit der Kerze wird, bevor sie erlischt, eine weitere Kerze angesteckt. Auch sie wird ausgehen, doch zuvor wird ihr Feuer wieder an eine weitere Kerze weitergereicht. So bleibt das Feuer erhalten. Es überdauert den »Tod« vieler Kerzen, ist aber dennoch nicht das Feuer der ersten Flamme – oder doch?

So wie das Feuer weitergereicht wird, wird ein Leben zum nächsten geführt. Eine Kette wird initiiert, die Leben mit Leben verbindet, ohne daß eine Substanz bestehenbleibt. Wünsche, Gedanken, Gefühle, Sinneseindrücke und Bewußtseinsströme überleben – bis der Wunsch groß genug ist, das individuelle Dasein zu beenden und mit »Gott« (oder dem All-Bewußtsein) eins zu werden.

Die Bibel zeichnet eine Kosmologie, die vom Anbeginn der Zeiten bis ans Ende aller Zeiten reicht. Der älteste Text des Alten Testaments schildert, wie Gott an den Anfang der Schöpfung das Paradies stellt. Die Apokalypse oder Offenbarung des Johannes schließt als letztes Buch des Neuen Testaments mit einem Ausblick auf die letzten Tage des Seins. An einer solchen Kosmologie war Buddha nicht interessiert. Ihm lag nichts an theoretischen Erörterungen oder einer Theologie. Sein einziges Ziel war es, den Menschen Anleitungen zu geben, die es ihnen ermöglichen sollten, das irdische Jammertal für immer zu verlassen und dem Kreislauf der Wiedergeburt zu entkommen.

Buddha zeichnete in zahllosen Gesprächen den Weg des Menschen aus dem Leid vor. Er wird als »der edle achtteilige

Pfad« gelehrt, der jeden Menschen, der ihn zu beschreiten bereit ist, zur Erlösung bringen soll.

Der achtteilige Pfad besteht aus:

- dem rechten Glauben, wonach alles vergänglich ist und keinen Bestand hat. Das gilt auch für das Selbst des Menschen. Für Buddha waren Glaube und Einsicht keine Gegensätze. Der wirklich gläubige Buddhist verabschiedet sich nicht von seinem Verstand. Er unterwirft sich nicht fremden Vorschriften, die er nicht verstehen und nachvollziehen kann. Die Vernunft ist Leitfaden des Lebens. Der Mensch erkennt, daß die Welt unzählige Leiden bietet. Ursache für diese Leiden ist die Gier des einzelnen Menschen nach individueller Befriedung der eigenen Glücksgefühle. Im »rechten Glauben« wird dies erkannt. Da der Mensch Vernunft besitzt, kann er sein eigenes Leben so planen und gestalten, daß sein egoistisches Verlangen gezügelt wird. Der erste der acht Pfade ist also intellektueller Natur.
- dem rechten Entschließen. Damit ist das richtige Handeln nach moralischen Prinzipien gemeint. So ist für den Buddhisten jedes Töten mit dem rechten Handeln nicht vereinbar. Beim zweiten Pfad kommt zum Verstand das Gefühl hinzu. Der suchende Buddhist fragt sich, wie es um seine Gefühlswelt bestellt ist. »Was will ich wirklich – nicht vom Intellekt, sondern vom Gefühl her?« Gibt es intensive Leidenschaften, die uns handeln lassen? Wie steht es um die Erleuchtung? Nähert man sich der Erleuchtung, oder ändern sich unsere Neigungen nur? Lösen wir uns wirklich von Fesseln? Oder knüpfen wir nur alte auf, um sie durch neue zu ersetzen?
- dem richtigen Reden. Dazu gehört, daß man die Wahrheit spricht und den Mitmenschen nicht verleugnet oder verleumdet. Es geht aber keineswegs nur darum, bestimmte moralische Prinzipien beachten zu wollen. Es gilt auch, der

Wirklichkeit ins Auge zu sehen. Der Buddhist ist darum bemüht, immer die Wahrheit zu sagen, obschon er weiß, daß er im alltäglichen Leben immer wieder von diesem ehrlichen Ansinnen abweichen wird. Dann soll er sich fragen: »Warum habe ich gelogen?« Oder: »Warum ist es mir nicht gelungen, meinem Nächsten freundlich zu begegnen?« Der Buddhist bleibt rational. Er untersucht sein Sprechen und erkennt sein Denken. Er analysiert sein Sprechen und weiß, was er an seinem Verhalten ändern muß. Es geht nicht darum, vordergründig das Verhalten zu ändern. Es gilt, das Denken zu ändern. Der Buddhist fragt sich: Warum lüge ich? Er erkennt: Die häufigste Ursache ist die Angst. Er möchte nicht erkannt werden, wie er wirklich ist. Also baut er einen Schutzwall aus Lügen auf. Auf dem Weg zur Erleuchtung muß dieser falsche Schutzwall abgetragen werden. Er bindet den Menschen, verhindert das Loslassen.

- dem richtigen Tun. Der Buddhist hält sich nicht einfach an einen Kanon von Vorschriften, die er befolgt. Er begnügt sich nicht damit, sein Handeln nach bestimmten Geboten auszurichten. Gewiß, auch der Buddhist akzeptiert die moralisch-ethischen Forderungen der mosaischen Zehn Gebote. Das Gebot »Du sollst nicht töten!« versucht er so weit wie möglich zu beherzigen. Das tierische Leben ist ebenso geschützt wie menschliches. Auch für den Buddhisten gilt: »Du sollst nicht stehlen. Du sollst nicht lügen. Du sollst nicht begehren.« Hinzu kommt – wie im Islam – das Verbot, berauschende Getränke zu konsumieren. Der Buddhist begnügt sich aber nicht damit, das falsche Tun zu vermeiden. Er analysiert immer wieder sein eigenes Denken: Wenn ich falsch handle, was hat mich dazu veranlaßt? Er fragt sich: »Warum tue ich etwas? Warum neige ich dazu, von den Regeln des richtigen Tuns abzuweichen?« Diese Analyse soll helfen, zum ehrlichen, selbstlosen Handeln zu finden.

- dem rechten Arbeiten. Buddha sah das Mönchsleben als ideale Lebensweise an, wenn ein Mensch das ewige Rad der Wiedergeburt durchbrechen wollte. Wer intensiv um Erfolg im Beruf bemüht ist, ist dem Materiellen verhaftet. Er kann sich nicht aus der einengenden Gefangenschaft des Irdischen lösen. Andererseits können nicht alle Menschen als Bettelmönche leben. Denn wenn alle Menschen nur von Almosen leben, wer soll milde Gaben spenden, wenn niemand arbeitet? Deshalb akzeptierte Buddha auch, daß viele Menschen einem Beruf nachkommen müssen. Allerdings gab es Berufe, die mit dem buddhistischen Glauben vollkommen unvereinbar waren, wie etwa Sklavenhändler, Prostituierte, Schankwirt, Waffenhersteller, Metzger.
- der rechten Anstrengung. Buddhist zu sein ist nach dem Verständnis Buddhas ein Entwicklungsprozeß. Wer Buddhist sein möchte, muß sich zeitlebens anstrengen und bemühen. Sein Ziel wird er auch nicht innerhalb eines Erdendaseins erreichen. Vielmehr wird der gewöhnliche Sterbliche immer wieder geboren. Er muß sich immer wieder und wieder anstrengen, um die irdischen Fesseln zu lösen. Ein Beruf ist für die positive Entwicklung eher hinderlich. Der Mensch rakkert sich ab, um im Beruf erfolgreich zu sein. Hat er Erfolg, so klammert er sich gern an den erworbenen Besitz. Ist er nicht erfolgreich, kämpft er um so verbissener. Für Buddha sind die zahllosen Erdenleben, die ein Mensch durchschreiten muß, mit dem höchst anstrengenden Erklimmen eines hohen Gebirgszugs zu vergleichen. Wer hastig auf das hohe Ziel zueilt, der verausgabt sich rasch, ermüdet und scheitert. Wer gemessenen Schrittes geht und vernünftig mit seinen Kräften umgeht, hat eher die Chance, das hochgesteckte Ziel zu er-

reichen. Allerdings war Buddha wohl eher pessimistisch, was die Erfolgsaussichten seiner Anhängerschaft betraf. Nur wenigen Menschen werde das Glück beschieden sein, durch Kontrolle des eigenen Denkens und Handelns den Ausbruch aus dem sich ewig drehenden Rad des Lebens zu schaffen. Die meisten scheitern, weil sie – trotz aller Anstrengung – nicht wach genug bleiben. Sie versagen, weil sie Sinneseindrücke und Impulse nicht kontrollieren können. Nur durch gezielte Anstrengung gelingt es dem Übenden, sein Leben selbst zu bestimmen. Angestrebt wird der Mensch, der selbst die Herrschaft über sein eigenes Leben ausübt. Wem dies gelingt, der kann – wenn auch erst nach vielen Reinkarnationen – die eigene Begrenzung aufgeben und in das eigentliche Sein eintreten.

- dem rechten Überdenken. Immer wieder sind Rückbesinnung und Überprüfung erforderlich. Der Suchende fragt sich: Bin ich denn tatsächlich auf dem richtigen Pfad? Entspricht mein Handeln den Geboten und Vorschriften? Bin ich aus voller Überzeugung dabei?
- der rechten meditativen Sammlung. Der Europäer sieht sein hektisches Leben zwischen immer härter werdendem Beruf, sportlicher Ertüchtigung, immer knapper werdender Freizeit und Familie als das eigentliche Leben an. Wenn nun ein Buddhist durch Meditation in innere Versenkung gelangt, so verläßt er nach dem Empfinden des Europäers die »reale Welt«, um sich in einen lebensfernen Zustand zu flüchten. Für Buddha aber war es genau umgekehrt. Was der moderne Mensch als das Leben ansieht, ist für Buddha Ablenkung vom wirklichen, eigentlichen Sein. Ziel der Meditation ist es, sich vom ablenkenden Leben und seinen letztlich leeren Zeitverschwendungen wieder dem eigentlichen Leben zu widmen. Durch das Meditieren löst sich der Buddhist von

den Nichtigkeiten und tritt ein in das eigentliche Sein. Die vorgeblich schönen Seiten des weltlichen Lebens sind nur der Versuch, den Schmerz des nichtigen Seins zu ertragen. Der Buddhist lehnt diese Ablenkungen ab und läßt sich auf das »Abenteuer Geist« ein. Er will nicht sein Leben korrigierren, er strebt ein ganz anderes und – seinem Empfinden nach – ungleich besseres Leben an. Für den weltlichen Menschen ist dieser Umwandlungsprozeß schwer verständlich. Es geht um eine Wiedergeburt von unserer Erden-Ebene in eine ganz andere: ohne das Leid. Für den Buddhisten heißt das: ohne Eingrenzung eines Individuums. Der weltliche Mensch ist darauf bedacht, sich als Individuum aufzubauen, und wird als solches anerkannt und bewundert. Der Buddhist empfindet diese Individualisierung als Leid, das es zu überwinden gilt.

Der achtteilige Pfad ist ein Prozeß des Lernens und der Selbstkontrolle. Ziel dieser Entwicklung ist es, das Leid aufzuheben. Während des Lernens hält sich der Buddhist stets die »edlen Wahrheiten« vor Augen. Diese »edlen Wahrheiten« kann man als Kern buddhistischen Denkens ansehen:

Leben ist immer mit Leiden verbunden. Damit ist nicht der Schmerz gemeint, der jedem Menschen immer wieder widerfahren mag. Das buddhistische Verständnis von Leid ist ein anderes. Jeder Suchende strebt nach der Erlösung durch die Aufhebung der einengenden Individualität. Das irdische Leben bietet viele Ablenkungen, die den Suchenden vom Weg in das Glück des ganz anderen Seins abbringen. Deshalb ist alles Leid, was die Erlösung hinausschiebt und zu immer neuen Wiedergeburten führt.

Unkenntnis über das Glück jenseits der Individualität baut Leid auf. Unkenntnis führt dazu, daß der Mensch immer wieder neu geboren werden muß, bis er den richtigen Weg eingeschlagen hat – und ans Ziel gekommen ist. Weitere Quellen des Leides sind die Begierden des Menschen und sein Neid. Der unwissende Mensch unterliegt den Begierden und dem Neid, die ihm das Leben vergällen und den Weg ins eigentliche, glückliche Sein verbauen.

Sobald der Mensch diesen Zusammenhang erkannt hat, kann er gegen Begierden und Neid ankämpfen. Gelingt es dem Menschen, sich unabhängig von Begehrlichkeiten zu machen, hat er den Schlüssel zum Glück erhalten. Dann versteht der Mensch auch die letzte »edle Wahrheit«: Nur wenn er den achtteiligen Weg beschreitet, kann er das wahre Glück erlangen.

Am Anfang des Pfades steht die »Erleuchtung«. Der Mensch erkennt, daß er im Leid gefesselt ist. Er lernt die Wahrheit des »Nichtseins«. Demnach ist es nicht die physische Hülle, die den Menschen ausmacht. Sie ist bedeutungslos. Es ist die unersättliche Gier, die den Menschen an sein Dasein fesselt. Er erlernt, auf dem achtteiligen Pfad, die Unterdrückung der Gier. So wird er unabhängig von ihr und ist schon auf dem Wege zur Freiheit. Es folgt die Unterdrückung des menschlichen Sich-Festhaltens und Klammerns.

Der Mensch überwindet endlich – nach langen, konzentrierten Anstrengungen – seine Angst und läßt alles Falsche los. Bislang ist ihm als unverzichtbar und glückbringend erschienen, was er nun endlich als Hemmnis erkennt. Schließlich überwindet der Mensch das fesselnde Leid. Er kann ins Nirvana eintreten.

Gelegentlich wird das Ins-Nirvana-Gehen mit Einswerden-mit-Gott gleichgesetzt. Diese Ausdrucksweise ist für den Buddhisten durchaus akzeptabel, für viele weltlich denkende Menschen aber mißverständlich. Gemeint ist nicht die Verschmelzung mit einem Schöpfergott, sondern ein Überwinden aller Grenzen und Eintauchen in das wirklich Unendliche, wobei jegliche Bedürfnisse und Beschränkungen abgelegt werden. Zu diesen Einengungen gehört auch jede Vorstellung persönlichen Wohlbefindens oder Glücks. Ja selbst das Traumbild vom eines Tages ausbrechenden ewigen Frieden hat mit diesem Glück nichts zu tun. Am Ende zahlreicher Reinkarnationen (Wiedergeburten) in ganz unterschiedlichen Daseinsformen steht das unbeschreibliche Alles und Nichts.

Die von Buddha gepredigte Lehre erfreute sich schon zu Lebzeiten des Religionsgründers erstaunlicher Beliebtheit, und doch brachte der neue Glaube Probleme. Viele Menschen sahen sich einem Lehrer gegenüber, der ihnen Lektionen vorstellte; beibringen mußten sie sich die Lektionen aber selbst. Buddha verkündete eine Religion ohne Mystik, ohne vorgefertigte Bilder mit Antworten auf alle Fragen. Er führte den Menschen nicht einmal im übertragenen Sinne an der Hand.

Buddha predigte die Eigenverantwortung des Menschen, doch viele Menschen wollten bzw. wollen eben diese Verantwortung im Glauben abgeben. Und Buddhas Bild vom Nirvana war für sehr viele Menschen äußert schwer verständlich. Das kleine Glück, das ein jeder Mensch auf Erden suchte, sollte in Wirklichkeit Leid sein, das es zu überwinden galt? Man sollte die gelegentlich erreichte Zufriedenheit eintauschen gegen ein hartes Leben der Selbstdisziplin, das nur vielleicht an ein letztlich unvorstellbares Ziel führen würde ... eines fernen Tages und nach vielen Wiedergeburten?

Buddha half seinen Anhängern auch nicht, wenn sie versuchten, sich das Endziel aller Wiedergeburten vorzustellen.

Wenige haben ihn wohl wirklich begriffen. Auch heutige Theologen scheinen ihre liebe Not mit dem »Nirvana« zu haben. Weit verbreitet ist die Vorstellung von der Auflösung des Ichs ins Nichts. Aber ist die Vorstellung des Ur-Buddhismus vom Nirvana wirklich so negativ? Sieht der gläubige Buddhist wirklich der vollständigen Auslöschung entgegen? Tatsächlich läßt sich der Begriff »Nirvana« mit »auslöschen« oder »verwehen« übersetzen. Aber was verschwindet? Es verschwinden die kleinlichen Begrenzungen des Ichs. Es werden die Fesseln der Sehnsüchte gelöscht. Jegliche Form der Begrenzung und Einengung findet ein Ende. Was übrigbleibt, ist für den Buddhisten nicht das Nichts, sondern das »unbegrenzte Leben selbst«.

Buddha selbst lehnte es stets ab, positiv zu definieren, was man sich unter »Nirvana« vorzustellen habe. Niemand, so lehrte er, sei dazu in der Lage, es zu beschreiben. Niemand könne aussprechen, was sich hinter dem Begriff verberge.

Schon einhundert Jahre nach Buddhas Tod erkannten kluge Geistliche, daß viele Menschen mit dem ursprünglichen Buddhismus überfordert waren. Wie konnte Wohlergehen für Buddha Leiden sein? Nur weil es den Menschen an die Materie fesselte? Wie konnte es eine Wiedergeburt geben, wenn der Mensch doch keine dauerhafte Seele besaß? Das Bild von der Flamme, die von Kerze zu Kerze weitergereicht wird, konnten viele nicht auf das Thema Wiedergeburt übertragen. Schließlich predigte Buddha noch etwas besonders Merkwürdiges: Nichts in der Natur bleibt. Kein Mensch ist in der Gegenwart mit dem identisch, was er auch nur Sekundenbruchteile vorher war. Ja, nichts existierte wirklich. Aber spürt man nicht den eigenen Körper? Und merklich verändert er sich doch auch nicht von Moment zu Moment?

Die moderne Wissenschaft hat inzwischen bestätigt: Wenn man die Materie, aus der ein Mensch besteht, immer genauer und genauer untersucht, entdeckt man, daß die Atome nicht die kleinsten Teile sind, aus der sich die Materie des Menschen zusammensetzt. Letztlich stößt man in einen Mikrokosmos vor, der aus unvorstellbar kleinen Teilchen besteht – die eigentlich gar nicht wirklich »richtig« existieren.

Buddha formulierte keine mystischen Geschichten zur Erklärung seiner Lehre. Wenn er Vergleiche aus dem Alltag brachte, so blieben sie letztlich doch schwer verständlich. Er konkretisierte nicht und blieb die Antworten auf viele Fragen schuldig, und seine Thesen wirkten kalt und blieben trockene Theorie: Es gibt die Wiedergeburt, aber nichts Substantielles wird wiedergeboren. Es existiert ja nur der Augenblick, bestimmt von Emotionen, Sinneseindrücken und Bewußtsein. Nichts davon hat Substanz. Nichts davon ist greifbar. Es gibt aber einen Kausalzusammenhang zwischen den einzelnen Leben. Die früheren Leben sind mit den späteren verbunden. Das Leben der Gegenwart wird durch die Wünsche des früheren Lebens bestimmt, das jetzige Leben beeinflußt das künftige durch gelebte Wünsche. Dabei wird aber der Wille des gegenwärtigen Lebens nicht eingeschränkt. Vielmehr bleibt die Willensfreiheit bestehen, so daß in jedem Leben die Kette der wiederholten Wiedergeburt durchbrochen werden kann.

Buddhas Lehre war gut für den Intellekt, sie wärmte aber nicht wie eine heiße Suppe an einem kalten Abend. Die Menschen suchen aber nach einer Religion, die der Seele oder dem Bewußtsein guttut. Also kam es zu Veränderungen in der Glaubenswelt des Buddhismus, die es den Menschen ermöglichen sollten, die Lehre leichter zu verstehen.

So entstanden zwei recht unterschiedliche religiöse Wege unter buddhistischem Vorzeichen. Da war einmal die alte, ursprüngliche Lehre Buddhas. Man bezeichnete sie als »Hinayana«, als »kleines Fahrzeug« oder auch als »kleinen Wagen«. (Hinweis: Theravada ist identisch mit Hinayana.) An der Richtigkeit der Lehre wurde nicht gezweifelt, aber der auf der Eigenverantwortung aufbauende Weg schien vielen zu anspruchsvoll zu sein.

Das »kleine Fahrzeug«, die Urform des Buddhismus, wurde weiter gelehrt. Da von Buddha selbst keine Schrifttexte vorlagen, verfaßten gelehrte Schüler eine Vielzahl von Texten, die vom Umfang her die Bibel um ein Vielfaches übertreffen. Nach traditionellem Sprachgebrauch unterteilt man die Schriften in »drei Körbe«. In einem Korb befinden sich die präzise ausgearbeiteten Regeln für das gemeinschaftliche Mönchsleben. Im zölibatären Mönchsleben sollte es Menschen, die Buddhas Wort strikt befolgen, nach und nach gelingen, den Weg ins Nirvana zu finden.

Das Regelwerk erinnert an das Bemühen im Judentum, durch eine Vielzahl von Gesetzen jeden Lebensbereich zu erfassen. So sollte es den Gläubigen ermöglicht werden, sich in jeder Lebenslage gesetzeskonform zu verhalten. Vor 227 Vergehen müssen sich Ordensleute hüten. Zum Beispiel ist es jedem Mönch strikt untersagt, intime Kontakte mit einer Frau zu unterhalten. Schon ein einfacher Händedruck wird als Verstoß gegen das strenge Gesetzeswerk angesehen.

In einem weiteren Korb wurden lehrende Texte aufbewahrt: lehrreiche Reden, bedeutungsvolle Legenden und Märchen. Den dritten Korb schließlich kann man als wissenschaftliche Theologie ohne Gott bezeichnen. Er soll den Studierenden das buddhistische Menschenbild und die buddhistische Psychologie erklären.

Für die Mehrheit der Menschen aber wurde »Mahayana« angeboten: der »große Wagen« oder das »große Fahrzeug«. Auf diese Weise sollte es nicht nur einem kleinen Kreis von Menschen möglich sein, einst ins Nirvana vorzudringen. Ob allerdings Buddha selbst über diese populistische Variante seiner Gedanken glücklich wäre, ist mehr als zweifelhaft. Er selbst soll Befürchtungen geäußert haben, daß man seine Lehre im Verlauf der Zeit sehr stark verändern und verfälschen werde. Nach fünftausend Jahren, so Buddha, werde man seinen Buddhismus gar nicht mehr wiedererkennen können.

Chang Sheng-Wen
Buddha Sakyamoni
um 1175

Im Ur-Buddhismus gab es Götter, die offenbar aus älteren polytheistischen Religionen übernommen wurden. Sie waren aber eher mächtige Menschen als allmächtige Gottheiten. Diese Götter lebten letztlich wie Irdische und besaßen keine Machtbefugnisse über das Heil oder Elend von Menschen. Der Mensch mußte seine eigene Verantwortung wahren und seinen Weg selbst gehen. Der Buddha war nur ein Wegweiser, kein »Transportmittel«.

Der »neue« Buddha des »großen Fahrzeugs« machte eine erstaunliche Wandlung durch: Aus dem hilfreichen menschlich-irdischen Wegbeschreiber ist ein göttliches Wesen von messianischen Ausmaßen geworden. Ja, er setzte sich an die Spitze der Götter, war selbst ein Erlöser- und Heilandsgott geworden. Die vielen, letztlich bedeutungslosen Gottheiten des Ur-Buddhismus fanden Aufnahme in den neuen Götterhimmel.

Man kann von einer Christianisierung im Buddhismus lange vor dem historischen Jesus sprechen. Nicht mehr der sein eigenes Leben regulierende Mensch ist es, der aus eigener Kraft den Eingang ins Nirvana schafft. Nicht mehr die über viele Wiedergeburten anhaltenden Anstrengungen des Menschen bringen ihn langsam weiter; nicht seine Erkenntnis ermöglicht das Glück. Es ist die Liebe Gottes, die den Menschen frei macht, und es ist Gott, der die Menschen erlöst. Die Menschen sind von der aktiven auf die passive Seite gewechselt.

Neu ist auch das Ziel am Ende des achtteiligen Weges. Das Nirvana, das vielen Menschen zu diffus und unverständlich war, wurde konkretisiert zu einem paradiesischen Leben nach dem Tode. Die »Insassen« des »großen Fahrzeugs« malten sich ein Weiterleben nach dem Tod aus – in einem Paradies. Fromme Rituale, so glaubte man, würden den Weg ins glückliche Jenseits erleichtern. Außerdem gab es da noch hilfreiche »Boddhisattvas«. Diese Erleuchtungswesen waren eigentlich am Ziel ihrer Wünsche angelangt. Sie verzichteten aber auf den sofortigen Eintritt ins Nirvana, um anderen Menschen hilfreich zur Seite stehen zu können.

Noch ein ganz wesentlicher Wandel trat ein: Der Buddha war ja zunächst der konkrete, historische Buddha, der gelebt, gelitten, gelernt und gelehrt hat, bis er eines Tages starb. Aus dem Buddha wurde schließlich die Beschreibung eines Zustands, den jeder Mensch erreichen kann: Jeder Mensch, der Erleuchtung findet und erkennt, wie es möglich ist, der Reinkarnation zu entkommen, wird zum Buddha.

Das »kleine Fahrzeug« bietet die Methode an, mit deren Hilfe jeder Mensch sich selbst emanzipieren kann. Seine eigene Anstrengung ist es, die ihm hilft. Er kommt ohne göttliche Hilfe aus. Im »großen Fahrzeug« ist der Mensch nicht mehr auf sich selbst gestellt: Gewiß, er muß sich auch bemühen, doch göttliche Kräfte helfen und gewähren himmlische Gnade. Der Mensch, der im »kleinen Fahrzeug« zur Glückseligkeit finden wollte, mußte in erster Linie »weise« sein. Das »große Fahrzeug« forderte an erster Stelle »Mitleid«.

Die Weisheit vieler Buddhisten hatte Grenzen. Man sollte sich sein Leben lang bemühen, um nach vielen Wiedergeburten vielleicht in ferner Zukunft ans Ziel zu gelangen. Damit entsprach das »kleine Fahrzeug« so gar nicht der menschlichen Ungeduld. Mancher ist bereit, aktiv etwas für das Erreichen des Nirvana zu tun, aber ein Erfolg soll sich nicht erst in unbestimmbarer ferner Zukunft zeigen. Man möchte selbst und möglichst unverzüglich sehen, was einem die Anstrengungen einbringen. So entstand noch ein weiteres »Fahrzeug«, so öffnete man noch einen weiteren »buddhistischen Weg«.

»Vajra« heißt in der indischen Göttermythologie der »Donnerkeil Indras«. Es muß sich um eine gefürchtete Waffe gehandelt haben. Der Buddhismus übernahm »Vajra« – und machte daraus das »Diamant-Szepter« Buddhas. Der Diamant ist für den

Buddhisten äußerst symbolträchtig. Er steht für Reinheit und Klarheit. Kein anderer Stein ist so hart und durchsichtig wie er. Deshalb steht er auch für geistige Überlegenheit.

Wer den Weg des diamantenen Donnerkeils – »Vajrayana« – einschlägt, hat die Chance, schon zu Lebzeiten ins Nirvana einzutreten. Der Gläubige muß nicht erst auf die ferne Zukunft hoffen, in der er nach unzähligen Wiedergeburten endlich erlöst wird. Dieses Glück kann ihm schon während der vergleichsweise kurzen Zeitspanne eines einzigen Lebens zuteil werden. Um das zu erreichen, muß sich der Gläubige allerdings wieder selbst bemühen. Man kann sagen: Die Verantwortung für den Menschen ist mit dem dritten Fahrzeug des Buddhismus wieder zum einzelnen Menschen zurückgekehrt. Der Mensch kann sein Heil aus eigener Kraft in einer einzigen Lebensspanne selbst erreichen. Die erforderlichen Kräfte muß sich der Mensch nicht erst schenken lassen. Er muß sie sich auch nicht erst aneignen. Das Potential für den Weg zum Glück liegt in jedem einzelnen Menschen selbst.

Die Geschichte des Buddhismus verlief komplex. Entstanden ist die geheimnisvolle Weltreligion im Himalaja, im Gebiet zwischen Nordost-Indien, Nepal und Bhutan. Jahrhundertelang wurden die Lehren Buddhas zunächst nur mündlich überliefert. Erst nach und nach wurden Texte aufgeschrieben, bis im Laufe der Zeit eine kaum mehr zu überblickende Flut entstand. Der Buddhismus breitete sich aus. Schließlich beeinflußte er Denken und Glauben sehr vieler Menschen – von Japan bis Sri Lanka und bis Indonesien.

Die ursprüngliche, von Buddha gelehrte Form des Buddhismus (Theravada oder Hinayana) hatte es schwer, sich durchzusetzen. Sie forderte den Menschen zu viel ab: zu viel Entsagung vom Leben, zu viel Zuversicht in vielleicht in ferner Zukunft liegendes Heil. Dennoch hat sich diese Urform des Buddhismus gehalten.

Mönche in Sri Lanka, Birma, Thailand, Laos und Kambodscha leben bis heute nach der reinen Lehre.

Die mildere Form des Buddhismus nahm ihren Weg über Afghanistan nach Japan. Der diamantene Weg schließlich entstand gut ein Jahrtausend nach Buddha. Er wurde zunächst in ganz Indien befolgt, verlor dann aber an Einfluß, so daß seine Anhänger sich in den Norden Indiens zurückzogen. Auch in Tibet fand er viele Anhänger.

Der Buddhismus des »diamantenen Wagens« setzte ganz auf die jedem Menschen innewohnenden Energien. Jeder Mensch hat nach dieser Lehre ungeahnte Kräfte, die zur Verfügung stehen könnten, wenn sie nicht ungenutzt schlummern würden. Um so schnell wie möglich – und nicht erst nach zahllosen Generationen der Wiedergeburt – das Nirvana zu erreichen, müssen diese Kräfte geweckt werden. Prinzipiell ähnelt dieser Ansatz sehr der Ur-Lehre Buddhas. Ist es doch wieder der Mensch selbst, der sein ureignes Potential nutzen kann. Doch anders als bei Buddha stehen dem Anhänger des »Vajrayana« höherstehende Helfer zur Seite: Mit Hilfe von »Gurus« (Lehrer) oder »Lamas« (Höherstehende) kann jeder Mensch sehr rasch ans Ziel gelangen.

In der Frühzeit des Buddhismus war das Mönchstum eine rein männliche Domäne. Doch schon zu Lebzeiten Buddhas wurden Nonnenorden eingeführt, die es auch Frauen ermöglichen sollten, dem Rad der Wiedergeburt zu entkommen. Allerdings wurde streng zwischen den Geschlechtern getrennt. Die sinnliche Liebe galt ja als eines der Leiden, das die Menschen an die irdische Ebene fesselt.

Die Verkünder des »diamantenen Wegs« griffen auf fremde Religionselemente zurück, so auf Riten, in denen die Erotik und bedeutende Urgöttinnen eine große Rolle spielten. Dieser Weg verbindet sprichwörtliche Gegensätze wie Feuer und Wasser: den ursprünglich geradezu schmerzhaft asketischen Kult des

»Original-Buddhismus« einerseits mit uralten, sinnenfrohen erotischen Riten matriarchalischer Fruchtbarkeitsreligionen andererseits.

Der Tantra-Buddhist macht die Energien, über die jeder Mensch tief verborgen in seinem Inneren verfügt, deutlich und will sie nutzen, um die Anziehungskraft des Irdischen zu überwinden. Wenn diese – geistigen wie körperlichen – Energien geweckt werden, kann der Mensch innerhalb eines Lebensalters förmlich ins Nirvana katapultiert werden. Doch Vorsicht: Wenn zu Beginn des dritten Jahrtausends »Tantra-Schnellkurse« angeboten werden, so können sie schwerlich innerhalb von Tagen oder Wochen zur »Erleuchtung« führen. Wahre Tantra-Meister benötigen ein ganzes Leben dafür!

Im Tantra-Buddhismus gibt es zunächst eine Vielzahl mystischer »Zaubersprüche«, die formelhaft wiederholt werden müssen. Spezielle Meditationstechniken werden angewandt. Es gilt, wie im Zen-Buddhismus, den Intellekt abzustellen. Der Suchende will die eingefahrenen Bahnen verlassen. Zum Tantra-Buddhismus gehört auch die Sexualität. Allerdings ist es falsch, sie als das Wesentliche dieser Form des Buddhismus anzusehen. Alle dem Menschen innewohnenden Energien, also auch sexuelle, sollen nutzbar gemacht wurden, um zur ultimativen Erleuchtung zu gelangen.

Die Sexualität läßt das Leben entstehen. In der Ekstase der intimen Vereinigung zwischen Mann und Frau sieht der Tantra-Buddhist die Möglichkeit, das Tor zum Nirvana aufzustoßen: weil dann alle Grenzen des Denkens überwunden werden. Diese Grenzen sind es ja, die nach buddhistischer Überzeugung den Menschen daran hindern, eins mit dem endlosen Leben zu werden.

Der tantrische Weg wurde aber nicht öffentlich gelehrt. Tantra-Meister zogen nicht übers Land, um bei jeder Gelegenheit ihre Kenntnisse möglichst vielen Menschen zu offenbaren. Der Weg war das Mysterium einer Geheimlehre, die nur direkt vom Meister dem persönlich vertrauten Schüler weitergegeben wurde. Europäische Reisende, vor allem christliche Missionare, sahen in den plastischen Darstellungen an buddhistischen Tantra-Tempeln rein sexuelle Abbildungen. Entsetzt wandten sie sich ab, um den fremden Glauben zu verteufeln, ohne ihn verstehen zu wollen. Doch gerade diese höchst plastischen sexuellen, oft geradezu artistisch anmutenden Vereinigungen sind von religiöser Bedeutung. Der Buddhismus strebt seit Buddhas Erleuchtung die Aufhebung aller Begrenzungen an. Der unwissende Mensch schafft sich durch Wünsche einen Käfig, den der Buddhist sprengen will. Sein Ziel ist es, seine einengende Individualität aufzulösen, um so mit dem unbeschreiblichen, grenzenlosen Leben zu verschmelzen.

Um dieses Ziel zu erreichen, muß auch die Dualität von »männlich« und »weiblich« aufgehoben werden. Die Geschlechtsbezeichnungen stehen dabei auch für Geistesprinzipien: für das Prinzip der Methode einerseits und der Weisheit andererseits. Der Tantra-Buddhist konzentriert die Energien seines Körpers und reguliert und kanalisiert sie. Die Energien können den Menschen an die irdische Ebene fesseln und ihn von seinem geistigen Weg ablenken. Sie können aber auch den Geist über alle Grenzen hinweg tragen.

Wesentlicher, ja zentraler Bestandteil des tibetischen Tantra-Weges sind die einzigartigen Gesänge der Mönche. Durch ein uraltes stimmliches Verfahren, das nur in Tibet praktiziert wird, beeinflussen sie die Resonanzräume des Stimmapparates. Schließlich werden die mitschwingenden Obertöne deutlich hörbar. Die Mönche, die heilige symbolhafte Bewegungen ausführen, versetzen sich in ihr tiefstes Inneres. Sie rufen Gottheiten an, die sie dank lebenslanger Meditationspraxis deutlich visualisieren können. Erfahrenen Tantra-Mönchen gelingt es, die Götter während der Sanges-Meditation zu sehen, als seien sie leibhaftig anwesend.

Damit endet aber die ungewöhnliche Begegnung mit dem Göttlichen noch keineswegs: Die Mönche unternehmen den Versuch, mit den von ihnen gerufenen Gottheiten zu verschmelzen. Die himmlischen Wesen gelten als reine Verkörperung höchster Ideale. Gelingt es einem Mönch, in der Tantra-Meditation eins zu werden mit den Göttern, dann reinigt er sein innerstes Selbst und nähert sich dem Göttlichen an.

So kommt der Übende aus eigener Kraft dem unbeschreiblichen, unfaßbaren Nirvana näher.

Wo aber ist es, dieses Unbegreifliche? Wo beginnt es? Wo findet der Mensch Zugang? Der Buddhismus sucht seit mehr als zweieinhalb Jahrtausenden diesen Weg. Der Tantra-Buddhismus hat ihn gefunden. Das Nirvana ist überall, auch im Menschen. Und der »Eingang« in die Welt des Nirvana ist auch überall – so weit weg wie das Ende der fernsten Galaxie, so nah, wie sich jeder Mensch nur selbst sein kann. Das Tor zum paradiesischen Nirvana kann jeder finden – in seinem eigenen, tiefsten Inneren.

Shiva

5. DER HINDUISMUS: VON DER SUCHE NACH DER UNENDLICHKEIT IM MENSCHEN

Vor rund fünf Jahrtausenden blühte im fruchtbaren Indusgebiet eine uralte Kultur, deren Wurzeln sich in der mystisch anmutenden Frühzeit verlieren. Man weiß wenig Genaues über die Religion dieser städtischen Kultur. Bei archäologischen Ausgrabungen wurden Amulette und Phallus-Symbole entdeckt. Vermutlich herrschte damals das Matriarchat, das Mutterrecht.

Vor rund dreieinhalb Jahrtausenden drang ein fremdes Volk aus dem Nordwesten ein. Die Invasoren nannten sich selbst »Ayra«, »die Edlen«. Jahrtausende später eigneten sich die Ideologen der Nazis diesen Namen an, verdeutscht zu »Arier«. Mit den Invasoren kamen neue Gottheiten. Zwei religiöse Welten prallten aufeinander: die der Göttinnen der Urbevölkerung (Harappaner) des Indusgebiets und die männlichen Gottheiten der Eroberer (Ayra). Eigentlich sind es immer die militärischen Sieger, die die Geschichte schreiben und die bestimmen, woran das Volk zu glauben hat. So schien es auch in Indien zu geschehen. Die Ayra kämpften sich unaufhaltsam in Richtung Osten vor. Sie zerstörten die Ur-Kultur und versuchten anfangs wohl auch, den Besiegten ihren Glauben aufzunötigen. Doch je weiter sie auf fremdes Terrain vorstießen, je länger sie gegen die Nachfahren der heimischen uralten Kultur kämpften, desto weniger konnten sie selbst sich der alten Religion der Einheimischen entziehen.

Auf diese Weise entstand eine Verbindung aus zwei Religionen: Der Glaube der Urbevölkerung Nordindiens verband sich mit der Veda-Religion der arischen Eroberer. Das sakrale Opfer und der Opfergottesdienst rückten vor nunmehr zweieinhalb Jahrtausenden in den Vordergrund. Damit wuchs auch die Macht der Priester. Ihnen waren die umfangreichen, uralten Brahmanas – indische religiöse Texte – sehr vertraut. Sie hatten die archaischen Veden studiert und beherrschten die heiligen Gesänge. Sie kannten die bedeutsamen Melodien. Sie verstanden die mysteriösen Zaubertexte und wußten, wie die rätselhaften Opferformeln zu artikulieren waren. Da nach allgemeiner Überzeugung Wohl und Wehe des Volkes von der Gunst der Götter bestimmt wurde, galten die Brahmanen als die mächtigsten Männer im Land.

Die patriarchalisch orientierten Ayra führten ein streng gegliedertes System der Gesellschaft ein, das deutlicher als irgendwo sonst auf der Welt zwischen Oberschicht und Unterschicht unterscheidet. Die Bevölkerung wurde in Klassen oder Kasten unterteilt.

Die Priester standen in der Hierarchie ganz oben. Nach ihnen kam die Gruppe der Kshatriyas. Waren die Priester zuständig für die Gunst der Götter, sahen sich die Adeligen und Krieger der Kshatriyas-Gruppe als Beschützer des Volkes. Für Ackerbau, Viehzucht verantwortlich war die Gruppe der Vaishyas. Priester, Adelige und Krieger sowie Ackerbau, Viehzucht und Handel Treibende bildeten die Oberschicht. Diese drei Berufsgruppen stellten eine relativ umfangreiche Elite dar. Ihnen unterstand die Gruppe der Diener und Sklaven, Shudras genannt.

Die drei Gruppen der Oberschicht und die Gruppe der Unterschicht bildeten das Kastensystem. Jeder Mensch gehörte, je nach Beruf, einer dieser vier Kasten an. Jeder blieb in seiner Gruppe, die zunächst vom Beruf bestimmt war. Im Lauf der Jahrhunderte änderte sich das soziale Leben. Aus der Kaste der Berufe wurde eine Kaste der Herkunft. Man gehörte also einer Kaste an, weil bereits die Vorfahren aus dieser Kaste stammten.

Die Parias schließlich, die »Unberührbaren«, wurden von allen verachtet und gemieden. Sie standen außerhalb des Systems. Auch die Zugehörigkeit zur Gruppe der Parias war zunächst berufsbedingt. Die Parias mußten die schmutzigsten Arbeiten verrichten, für die sich Diener und Sklaven zu schade waren. Sie waren gewissermaßen das geknechtete Proletariat der untersten Schicht. Sich selbst nannten sie, deprimierend realistisch, »Dalits«, die »Zertretenen«.

Das strenge Kastensystem mit seinen unüberwindbaren Abgrenzungen in der Welt des Hinduismus muß Menschen anderen Glaubens merkwürdig fremd erscheinen. Das Kastensystem ist einerseits das Symbol der feindseligen Trennung von Gruppen, die jegliche Integration verhindert. Gleichzeitig ist der Hinduismus andererseits ein Musterbeispiel an Toleranz und Integration, was im Grunde nicht verwundern darf, entstand diese Religion doch als Ergebnis religiöser Integration. Die Eroberten wurden zwar geknechtet, aber nicht ihres Glaubens beraubt, und die Eroberer versuchten, den Kult der Besiegten zu vernichten, letztlich jedoch übernahmen sie viel vom fremden Glauben.

Im Judentum ist es die Thora mit ihren Gesetzen und Vorschriften, die das Leben der Gläubigen bestimmt. Pflichtbewußte Juden waren stets darauf bedacht, sich in allen Lebenslagen der Thora gemäß zu verhalten, auch wenn sie über die Jahrhunderte hinweg immer wieder in Situationen gerieten, die so zur Zeit der Niederschrift der Thora-Gesetze gar nicht bekannt waren. Daher mußten die Rabbis über die Jahrhunderte hinweg zahllose ergänzende Kommentare schreiben und konkrete Fallbeispiele erörtern. Letztlich wußten nur noch Spezialisten, welche Regelung wo zutraf und wo nicht.

Im alten Indien vollzog sich diese Entwicklung in noch stärkerem Maße. Der Umfang der als heilig geltenden Texte übertraf bei weitem die Thora der Juden. Ungeheuer komplex und detailreich waren allein schon die Vorschriften, nach denen die Priester die zahlreichen Rituale abhalten mußten. Schließlich sollte der kleinste Fehler vermieden werden, der die Götter hätte erzürnen können. Außerdem sollten die Gläubigen durch die Zeremonien ihre Religion bildhaft erfahren. Theologische Theorie ist eine Sache, religiöse Riten mit Gesang und bedeutungsvollen Gesten sind eine andere: Sie sind mit den Sinnen zu erfassen. Doch die Riten waren im Lauf der Jahrhunderte so komplex geworden, daß sie in den Augen der Gläubigen mehr leere Theatralik als religiöse Lehre waren. Die Zeit wurde reif für eine Reform. Der ausufernden Fülle von religiösen Texten wurden die Upanishaden entgegengesetzt. Die neuen religiösen Texte führten im siebten Jahrhundert v. Chr. zur Entstehung des Hinduismus.

Auf religiösem Sektor gibt es für den Hindu kein Entweder-oder. Man ist nicht entweder Christ oder Hindu oder Buddhist. Dem gläubigen Hindu macht es keinerlei Schwierigkeiten, auch Buddha in seine Religion aufzunehmen. Buddha wetteifert dann nicht mit hinduistischen Göttern, sondern wird als Wiedergeburt Vishnus gesehen. Auch der gläubige Hindu macht den Glauben gern konkret. Der fromme Katholik hängt sich ein Kreuz an die Wand und stellt eine Figur der Jungfrau Maria auf seinen kleinen Hausaltar. Beim Hindu kann man Bilder von Vishnu, Jesus und Buddha in schöner Eintracht nebeneinander finden. Dieses Denken verbietet es dem Hindu auch, Mission zu betreiben.

Schon aus Respekt fremden Glaubenslehren gegenüber lehnt er es ab, Angehörige fremder Konfessionen von seiner eigenen zu überzeugen. Wer das Miteinander verschiedener Religionen akzeptiert und pflegt, will keinen anderen dazu nötigen, seinen Glauben aufzugeben.

Das alttestamentarische »Du sollst keine anderen Götter haben neben mir!« ist dem Hindu fremd. Es ist ihm freigestellt, in Zeiten der Not zu beten, so wie er will. Das Miteinander der verschiedenen Götter aus verschiedenen Welten im Hinduismus geht entschieden über den Koran hinaus, auch wenn der Koran in einer der kürzesten Suren überhaupt klar das Nebeneinader der verschiedenen Religionen festhält (109. Sure, 2 bis 6): »Ich verehre nicht das, was ihr verehret, noch verehrt ihr das, was ich verehre. Und ich will das nicht verehren, was ihr verehret. Noch wollt ihr das verehren, was ich verehre. Euch euer Glaube, und mir mein Glaube.«

Das Judentum kennt den mystischen Mose als Vater der Jahwe-Religion. Für den Christen ist Jesus der Begründer des Glaubens. Für den Muslim hat Mohammed den Menschen den Koran gebracht, und Buddha lehrte nach seiner Erleuchtung den nach ihm benannten Glauben. Einen vergleichbaren Religionsgründer gab es beim Hinduismus nicht. Der Begriff »Hinduismus« weist auf das Land seines Ursprungs hin: auf Indien, auf den gewaltigen Indus-Strom. Im Nordwesten Indiens, im heutigen Pakistan, hieß er einst »Sindhu«.

Anders als der Islam, das Juden- und das Christentum kennt der Hinduismus auch kein »heiliges Buch«. Es gibt kein Altes oder Neues Testament, keinen Koran des Hinduismus. Über heilige Bücher der Schrift-Religionen läßt sich die Zugehörigkeit zu einer bestimmten Gemeinschaft oft leicht definieren: Wer etwa an den Koran glaubt, weil er ihn als Wort Gottes ansieht, ist offensichtlich Muslim.

Schwieriger ist die Frage, wer denn ein Hindu ist, zu beantworten. Im Jahr 1955 sah sich die indische Regierung genötigt, sich mit dieser Frage zu beschäftigen. Als das hinduistische Ehe- und Scheidungsgesetz formuliert werden sollte, mußte zuvor geklärt werden, wer Hindu ist und wer nicht. Die emsigen Regierungsbeamten sahen sich nicht dazu in der Lage, eine positive Definition zu formulieren. Sie hielten daher fest: »Alle Inder, die keine Muslime, Christen, Parsis oder Juden sind, sind Hindus.« Aber auch Nicht-Inder konnten ebenfalls Hindus sein. Für Ausländer wurde eine recht allgemeine Definition gefunden: »Jeder Nicht-Inder, der für sich den Anspruch erhebt, der Hindu-Religion anzugehören, ist Hindu.« Mit anderen Worten: Der Nicht-Inder mußte nur behaupten, Hindu zu sein, um schon als solcher anerkannt zu werden.

Das Problem besteht darin, daß es geradezu schier unzählige Glaubensvariationen gibt, die aber alle der Großfamilie des Hinduismus zuzurechnen sind. Weder über die von allen Gläubigen anerkannten Glaubenslehren noch über die gemeinsame Anerkennung heiliger Texte läßt sich festlegen, wer nun Hindu ist und wer nicht. Der Theologieprofessor Dr. Bammel schreibt dazu: »So viele Hindus es gibt, so viele Hinduglaubensvarianten gibt es. So viele Nicht-Hindus es gibt, so viele Hinduglaubensvarianten gibt es.«[15]

Bedingt durch die große Toleranz in Glaubensfragen, findet sich im Hinduismus keine theologische Ausgrenzung. So entstanden und entstehen viele individuelle Varianten. Es ist manchmal äußerst problematisch, Glaubensbegriffe des Hinduismus vollkommen sinngemäß zu übersetzen. Das hat zur Folge, daß unterschiedliche Beschreibungen des Hinduismus durch Nicht-Hindus zu abweichenden Ergebnissen kommen.

Trotzdem muß es möglich sein, sich der Thematik des Hinduismus sachlich und systematisch zu nähern. Wer sich mit der Theologie des Hinduismus beschäftigen möchte, wer als Gläubiger Halt in religiösen Texten sucht, wer konkrete Vorschriften sucht, der findet statt eines einzelnen Buches eine ganze Reihe von umfangreichen Schriftensammlungen. Die ältesten Texte sind die »Veden« (zu deutsch: »Wissen«). Sie sind

Jahrtausende alt und gehören auch zum umfangreichen Texte-Kanon des Buddhismus. Diese Veden bestehen nicht aus einzelnen Büchern, sondern aus verschiedenen Textsammlungen. Nach und nach wurden sie ergänzt, so daß Texte aus unterschiedlichen Zeiten als »Veden« klassifiziert werden können.

Als besonders wichtige Veden gelten Rigveda, Samaveda, Yajurveda und Atharvaveda. Der älteste Veda, den wir heute noch kennen, wurde von den Ayras nach Indien gebracht. Er ist in Sanskrit verfaßt. In 10580 Versen, unterteilt in zehn »Kreise«, werden wichtige theologische Fragen geklärt. Wie muß eine Opfergabe richtig übergeben werden? Welche Zeremonien müssen dabei beachtet werden? Welche Götter sind besonders wichtig? Welche Aufgaben sollen von den einzelnen Göttern erledigt werden? Wie muß das Leben auf Erden verlaufen, damit den Vorschriften der Sittlichkeit Genüge getan wird?

Der Rigveda begründet auch die Existenz der einzelnen Kasten. Vor allem wird verdeutlicht, warum dic indische Gesellschaft aus so unterschiedlichen Kasten besteht. Ursprünglich sei es der Körper eines mythischen Riesen gewesen, der die verschiedenen Gesellschaftsgruppen hervorbrachte. Aus verschiedenen Körperteilen seien verschiedene Kasten entstanden. So wurden aus dem Mund des Giganten die Brahmanen. Aus den mächtigen Armen kamen die starken Krieger. Der Mund war für das Geistige zuständig, die Krieger hatten die Gesellschaft zu verteidigen. Ohne die Handwerker, Händler und Landwirte wäre ein Land verloren. Sie erwuchsen aus den Schenkeln des Riesen. Und so wie die Füße den Körper des Riesen tragen und Schwerstarbeit leisteten, so mußten die Diener und Sklaven den über ihnen stehenden Kasten harte Arbeit abnehmen.

Der Samaveda ist ebenfalls sehr umfangreich und besteht aus 1549 Versen. Zum größten Teil sind die 1549 Texte aus dem Rigveda übernommen. Im Mittelpunkt stehen die Bemühungen der Menschen, die richtigen Götter zu veranlassen, an den religiösen Zeremonien teilzunehmen. Auch sollen die Götter günstig gestimmt werden. Sie sollen den Menschen gewogen sein und deren Opfergaben annehmen. Im Gegensatz zu den sonstigen Versen aus dem Rigveda wird der Samaveda nicht mit eher monotoner Stimme vorgetragen, sondern vorgesungen.

Vermutlich jüngeren Datums ist der Atharvaveda. Mit den umfangreichen Sprüchen dieser Textsammlung gelangte die heilige Magie in den Hinduismus. Das Leben des Menschen wurde von der Wiege bis zur Bahre von Sprüchen der unterschiedlichsten Art begleitet. Lag jemand krank danieder, sollten Heilsprüche helfen. Befürchtete man, daß vielleicht ein Fluchzauber zur Erkrankung führen könnte, setzte man Abwehrsprüche dagegen. Hochzeitsformeln sollten Glück in der Ehe, Gesundheit und reichen Kindersegen gewähren. Neugeborene wurden ebenfalls mit Heilformeln und Segenssprüchen bedacht. Ein besonders wichtiger Bestandteil von Bestattungen waren die Begräbnisgesänge. Sie sollten dem Dahingeschiedenen auf dem weiteren Weg helfen und den trauernden Hinterbliebenen Trost spenden.

Gleichermaßen bedeutend sind auch die ebenfalls sehr alten Puranas. Dazu kommt das umfangreichste Epos der Weltliteratur überhaupt, das Mahabharata. Als heilig gilt auch der »Gesang des Erhabenen«, das Bhagavad-Gita-Lehrgedicht.

Die Geschichte des Hinduismus beginnt etwa im siebten Jahrhundert vor Christus. Am Anfang stand ein neuartiges Denken. Im Judentum des Alten Testaments wie im Islam des Korans ist es der eine, einzige Gott, der mit seinem göttlichen Willen die Schöpfung ins Leben ruft. Gott ist der große Weltenmacher, der aus dem Nichts schafft. Diesen Gedanken ersetzten die Upanishaden durch eine völlig neue Idee: Statt der Schöpfung beschrieben sie das Bild eines sich immer wieder wiederholenden Kreislaufs des Seins.

Nicht ganz klar ist der Ursprung vieler heiliger Texte. Keine der verschiedenen Varianten hat sich durchgesetzt. So nimmt der Hindu nicht an, die Veda-Dichtung sei das Resultat kluger menschlicher Denkkünste. Vielmehr soll sie einst, in grauer Vorzeit, von heiligen Rishis visionär empfangen und schriftlich niedergelegt worden sein. Unklar bleibt ebenso die Quelle der prophetischen Schauungen. Gab es die Texte in einer unvorstellbaren geistigen Form schon immer? War es Sehern möglich, sie zu erfassen und sichtbar zu machen? Diese Vorstellung kommt der muslimischen Auffassung vom Koran sehr nahe. Dem Propheten Mohammed wird das bei Allah liegende Werk des Koran offenbart. Durch ihn, den Propheten, kommt es zu den Menschen.

Andere Schulen betrachten die heiligen Texte als von Brahma »ausgehaucht«. Sie sind eine Art Energieausfluß aus der All-Seele. Da Brahma ein Ausdruck von Brahman ist und Brahman sich überall – auch in jedem Menschen – manifestiert, gibt es letztlich keine Abgrenzung zwischen »niederem irdischem Menschen« und »hohem Gott und heiligem Buch«. So gesehen stammen die heiligen Bücher, nach denen der fromme Hindu lebt, auch aus dem tiefsten Inneren des Menschen selbst.

Andere wiederum bevorzugen die Lehre, daß ein konkreter personifizierter Gott den Indern die heiligen Bücher brachte.

Aber auch dieser Gedanke hebt die Trennung zwischen einem heiligen Buch im Sinne von Gottes Wort einerseits und dem irdischen, niederen Menschen andererseits auf. Jeder Himmlische – wie er auch heißen mag – ist wie Brahma göttlich. Alles ist Brahman: Jeder Mensch wie jedes heilige Buch. Nach diesen heiligen Büchern lebt der Hindu. Aus ihnen bezieht er sein Weltbild. Er glaubt nicht an eine Schöpfung aus dem Nichts, sondern an den ewigen Kreislauf der Dinge.

Am ehesten kann man sich dieses zyklische Weltbild durch die Theorie vom Urknall verdeutlichen. Am Anfang ist alles auf einen Punkt verdichtet. Dann folgt der Urknall, die gewaltige Ausdehnung, bis sich wieder alles zusammenzieht, um erneut in die Ausdehnung überzugehen. Für den Juden wie den Muslim gibt es einen Anfang und eine Schöpfung durch Gott. Für den Anhänger des Hinduismus gibt es das Brahman. Es ist schwer zu umschreiben und am ehesten als absolutes Bewußtsein zu sehen, das aber als Wesen des Universums nicht vom Universum zu trennen ist.

Das Brahman ist in allem, im Sandkorn, im Menschen, im Planeten. Dieses All-Bewußtsein offenbart sich im Einzelwesen als Atman. Das Atman ist sozusagen die Seele des einzelnen (etwa eines Menschen), gleichzeitig aber Teil der All-Seele. Vor diesem Hintergrund erscheint die judaistisch-christliche Vorstellung der Menschenschöpfung dem Hinduismus sehr verwandt zu sein. Der Schöpfergott entspricht dem Brahma, und dieser Gott haucht dem Menschen den Odem ein, womit der Mensch als Einzelwesen Atman erhält.

Wie viele im Hinduismus machten auch die Begriffe Brahman und Atman einen Prozeß durch. So war das Brahman ursprünglich ein frommes Gebet oder der Zauberspruch, der eine Opfergabe begleitete. Es wandelte sich zum Angebeteten, zum allgemeinen, alles durchströmenden Prinzip, zur Weltseele. Brahman wurde zum Urgrund allen Seins. Wenn der Hindu alles als Gedanken ansieht, dann ist Brahman der Urgedanke. Aus Brahman kommt alles, Brahman umschließt alles.

Atman war ursprünglich der Lebenshauch, der Atem des Lebens. Das deutsche Wort »Atem« läßt sich von »Atman« herleiten. Atman wurde die Einzelseele. Es fällt schwer, entsprechende Ausdrücke in der deutschen Sprache zu finden. »Seele« ist christlich besetzt, deshalb ist die Gleichsetzung von Atman mit der Einzelseele irreführend. Selbst eine Umschreibung fällt schwer. So profan es klingen mag, am ehesten hilft die Methode

»Kochrezept«. Nur daß im vorliegenden Fall nichts hinzugefügt, sondern immer wieder etwas weggenommen wird ... Also: Man nehme einen Menschen. Man nehme den Körper weg. Was bleibt dann übrig? Für den Christen lautet die Antwort: die Seele. Der Hindu sieht es anders. Da ist noch das Wollen, das Denken, das Fühlen, das Begehren und das Erinnern. Wenn man das auch noch alles wegnimmt, bleibt Atman übrig.

Atman ist eine Art Bewußtsein ohne Inhalt, vielleicht am ehesten mit einem nur aus Energie bestehenden Computer zu vergleichen, der die Wünsche, die Gedanken, Empfindungen und Erinnerungen eines Menschen speichert. Atman ist nach Überzeugung des Hindus unsterblich. Atman überlebt den Tod und fordert sein Recht – auf Wiedergeburt. In welcher Form diese Wiedergeburt erfolgt, hängt vom individuellen Leben jedes einzelnen Menschen ab. Wie hat er sich verhalten? Folgte er moralischen Grundsätzen? Sein Handeln beeinflußt ebenso die Form der Wiedergeburt wie sein Denken oder sein Wünschen und Hoffen. Der Hindu glaubt, daß es nicht ausreicht, wenn er nichts Böses tut. Der Verzicht auf böse Handlungen bedeutet keineswegs, daß sein nächstes Leben eine Verbesserung darstellt. Es kommt darauf an, moralisch zu handeln, aber auch zu denken und zu wünschen.

Die einzelnen Schulen der religiösen Denkweisen der Hindus weisen erhebliche Unterschiede auf. Manche legen das Schwergewicht auf die Meditation, um die Gedanken (Wünsche, Hoffnungen, Ängste, Befürchtungen) gezielt »rein« zu halten. Andere sehen die Askese als wichtigstes Hilfsmittel an. Übermäßiger Genuß soll vermieden werden, so daß sich das Sein auf das Gute konzentrieren kann. Dabei ist die Definition, was als exzessiver Genuß anzusehen ist, bei manchen sehr eng. Andere leben völlig mönchisch-keusch, um Atman auf eine höhere Daseinsform nach der nächsten Wiedergeburt vorzubereiten. Andere wiederum glauben, daß rituell ausgeübte Sexualität eben jene Energien freisetzt, die dann eine höhere Daseinsform im nächsten Leben ermöglichen.

So unterschiedlich die Denkmodelle aussehen, so unterschiedliche Vorbereitungen für das nächste Leben getroffen werden: Allen Hindus gemeinsam ist der Glaube an die Wiedergeburt. Alle Hindu-Traditionen glauben an »Sansara«, an die Reinkarnation. Gutes und böses Handeln führt zum Kreislauf des Lebens, in welchem man so lange wie in einem Käfig eingesperrt ist, bis das Karma abgetragen worden ist. Dieser Glaube führte auch mit zur Unterteilung der Menschen in Kasten. Je nach seinem Lebenswandel wird der Mensch in eine höhere oder niedere Kaste hineingeboren. Ob Unberührbarer (außerhalb des Kastensystems), ob geknechteter Diener, hart arbeitender Bauer, stolzer Krieger oder Priester – jeder gläubige Hindu akzeptiert seine Position im Leben. Wie schlecht oder wie gut es ihm auch gehen mag, er hat immer mehr als nur Hoffnung, sondern die Gewißheit des Glaubens. Durch Befolgung der Vorschriften und Riten ist der Aufstieg in eine höhere Kaste und schließlich ins Nirvana möglich.

Jeder sieht sein mehr oder minder beklagenswertes Los im Jetztleben als Resultat eigenen Verhaltens im früheren Leben an. Der Gläubige resigniert nicht. Er hat es ja seiner Überzeugung nach selbst in der Hand, sich im nächsten Leben besser zu stellen. Voraussetzung für eine Höherentwicklung ist auch die Auseinandersetzung mit den Göttern und deren speziellen Aspekten. Die mythologische Welt des Hinduismus war und ist Nichtindern fremd. Durch voreilige Übersetzungen werden oftmals Glaubensbilder verfälscht.

So wird der vielleicht wichtigste Gott des Hinduismus, Brahma, als Schöpfergott bezeichnet. Der Jude, der Moslem und der Christ neigen nun dazu, dem fremden Glaubensbild eigene Vorstellungen wie eine Verkleidung überzustülpen. So wird aus Brahma leicht Jahwe oder Allah. Doch in der Glaubenswelt des Hinduismus findet man das ewig Wiederkehrende und nicht den Anfang als Nullpunkt. *Den* Schöpfungsakt gibt es also nicht, wohl aber die stete Wiederkehr von Schöpfung, Zerstörung und Schöpfung.

In diesem Sinne ist Brahma der Immer-wieder-Schöpfende. In bildlichen Darstellungen wird er gewöhnlich mit vier Köpfen dargestellt, die für die vier Epochen des Universums stehen. Nach vier »Yugas« wird das Universum – wieder einmal – zerstört. Für diese Arbeit ist der Gott Shiva zuständig.

Brahma wird in künstlerischen Darstellungen immer wieder auf einer Lotosblume sitzend gezeigt. Der Hindu versteht sofort: Aus dem Urgrund des Universums wächst ein Lotos. In der Blüte erwacht ein Jiva zu vollem Bewußtsein, der kann das Amt eines Brahma übernehmen und das Innere eines Universums schaffen. Von vierzehn Welten ist die Rede: sieben liegen unter der Erde, sieben darüber.

Was in blumiger Sprache als phantastischer Kosmos geschildert wird, stellt sich der Hindu physisch-real und geistig-symbolisch vor. Auf der einen Seite beschreiben die Kosmologien geographische Orte, also reale Planetenwelten. Auf der anderen Seite sind die unterschiedlichen Welten als verschiedene Ebenen des Bewußtseins zu verstehen. Eine gedankliche Reise zu den unterschiedlichen Welten ist somit gleichzeitig eine Reise in das Innere des Menschen selbst. Was vordergründig als eine Raumfahrt eines Astronauten zu fernen Planetenwelten begriffen werden kann, ist gleichzeitig die Einkehr in den Menschen selbst. Die Exkursion ist eine Studienreise in den Kern des Menschseins.

Das gilt auch für die Pilgerreisen, die im Hinduismus ähnlich bedeutsam sind wie religiös motivierte Reisen im Islam und im Katholizismus. Zahllose Tempel, die unzähligen Göttern geweiht sind, finden sich in Indien. Da Brahma ganz besonders geschätzt wird und über der menschlichen Bewunderung steht, sind ihm nur wenige Tempel geweiht.

Shiva versinnbildlicht die Gegensätze, die einander aufheben. Shiva entspricht nicht dem bösen Teufel des Christentums, er ist kein »böser Vernichter« aus Freude am Destruktiven, sondern jemand, der das Notwendige tut, damit sich das ewige Rad des Seins wieder und wieder drehen kann. Ewige Wiederholung von Vernichtung und Neuschöpfung sind der unveränderliche Kreis der Wirklichkeit.

Der dritte im Bunde ist Vishnu, der den Beinamen »Erhalter« trägt. In zahlreichen künstlerischen Darstellungen wird der mächtige Gott stolz auf dem Rücken seines Adlermenschen Garuda gezeigt. Manchmal hält er eine goldene Scheibe in der Hand: die Sonne. Oder er ist mit einer Keule bewaffnet, die symbolisch für die Kräfte der Natur steht. In zehn Verkörperungen tritt er auf. Vishnu ist der Lenker des menschlichen Schicksals, ohne daß er dem Menschen die Selbstverantwortung abnimmt. Der Mensch ist, wenn er sich nicht strebend bemüht, auf ewige Zeiten gefangen zwischen Vernichtung und Neuschöpfung. Er selbst muß diesem Zyklus entkommen wollen.

Die Pilgerreise gehört zu den zentralen Pflichten eines Gläubigen. Der Pilger entfernt sich aus seiner häuslichen Umgebung, wo ihn die alltäglichen Gewohnheiten von tiefer Beschäftigung mit religiösen Dingen abhalten. Zuhause ist der Mensch eher ein Gefangener seiner Lebensroutine als wirklich frei. Löst er sich aus dem Alltag, indem er sich auf Pilgerreise begibt, rücken religiöse Gedanken verstärkt ins Zentrum seiner Aufmerksamkeit. Diese Tendenz wird noch dadurch verstärkt, daß sich die Gläubigen Orte ausgesucht haben, die von großer Bedeutung für den eigenen Glauben sind.

Krishna bezwingt die Schlange Kaliya
Bhâgavata-Purâna-Manuskript
Indien, um 1640

Viele Esoteriker gehen davon aus, daß solche Wege, oftmals seit vielen Jahrhunderten genutzt, so etwas wie heilige Kraftlinien sind. Sei es nun Autosuggestion, sei es ein reales energetisches Phänomen: Pilger meinen, auf bestimmten Routen die Frömmigkeit unzähliger früherer Pilger spüren zu können.

Einem Hindu ist die Lehre von der christlichen Dreieinigkeit keineswegs fremd, sondern gewissermaßen religiöser Alltag. Vater, Sohn und Heiliger Geist sind Erscheinungsformen ein und desselben Gottes. Unzählige Götter Indiens erscheinen den Menschen in verschiedenen Avatars. So sind Krishna und Rama lediglich andere Verkörperungen Vishnus. Krishna, Rama und Shiva stehen im Zusammenhang mit ganz besonders wichtigen Pilgerreisen.

Die Stadt Varanasi genießt besondere Verehrung, weil hier – in der »Stadt des Lichts« – Shiva gelebt haben soll. Ayodhya gilt als Geburtsort Ramas. Und Mathura ist ein »Bethlehem« Indiens: Hier soll Krishna das Licht der Welt erblickt haben. Solche Orte werden schon seit Jahrtausenden als heilig angesehen und ziehen die Gläubigen magisch an. Indem sie Stätten aufsuchen, die für ihre Götter von großer Bedeutung waren, meinen die Pilger, sich sowohl räumlich als auch spirituell den altehrwürdigen Wahrheiten des Glaubens zu nähern.

Pilgerstätten haben aber für den gläubigen Hindu eine ganz andere Bedeutung als entsprechende Orte für Muslim und Christ. Für den Muslim ist Mekka eine zentrale Wirkungsstätte Mohammeds. Er nähert sich dem Propheten räumlich und geistig. Für den Christen stellt der Hügel von Golgatha eine geheiligte Station von Christi Leiden dar. Hier wurde der Heiland gekreuzigt. Hier starb der Mann aus Nazareth, der zum Messias für die Menschheit wurde. Mensch und Ort nähern sich an, bleiben aber nach wie vor getrennte Welten. Für den Hindu ist das vollkommen anders.

Der Hindu verehrt eine Vielzahl von Göttern, er ist dabei aber – auch wenn Jude, Christ und Moslem das völlig anders sehen – kein Anhänger des Vielgottglaubens (Polytheismus). Strenggenommen ist er aber ebensowenig Monotheist. Alle Gottheiten sind letztlich nur Erscheinungsformen – ja wessen? Etwa eines singulären Gottes wie Jahwe oder Allah?

Alles Sein steht für den Hindu in Verbindung. Alle Formen des Seins können Stationen der Wiedergeburt sein. Nichts geschieht zufällig, und nichts erfolgt gemäß der Willkür eines launischen Gottes. Dem Menschen stehen Regeln zur Verfügung. Je nachdem, wie er nach ihnen lebt, wird er wiedergeboren: als Stein, Pflanze, Insekt, Mensch oder Gott. Alle diese potentiellen Stationen sind durchweht von Brahman.

Ein im Hinduismus aufwachsendes Kind hört von den Eltern und Großeltern, daß es so etwas wie einen Weltgeist gibt. Diese göttliche, nichtmaterielle Substanz ist untrennbar mit allem Sein verbunden. Sie ist in allem gegenwärtig, wie etwa aufgelöstes Salz in Wasser. Es ist nicht zu sehen, aber am Geschmack leicht nachzuweisen und nicht so ohne weiteres wieder vom Wasser zu lösen. Dieser Vergleich wird schon seit vielen Jahrhunderten von weisen Männern des Hinduismus herangezogen. Uddalaka Aruni läßt seinen Sohn das Salzexperiment durchführen, um ihm den Begriff des Brahman plausibler werden zu lassen.

Der Lernende erkennt: Das Salz löst sich im Wasser auf. Es ist somit überall vorhanden. Wo man auch vom Wasser kostet, überall ist das Unsichtbare doch präsent. Uddalaka Aruni: »Ebenso (wie das Salz) kannst du auch das Seiende in deinem Körper nicht sehen, es ist aber dennoch darin enthalten. Aus diesem äußerst Subtilen besteht die ganze Welt. Das ist die wahre Wirklichkeit. Das ist Atman. Das bist du, Shvetaketu.« Es gibt also eine »wahre Wirklichkeit« im Hinduismus. Es gibt ein Geheimnis, das in allem verborgen ist: In allem ist Seele. Jede Seele ist Teil der »All-

Seele«. Aber Atman ist nicht nur Teil des Göttlichen. Der Mensch ist nicht sein physischer Körper. Er ist selbst das Göttliche.

Diese »All-Seele« – ein Vergleichswort, das die Bedeutung des Wortes eher nur annähernd trifft – ist göttlich. Teil dieser »Substanz« ist auch die individuelle Seele des Menschen. Die göttliche »All-Seele« zeigt sich in unendlich vielen und unterschiedlichen Variationen, auch in Gestalt zahlreicher Götter. Sie ist aber auch in der kleinen Ameise, im Kuhfladen oder im Auge des Elefanten. In Indien etwa wächst jedes Kind mit diesem Wissen auf. Aber versteht ein Kind diese Information? Ob Kind, ob Erwachsener, niemand ist dazu in der Lage, die »höchste Wahrheit« mit seinem Intellekt zu erfassen, mag der Verstand noch so geschult sein.

Nur in mystischer Ekstase wird dieses Wissen begreifbar. Manchmal geschieht dies, wenn sich der Pilger von den Ablenkungen des täglichen Einerleis entfernt und eine Reise zu einem heiligen Ort antritt. Hier, wo vielleicht vor vielen Jahrhunderten ein Gott lebte, können Erlebnisse erfolgen, die auf der geistigen Ebene geschehen. Voraussetzung dafür ist die Versenkung in den Glauben. Die heiligen Pilgerstätten bieten oft ideale Voraussetzungen für so eine geistig-religiöse Versenkung. Sie liegen oft auf Bergen, wo man physisch dem Himmel näher ist, oder sie befinden sich an Flußufern oder am Meer.

Ziel von Millionen von Pilgern ist der Ganges, der nach der Flußgöttin Ganga benannt wurde. Hier begegnen sich Hindus aller Kasten so wie die Muslime bei ihrer Pilgerreise zu den heiligen Stätten des Islams: Gesellschaftliche Unterschiede sind bedeutungslos geworden. Alle Menschen sind in ihrer Suche gleich. Im Wasser des heiligen Stroms werden auch die schlimmsten Sünder rein.

Alle Pilger aller Religionen entdecken ein Geheimnis, das nur leibhaftig, nicht aber aus Büchern oder Erzählungen erfahren werden kann. Am Ende der längsten Pilgerreise findet der Mensch zu sich. Für den Hindu aber ist dieses Ich, das er an heiligen Orten zu erkennen versucht, göttlich. Er begnügt sich nicht damit, sich dem erhabenen, fernen Göttlichen nur etwas anzunähern. Er versucht, das Göttliche in sich selbst zu spüren und wahrzunehmen.

Das Leben des suchenden Hindu ist letztlich eine einzige Pilgerreise. Die ersehnte Belohnung winkt nur wenigen Menschen im Leben, doch das läßt den Hindu nicht in Depression verfallen. Er weiß ja: Je mehr er sich bemüht, desto näher ist die Erleuchtung. Sie ist aber keine Gnade, die dank einer willkürlichen Entscheidung eines Gottes zuteil wird, sondern das Ergebnis eines langwierigen Prozesses, der für jeden Hindu anders aussieht. Selbstdisziplin, Auferlegung von qualvollen Anstrengungen und bewußte Entäußerung sind die Stationen des schwierigen Weges. Daß es diesen Weg gibt, erfüllt jeden gläubigen Hindu mit Zuversicht und Freude. Alle Mühsal und Qual eines noch so ärmlichen Lebens kann er hinnehmen. Das ist der Grund dafür, daß manche Hindus trotz unerträglich scheinender Lebensumstände ein Lächeln der hoffnungsvollen Zufriedenheit ausstrahlen. Für den materialistisch orientierten Europäer oder Amerikaner, der Zufriedenheit und Glück in erster Linie als die Anhäufung materieller Güter versteht, ist so ein Verhalten unbegreiflich. Materieller Reichtum ist für den gläubigen Hindu Ballast, der am Aufstieg in höhere Reinkarnationen hindert.

Den Kontakt mit dem Göttlichen in ihm selbst versucht der Hindu auch im Gottesdienst aufzunehmen. Seine Vorstellung von einer sakralen Zeremonie unterscheidet sich drastisch etwa von der eines Christen. Der Christ geht sonntags in die Kirche und absolviert ein Programm, das man ihm bietet. Für den Hindu ist letztlich das gesamte Leben Gottesdienst: Befolgen von klaren

Regeln, Streben nach Vervollkommnung dient dem Göttlichen. Er kennt aber auch die religiöse Zeremonie. Allerdings begibt er sich zu diesem Zweck nicht immer wie der Jude in die Synagoge oder der Muslim in die Moschee; er feiert den Gottesdienst vorwiegend zu Hause und begeht ihn (»Puja«) an seinem eigenen Altar. Hier hat der Gläubige Bilder oder Statuetten seiner Lieblingsgötter aufgestellt.

Vor diesem Schrein spricht der Hindu ein Gebet. Es dient nicht der Übermittlung von Wünschen oder Danksagungen an die göttliche Welt, sondern der Kontaktaufnahme mit dem Göttlichen. Das geschieht durch das möglichst weite Zurückdrängen des Intellekts durch starke Konzentration auf stetige Wiederholungen kurzer Formeln, Mantras genannt. Die Gedanken sollen so von allem Alltäglich-Konkreten weggeführt werden hin zu einer offenen Geisteshaltung. Am häufigsten wird ein tiefes, lang anhaltendes »Om« halb gesungen und halb gesprochen.

Mantras sind entweder sehr kurze Sprüche oder auch nur einzelne kurze Silben, die ständig wiederholt werden. Dabei kommt es nicht auf den Sinn einzelner Worte oder Silben an. Bedeutung hat ausschließlich der Klang, der durch das stetige Repetieren entsteht. Man kann von ganz bestimmten Frequenzen oder Schwingungen sprechen, die bestimmte Zentren des Hirns aktivieren. Vier Meditationsziele stehen im Mittelpunkt: Gerechtigkeit, Wohlstand, Erfüllung von Wünschen und Erlösung.

Eines der großen Geheimnisse des Hinduismus ist der Ton. Der Hindu glaubt daran, daß das Mysterium der Welt im Urton zu finden ist. Wissenschaftlich ausgedrückt: Untersucht der moderne Gelehrte die Materie, so stellt er fest, daß im atomaren Aufbau eigentlich die Leere überwiegt, also das Nichts. Materie ist nicht mit Masse gefüllter Raum, sondern Schwingung. Da alles Schwingung ist, ist der Ton ideales Sinnbild für alles Sein.

Denn selbstverständlich ist ja auch jeder Ton nichts anderes als Schwingung. Die Art der Schwingung bestimmt die Art des Tons.

Das visuelle Gegenstück zum akustisch wahrzunehmenden Mantra ist das visuelle Yantra. Ahnungslose Europäer belustigen sich gern ob der Schlichtheit von Mantras. Sie belächeln auch gern die schlichte Einfachheit von Yantras. Diese Bilder bestehen aus immer wiederkehrenden, sozusagen rhythmisch angebrachten Symbolen. Yantras sind letztlich nichts anderes als sichtbar gemacht Mantras.

Weise Inder wußten schon vor vielen Jahrhunderten, daß das Geheimnis allen Seins die Schwingung ist. Moderne Wissenschaftler kennen diesen Sachverhalt erst seit Jahrzehnten.

Schließlich, nach weiteren solchen Mantras, erfolgt das Opfer für einen bestimmten Gott. Je nach finanziellen Möglichkeiten fällt es großzügig oder bescheiden aus. Es gilt: Die fromme Absicht zählt, nicht der Preis der Gabe. Süßigkeiten, Geldscheine oder Münzen werden vor das Bildnis oder vor die Statuette eines Gottes gelegt. Manchmal werden auch die Lippen einer Götterstatue mit Milch benetzt.

Es ist nur zu gut verständlich und konsequent, wenn die meisten Gottesdienste zu Hause bei den Gläubigen ohne priesterlichen Beistand stattfinden. Warum sollte man auch ständig in den Tempel eilen, wenn doch das Göttliche überall ist, ja, wenn man es in sich selbst trägt? Trotzdem gibt es auch den »Mandir«, den im Tempel abgehaltenen Gottesdienst.

Es bedarf spezieller Vorbereitungen, um an einer solchen Feier teilnehmen zu dürfen. Bevor man zu den heiligen Zeremonien zugelassen wird, muß man sich rituell vom Alltag verabschieden. Auch soll der Alltagsschmutz nicht in den Tempel getragen werden, weshalb besondere Reinigungszeremonien durchgeführt werden, wie etwa das Waschen der Füße. Auch der Mund wird gespült, um ihn zu reinigen, denn hat man ihn nicht im Alltag durch böse Worte beschmutzt? Zur Vorbereitung auf den Gottesdienst gehört es ebenso, ganz bestimmte Speisen zuzubereiten.

Schließlich beginnt der eigentliche Gottesdienst. Der Priester, stets ein Brahmane aus der höchsten Priesterkaste, leitet ihn. Er predigt nicht, sondern er rezitiert aus den heiligen Texten. Wie der Laie bei seiner häuslichen Zeremonie, artikuliert auch er monotone Mantras. Die zur Vorbereitung auf den Gottesdienst angerichteten Speisen werden vom Priester gesegnet. Ein Teil davon wird den Götterdarstellungen dargeboten. Heilige Gebetslampen werden entfacht.

Am Ende der Zeremonie steht das Aufteilen des Essens: Gemeinsam betet und ißt man. So ergibt sich ein Zusammen gehörigkeitsgefühl unter den Gläubigen im Hinduismus, der sich nicht strikt gegenüber anderen Konfessionen abgrenzt. Im Hinduismus gibt es *nicht* die Unterscheidung zwischen »falschem« und »richtigem Glauben«. Man unterscheidet auch nicht zwischen Glauben und Alltag. Für den gläubigen Christen, zum Beispiel, ist das Befolgen von Jesu Aufruf zur Nächstenliebe die Folge des Glaubens. Der Christ sagt: »Ich glaube an Jesus Christus, also gehorche ich seinem Gebot der Nächstenliebe!« Der Hindu denkt anders. Für ihn sind Glauben und Handeln nicht voneinander zu trennen. Das Leben als solches ist für ihn der Glaube selbst, nicht die Konsequenz aus dem Glauben. Der Hindu lebt in jeder Sekunde seines Daseins Glauben. Zwei Varianten sind denkbar:

– Entweder: Man kann als Hindu der Welt entsagen und so zu höherer Erkenntnis gelangen. Der höhere Wissensstand führt zu Erkenntnissen, die es ermöglichen, dem Nirvana näher zu kommen.
– Oder: Man führt ein Leben unter Verzicht auf egoistische Wünsche, handelt in jedem Moment pflichtgemäß und in

Liebe zu Gott. Liebe zu Gott ist nur möglich, wenn sie mit Liebe zum Mitmenschen einhergeht.

Überall ist die göttliche All-Seele, sagt der Hindu. Sie ist wahrhaftig unendlich und tatsächlich unbegrenzt. Theoretisch könnte man mit dieser Kraft ein paradiesisches Leben der Glückseligkeit führen – wenn nicht diese mystische Kraft verschüttet wäre. Das unbeschreiblich Mächtige ist es, was letztlich jeder Gläubige jeder Religion sucht. Das große Geheimnis aller Religionen ist – für den Hindu – die Erkenntnis, daß man nicht ans Ende des Universums reisen muß, um diese Kraft zu finden. Man muß auch nicht auf vom Himmel herabsteigende Götterboten warten, um diesen Quell allen Seins öffnen zu lassen. Er ist in jedem einzelnen Menschen.

Heinrich Zimmer hat es in seinem Werk »Philosophie und Religion Indiens«[16] auf den Punkt gebracht: Demnach sehnt sich jeder Mensch nach der erquickenden Lebenskraft. Im jahrtausendealten Gilgamesch-Epos wird diese Suche plastisch geschildert. Der Held reist ans Ende der Welt, ja darüber hinaus. Auch der Mythos vom Heiligen Gral mag ähnlichem Denken entwachsen sein. Aber das, was alle suchen, ist nicht weit entfernt, sondern sehr nah. Wir alle leben »am Rande des unendlichen Meeres der Lebenskraft. Wir tragen sie alle in uns: die höchste Kraft – die Fülle der Weisheit.«

Es ist aus der Sicht des gläubigen Hindus keineswegs tragisch, sondern vielmehr beglückend, daß diese Kraft »drunten im finsteren, tiefsten Gewölbe unseres Wesen, in der vergessenen Brunnenstube, der tiefsten Zisterne« zu finden ist. Gewiß, es ist scheinbar fast unmöglich, sie zu erreichen. Heinrich Zimmer fragt: »Wie wäre es, wenn man sie wieder entdeckte und daraus unaufhörlich schöpfen könnte?« Ja, was wäre dann? Der Europäer neigt eher zum Pessimismus: Was für ein Pech. Zu große Hindernisse trennen mich vom Ziel! Was nützt es mir, daß es da tief verschüttet eine kostbare Quelle geben soll? Ich bin ja wohl viel zu schwach, um zu ihr vorzustoßen! Der Hindu hingegen denkt: Gewiß, viele Hindernisse trennen mich vom Ziel! Aber was soll's! Ich beginne sofort damit, mich dem Ziel zu nähern. Auch wenn ich ihm nur einen Millimeter näher komme, so ist das doch schon ein Erfolg! Viele Leben müssen vielleicht noch durchlaufen werden. Aber am Ende werde ich dann endlich mein Ziel erreichen! Was für ein Glück!

Der gläubige Buddhist wie der überzeugte Hindu sehen vieles im Leben als Pein an. Was dem Europäer als erfreuliche Annehmlichkeit erscheinen mag, ist dem Buddhisten wie dem Hindu eine Last, die den Menschen ans Erdenleben fesselt und ihn daran hindert, zu höheren Daseinsformen emporzusteigen. Der wissende Mensch ächzt unter seinem schweren Joch. Der Europäer trachtet nach weiteren Annehmlichkeiten, die der Buddhist wie der Hindu aber als Verschlimmerung der Lage, nicht als Erleichterung sehen. Wer sich von den Fesseln des Daseins befreit, so glaubt er, wird frei und glücklich. Verzicht und Askese werden nicht als selbstauferlegter Schmerz empfunden, sondern als Befreiung begrüßt.

Dies wird aus einem Wort Krishnas deutlich, das in der Bhagavadgita (Kapitel 5, Vers 21) überliefert ist: »Solch ein befreiter Mensch fühlt sich weder zu materieller Sinnenfreude noch zu äußeren Objekten hingezogen, sondern befindet sich immer in Trance und genießt Freude im Innern. Auf diese Weise genießt der Selbstverwirklichte unbegrenztes Glück, denn er konzentriert sich auf den Höchsten.«

Ein zentraler Weg, um das falsche Joch gegen das richtige Joch auszutauschen, ist für den Hindu Yoga. Was für einen Bedeutungswandel machte die Vorstellung von Yoga im Laufe der Jahrhunderte durch! In Amerika und Europa denkt man heutzutage an gymnastische Verrenkungen der anspruchsvollen Art, wenn man den Terminus »Yoga« hört. Yoga wird an zahlreichen Volkshochschulen gelehrt. In möglichst wenigen Lektionen wollen emsige Schüler etwas für einen geschmeidigeren Körper tun.

Yoga ist im Hinduismus tief verwurzelt. Yoga-Praktiken entsprechen sehr dem Naturell des Hindu. Der Hindu ist sehr geduldig. Er denkt an seine Weiterentwicklung im Zeitraum unendlich vieler Wiedergeburten. Dieses Naturell findet seine Entsprechung im Yoga. Yoga ist keine Angelegenheit, die man sich in kurzer Zeit aneignen kann und die man dann schnell beherrscht; es ist vielmehr ein steter Prozeß, der nie endet. Wer mit Yoga auf physischer wie psychischer Ebene etwas erreichen will, der muß die Bereitschaft mitbringen, in langen Zeiträumen zu denken.

So positiv, wie der Ausdruck »Yoga« heute besetzt ist, war er nicht immer. Jahrhundertelang blickten Europäer schaudernd nach Indien. Wohliges Grausen erzeugte Phantasien von wilden, barbarischen Menschen. Wenn sie nicht gerade damit beschäftigt waren, sich hemmungslosen sexuellen Exzessen hinzugeben, dann quälten sie sich mit den verrücktesten Verrenkungen, die jeden Gummimenschen im Zirkus vor Neid blaß werden ließen.

Yoga und Joch haben eine gemeinsame sprachliche Wurzel. Beide Begriffe werden jedoch grundlegend unterschiedlich definiert. Yoga ist für viele Europäer eine besondere Form der körperlichen Übung. Es gilt dabei, Kontrolle über den Körper auszuüben. Doch auch in Europa und Amerika wird eine psychisch-spirituelle Seite des Yoga gesehen: als ein Weg der Harmonisierung, um auf eine besonders meditative Art zur Ruhe zu finden und ausgeglichen zu sein. Für den Hindu ist Yoga weit mehr.

Der Europäer kennt den Terminus Joch nur in negativer Bedeutung. Jemandem wird ein Joch aufgelegt, was bedeutet: Ihm wird eine Last aufgebürdet. Er wird seiner Freiheit beraubt und um die Unabhängigkeit gebracht. Er entscheidet nicht mehr selbst über sein Schicksal. Das tun dann andere, so wie der Bauer über Wohl und Wehe eines Ochsen bestimmt, den er unter das Joch spannt.

Schon Jahrtausende galt es in Indien als Ziel der Spiritualität, ein falsches Joch abzulegen. Die Wünsche und Sehnsüchte, die den Menschen fesseln, gelten als das falsche Joch. Das richtige Joch legt sich der Mensch selbst freiwillig auf – auch als Yoga. Das Ziel des Inders dabei ist es nicht, besonders beweglich und attraktiv zu werden. Yoga ist für ihn keine Modeerscheinung, sondern eine jahrtausendealte Kunst, die es schon lange Zeiten vor dem Hinduismus als Religion gab. Offensichtlich wurde die Kunst des »Jochs« bereits im zweiten und dritten Jahrtausend v. Chr. praktiziert. Siegel aus jener Zeit, gefunden im Industal im heutigen Pakistan, belegen, daß bereits damals Yoga praktiziert wurde. Nach Hindu-Interpretation zeigen einige der uralten kunstvollen Darstellungen Gott Shiva, den Herrn der Tiere und des Yoga.

Der Hindu will sein Denken unter die eigene Kontrolle bringen. Das Denken reguliert die Abläufe im Körper. Der Yoga-Betreibende will diese Abläufe selbst steuern können. In Kapitel 6 der Bhagavadgita (Verse 20 bis 23) wird verdeutlicht, was mit dem Yoga-Schüler geschieht: »Auf diese Weise erfährt er ewiges Glück im Innern, und dieses Glück liegt jenseits aller Sinnenfreuden. Durch diese Erfahrung weicht er niemals mehr von seiner eigenen Natur ab und erkennt, daß es keinen größeren Gewinn gibt. Selbst inmitten größter Schwierigkeiten gerät er niemals ins Wanken. Dieses Bewußtsein bedeutet wirkliche Freiheit von allen Leiden, die aus der Berührung mit der materiellen Natur entstehen. Ein solch vollkommener Zustand wird als Yoga bezeichnet. Man sollte Yoga mit Ausdauer und Entschlossenheit praktizieren.«

Es entstand Hatha-Yoga als Vorstufe des spirituellen Yoga. Selbstkontrolle des Körpers war kein Selbstzweck, sondern die Vorstufe zur geistigen Selbstkontrolle. Die geistige Selbstkontrolle soll es ermöglichen, die Fesseln zu lösen, die den Menschen an die physische Ebene binden. Ans Wundersame grenzende Kunststücke – wie lange Zeit in einem Sarg beerdigt zu überleben – bedeuten eher einen Mißbrauch der Fähigkeiten. Die geistige Selbstkontrolle soll aber auch dem Hindu helfen, geistige Hindernisse aus dem Weg zu räumen. Er will das verschüttete All-Geistige in sich aufsteigen lassen, bewußt Teil des Unbegreiflichen sein und alle Grenzen bedeutungslos werden lassen.

Der Hindu strebt nach Vervollkommnung seines geistigen Potentials. Gelingt ihm dies, verfügt er über Kräfte, die an Zauberei erinnern. Benutzt er diese Kräfte aber zum Beispiel, um Schwarze Magie zu betreiben oder auch nur um Bewunderung und Neid zu ernten, befindet er sich auf dem falschen Weg. Der ehemalige indische Staatspräsident Dr. S. Radhakrishnan erklärte über die Möglichkeiten des Yogatreibenden Menschen: »Die Beherrschung des Körpers durch besondere Sitzhaltungen führt zur Gleichgültigkeit hinsichtlich der Extreme Hitze und Kälte … Der Yogi vermag auf Entfernung zu sehen und zu hören … Die Übertragung des Denkens vom einen zum andern ohne Verwendung und Zwischenschiebung der gewöhnlichen Hilfsmittel zur Kommunikation ist durchaus möglich. Der Yogi kann seinen Leib unsichtbar machen.«

Der Hindu versucht, durch die Beherrschung der äußeren (der leiblichen) und der inneren (geistig-spirituellen) Natur, seine Seele in die göttliche Vollkommenheit zurückzuführen.

Mannigfaltig wie der Hinduismus in seinen vielen Varianten sind die Wege des Yoga. Hatha-Yoga strebt danach, nach und nach die acht Stadien der körperlichen Gewandtheit zu erreichen, um auf diesem Wege zu einem höheren Bewußtseinsstand zu kommen. Raja-Yoga konzentriert sich auf die Körperhaltung, begleitet von strikter Atemkontrolle. Der Könner kann sich so weitaus besser konzentrieren, verglichen mit ausschließlich bewußtem Geistestraining. Der Meister vermag viel: Sein Leib und seine Funktionen werden in unglaublichem Maße bewußt gesteuert. Seine Meditation ist nicht mehr nur ein kleiner Ausflug in die ungestörte Ruhe. Er drängt störende Gedanken zurück und läßt sie verschwinden. Das »leere« Bewußtsein ist nun offen für den Allgeist.

Yoga ist ein Spiegelbild des Hindu-Weges. Der Weg des Hindu zu seinem göttlichen Selbst erfolgt wie das Vorwärtskommen des Yoga-Schülers in vier Phasen:

- Phase 1: Brahmacharia. In diesem Abschnitt lebt der Hindu enthaltsam. Er verzichtet auf Vergnügungen und jegliche Zerstreuung. Er konzentriert sich auf das Geistige und meidet die Ablenkung.
- Phase 2: Vanaprastha. Der Hindu sucht die Einsamkeit. Er meditiert und studiert in der Ruhe.
- Phase 3: Grahasta. Der Hindu ist schon ein Stück seines Weges gegangen. Jetzt hält er Freunde und Familienmitglieder dazu an, auch den Weg eines suchenden Hindu einzuschlagen.
- Phase 4: Sannya. Der Lernende hat begriffen, daß Verzicht auf eigenen Gewinn den höchsten Gewinn verschafft. Reine Selbstlosigkeit prägt diese Phase.

Für den Hindu ist Yoga nur am Rande eine körperliche Übung. Wer den geistig-seelischen Aspekt von Yoga leugnet, hat weder Yoga noch den Hinduismus verstanden. Yoga ist für den Hindu der Weg des Menschen zum Göttlichen: und zwar des einzelnen Menschen. Deshalb gibt es letztlich genauso viele Varianten des Hinduismus, wie es Hindus und Nichthindus gibt. Für unterschiedliche Menschen unterschiedlicher Wesensart bietet der Hinduismus unterschiedliche Wege.

Der vielgestaltige Hinduismus bietet individuelle Yoga-Wege an. Es wird zwischen vier Menschentypen unterschieden: Der denkende Mensch, also der Logiker, stellt Typ 1 dar. Typ 2 ist der Gefühlsmensch. Typ 3 ist der aktiv Handelnde. Typ 4 ist der Experimentierfreudige. Für jeden dieser vier Menschentypen ist eine besondere Art des Yoga vorgesehen. Da viele Menschen nicht eindeutig einer bestimmten Gruppe zugeordnet werden können, gelten für sie wiederum Mischformen verschiedener Yoga-Arten.

Der Logiker (Typ 1) soll durch Jnana-Yoga lernen, daß es neben dem vordergründig Begreifbaren und Fühlbaren das größere Selbst gibt. Der Schüler betreibt Yoga und liest die Schriften der Weisen. Er meditiert über sein alltägliches Reden. Zum Beispiel, was kennzeichnet »mein«? Mein Besitz sagt, daß mir etwas gehört. Ich bin aber nicht identisch mit dem Besitz. »Mein Geist« besagt für den Hindu: Ich habe Geist, bin aber nicht identisch mit meinem Geist. Der Körper verändert sich mit dem Altern, und doch ist der Mensch er selbst geblieben. Gibt es also etwas in der Natur des Menschen, das dauerhaft ist – im Gegensatz zu allem Vergänglichen der menschlichen Natur? Ist dieses Dauerhafte mit der »Person« identisch? Aufschlußreich ist der Begriff »Person«. »Persona« stammt aus dem Lateinischen, damit war nicht der Mensch gemeint, sondern die Maske eines Schauspielers. Hinter der persona verschwand das wahre Ich des Akteurs. Die persona war nur eine aufgesetzte Rolle. Der Logiker lernt, Distanz zu seiner Person zu gewinnen und zu unterscheiden zwischen seiner Rolle, die er spielt, und dem göttlichen Allgeist.

Der Gefühlsmensch (Typ 2) betreibt Bhakti-Yoga. Der Hindu sieht das christliche Doppelgebot der Liebe als Kurzfassung seines eigenen Glaubens an: Der Christ, so forderte Jesus, soll Gott lieben und seinen Nächsten wie sich selbst. Damit verschwinden die Grenzen zwischen dem Fremden, dem Selbst und Gott. Alles ist Gott. Wer dem Fremden wie sich selbst Liebe entgegenbringt, der liebt auch Gott, ist doch Gott im Selbst. Der Gefühlsmensch lernt nicht über den Intellekt, sondern über die Liebe Gott kennen – in sich selbst und überall.

Der aktiv Handelnde, der Tatmensch (Typ 3), nutzt Karma-Yoga. Wiederum ist es ein uraltes christliches Prinzip, das dem Europäer einen hinduistischen Weg verstehen lernen hilft. »Ora et labora!« war eine alte Mönchsregel: »Bete und arbeite!« Der Tatmensch lebt in der Aktion. Auf dem Weg zum Hindu meditiert er über seine Arbeit. Er überdenkt, was ihm persönliche Anstrengung einbringt. Ist das Anhäufen materieller Güter wirklich das höchste Glück? Aus egoistischem Tun wird so Hingabe. Aus dem Handeln für persönlichen Gewinn wird selbstloses Tun. Das Tätigsein erwartet keinen persönlichen Gewinn mehr. Es ist eine Hingabe an das Übergeordnete. Der Hindu identifiziert sich bei aller Bescheidenheit mit dem Übergeordneten. Es steht ihm nicht mehr fremd gegenüber, ist kein separates Anderes. Der Hindu erkennt, daß er selbst Teil dieses Übergeordneten ist.

Der Experimentierfreudige (Typ 4) hält wenig davon, mit vorgefaßter Meinung und mit fertigen Formeln und Lehren ins Leben zu schreiten. Er möchte immer alles selbst in Erfahrung bringen. Es reicht ihm nicht, zu lesen, wie es im tiefsten Inneren seines Selbst aussieht. Er möchte in sein Inneres hinabsteigen und selbst ergründen, was da zu finden ist. Raja-Yoga hilft ihm dabei.

Man kann Raja-Yoga als einen langen Tunnel sehen, der geistiger Natur ist und eigentlich jedem Menschen offensteht. Man muß eine ganz bestimmte Bewußtseinsform erreichen, um ihn durchschreiten zu können. Sein Eingang liegt zwischen zwei Extremen. Das eine Extrem ist körperliches Unwohlsein und Unbehagen.

Das andere Extrem ist vollkommene Entspannung, die den Menschen – so er sie erlangt hat – einschlafen läßt. Es gilt, das Körperbewußtsein auszuschalten, so daß es nicht mehr ablenken oder stören kann. Es gilt weiter, so weit wie möglich zu entspannen, ohne dabei einzuschlafen. Erreicht man – nach vielen Jahren der Yogameditation – diese Ausgewogenheit, kann man den Tunnel zum Jenseits im Ich betreten.

Die fünf Sinne des Menschen sind im Normalfall nach außen gerichtet – des physischen Überlebens willen. Um auf äußere Gefahren reagieren zu können, muß man sie rechtzeitig wahrnehmen und erkennen. Die Sinne arbeiten wie Sensoren und schicken dem Hirn entsprechende Signale. Das Hirn wiederum läßt den Menschen je nach Situation reagieren. Da die Sinne nach außen gerichtet sind, entzieht sich ihnen die Welt im Inneren des Menschen. Der Hindu strebt aber zur inneren Wirklichkeit. Will er sie wahrzunehmen, muß er die störenden fünf Sinne ausschalten. Erst dann hat er die Möglichkeit, die Reise ins eigene Ich anzutreten. Darüber hinaus bedarf es einer Schulung der Atemtätigkeit, die den Meditierenden sonst aus dem Schwebezustand der Meditation herauszureißen droht.

Meditierend reist der Experimentierfreudige durch die verschiedenen Schichten seines Ichs. Ganz oben liegt das Physisch-Körperliche. Darunter folgt das Bewußtsein unseres Geistes. Eine weitere Schicht darunter gelangt man in die Schicht des individuellen Unbewußten. Hier endet die Reise, wenn man sich an die Psychoanalyse hält. Der gläubige Hindu hingegen setzt seine Reise weiter fort. Sie führt ihn in die vierte Schicht, in das Allbewußtsein.

Wann ist der Mensch reif und in der Lage dazu, diese tiefste Seinsschicht zu erreichen? Katha-Upanishad gibt Auskunft: »Wenn die fünf Instrumente der Erkenntnis (gemeint sind die fünf Sinne) und das Denken ihre Tätigkeit eingestellt haben und die Intelligenz sich nicht mehr rührt, dann nennt man das den höchsten Zustand.«

Was sich in wenigen Worten leicht ausdrücken läßt, ist in der Praxis äußerst schwer zu verwirklichen. Voraussetzung ist enorme Geduld und langjähriges Üben und Studieren. Die schnelle Abkürzung, die gelegentlich von dubiosen Gurus propagiert wird, dient in der Regel nicht dem Anwachsen des Bewußtseins beim Schüler, sondern dem Kontostand des Gurus.

Der Christ wie der Muslim glauben an eine Auferstehung der Toten, die dann vor dem Jüngsten Gericht beurteilt werden. Je nachdem, wie der Mensch gelebt hat, fällt sein weiteres Schicksal aus. Hat er ein gottgefälliges Leben geführt, wartet auf ihn ein glückseliges Dasein im Jenseits. Für den Hindu gibt es ebenfalls die Hoffnung auf eine andere Welt nach der unseres irdischen Daseins. Wann er sie betreten kann, hängt von ihm selbst ab. Er selbst entscheidet durch sein Handeln, ob er sich erneut durch weitere irdische Tretmühlen der Wiedergeburt hindurchquälen muß – oder ob er endlich in das grenzenlose Sein, in das Jenseits eintreten darf. Dieses Jenseits wird aber nicht durch einen göttlichen Willensakt initiiert. Es liegt, je nach persönlichem Bemühen, nah oder fern, aber für jeden Menschen erreichbar, jenseits des Zeitenhorizonts in der Zukunft.

Das erstrebte Fernziel ist immer präsent. Der Hindu entdeckt sein Jenseits, sobald das seine eigene Entwicklung zuläßt – in seinem eigenen Innersten. Nach Vollendung einer oft mühsamen, sehr anstrengenden und auch häufig frustrierenden Reise findet er schließlich zu sich selbst zurück. Das Paradies liegt in ihm selbst.

6. DER TAOISMUS: VON DER SUCHE NACH HARMONIE

Im Jahr 1260 reiste Niccolò Polo, der Vater des berühmten Marco Polo, nach Asien. Zusammen mit seinem Bruder suchte er neue Handelspartner. In Asien angekommen, wurden die Kaufleute vom Großkhan Kublai empfangen und erhielten eine Einladung an den kaiserlichen Hof von China. Dort erwies man ihnen höchste Ehren. Der Kaiser höchstselbst befragte die Fremden. Wie sieht es politisch aus in Europa? Woran glauben die Menschen? Wie sind die Staaten organisiert? Wie bestimmt die Religion das Leben der Menschen?

Besonders beeindruckt schien der Kaiser von der katholischen Kirche zu sein. Er diktierte eine Grußbotschaft an den Heiligen Vater zu Rom. Er schlug vor, der Papst möge einhundert gebildete Christen nach China entsenden: um mit Chinesen zu diskutieren. Sollten sie den Kaiser überzeugen, würde das Reich der Chinesen geschlossen zum Christentum übertreten. 1269, wieder in Europa, mußten die Gebrüder Polo erst die Wahl von Gregor X. zum Kirchenoberhaupt abwarten, bis sie ihm der Brief aus dem fernen China aushändigen konnten. Einhundert reisebereite kluge Christen für die Diskussionen vor dem Kaiser fanden sich aber nicht. Der Papst gab den Polos einen Brief und zwei Mönche mit.

1271 machten sich die beiden Brüder Polo wieder nach China auf. Mit dabei waren der siebzehnjährige Marco Polo und die beiden Mönche. Die beiden Kirchenmänner flohen aber, kaum

Bronzespiegel mit dem Yin-Yang-Symbol und den Acht Trigrammen in der Mitte, am Rand ein magischer Spruch
Steinabreibung
Tang-Dynastie

daß die Reisegesellschaft in China angekommen war. Die beiden Kaufleute kümmerten sich ausschließlich um Handelsabschlüsse. Marco Polo verband das Nützliche mit dem Interessanten: Er bereiste das Riesenreich mehr als Forscher denn als Kaufmann. Staunend bewunderte er die fremde Welt und durchstreifte die Metropole Hang-tschou, das »chinesische Venedig«. Dagegen nahm sich die europäische Stadt geradezu ärmlich aus. Mehr als zehntausend Brücken führten über Hunderte von künstlichen Wasserläufen. Der modern ausgebaute Hafen bot etwa fünfzehntausend Schiffen Platz. Gewaltige Mengen von Handelsgütern wurden angeliefert. Schiffe wurden im Eiltempo entladen und mit neuen Waren bestückt. Rege wurde Handel getrieben. Emsig nahmen diensteifrige Beamte gewaltige Summen an Gebühren und Steuern ein. Eine Art Papiergeld gehörte zum Alltag, da die Goldwährung sich als unpraktisch erwiesen hatte.

Als Marco Polo Jahrzehnte später, Ende des dreizehnten Jahrhunderts, seinen europäischen Landsleuten von unglaublichen Abenteuern durch das ferne chinesische Weltreich berichtete, glaubten ihm viele seiner Zeitgenossen nicht. China galt als das Land ungläubiger Menschen! Wie konnten die auch nur den Hauch von Kultur besitzen? Wie sollte es möglich sein, daß es diesen Heiden besser ging als frommen Christenmenschen?

Heiden waren die Chinesen in der Tat aus Sicht der christlichen Europäer. Ungläubige aber waren sie nicht. Fast ein halbes Jahrtausend vor Christus entstand in China die Religionsphilosophie des Taoismus. Unbekannte weise Philosophen schufen ein Glaubenssystem, das Religion und Lebensphilosophie zugleich ist. Im dritten oder zweiten Jahrhundert v. Chr. soll Laotse das Werk »Tao te King« geschaffen haben. Es ist letztlich belanglos, ob es Laotse als historischen Menschen wirklich gegeben hat. Die neuere Forschung neigt inzwischen zu der Annahme, daß es sich um eine fiktive Person gehandelt hat. Doch gleichgültig, ob ein einzelner Unbekannter oder eine Gruppe von Denkern das Tao te King schufen, noch heute wird es als die »Bibel« des Taoismus angesehen.

Da heißt es (Buch 2, Kapitel 78): »Nichts ist in der Welt weicher und schwächer denn das Wasser, und nichts, was Hartes und Schwaches angreift, vermag es zu übertreffen. Wasser ist gut, allen Wesen zu nützen, und streitet nicht. Es bewohnt, was die Menschen verschmähen. Darum ist es nahe dem Tao.«

Das Tao ist das Universalprinzip, nach dem der Ablauf aller irdischen Dinge geregelt wird. Woher stammt dieses Prinzip? Darüber gibt Tao te King keine Auskunft. Das Tao ist, obwohl selbst nicht existent, die Grundlage allen Seins. Es gibt also zwei einander berührende Wirklichkeiten: Das eine existiert nicht mehr, das andere existiert schon. Die Übergänge sind fließend.

Das Tao ist eine Art regulierende Geistenergie. Europäisch-wissenschaftlich ausgedrückt: Das Tao steckt hinter der nach Darwin benannten Evolution. Wenn am Anfang das Chaos ist, dann bliebe dieses ungeordnete Durcheinander auf alle Zeiten so, wenn das Tao nicht regulierend eingreifen würde. Gibt man dem Tao ausreichend Zeit, dann reguliert es alle Dinge ordnend so lange, bis absolute Vollendung erreicht wird. Auf Darwins Evolutionstheorie übertragen heißt es: Am Anfang war das Chaos. Hinzu kam, wie in der Bibel verlautet (1. Buch Mose Kapitel 1, Verse 1 und 2): »Gott war es, der im Anfang den Himmel und die Erde schuf! Die Erde aber, sie war wüst und leer, Dunkelheit lag über dem Meer, und der Geist Gottes, er schwebte über den Wassern.«

Mit dem Tao – oder dem »Geist Gottes« – kam die ordnende Kraft in die Schöpfung. Von diesem Anfang an würde nach taoistischer Vorstellung alles in Richtung Ordnung und Perfektion verlaufen. Das Tao der Chinesen ist es, was den rein materialistisch denkenden Wissenschaftlern fehlt. Es ist das Prinzip des

Ordnung schaffenden Tao, das die ersten Moleküle entstehen, sich zu Säuren und Basen formieren läßt. Die ersten Einzeller bilden sich, erstes primitives Leben entwickelt sich, Tiere und Mensch entstehen. Verfolgt man diesen Gedanken weiter, dann sind wir Menschen keineswegs das Endprodukt einer Entwicklung. Wir sind demnach schon gar nicht die Krone der Schöpfung, sondern nur ein Zwischenglied der Kette zwischen absolutem ungeordnetem Chaos einerseits und einem Idealzustand des Seins »am Ende der Zeit«.

Das Tao führt die Unordnung zur Ordnung – im Spannungsfeld zwischen Yin und Yang. Im Tao te King heißt es erklärend in der Einleitung:

»Wenn auf Erden alle das Schöne als schön erkennen,
so ist dadurch schon das Häßliche gesetzt.
Wenn auf Erden alle das Gute als gut erkennen,
so ist dadurch schon das Nichtgute gesetzt.
Denn Sein und Nichtsein erzeugen einander.
Schwer und Leicht vollenden einander.
Lang und Kurz gestalten einander.
Hoch und Tief verkehren einander.
Stimme und Ton sich vermählen einander.
Vorher und Nachher folgen einander.«

Die Idee vom alles ordnenden Geist Tao läßt sich recht gut mit der jüdischen Schöpfungsgeschichte und dem christlichen Gedanken vom Wirken Gottes in der Schöpfung verbinden. Die Vorstellung von Yin und Yang hingegen widerspricht jüdisch-christlichem Geist. Gewiß, auch in der Bibel wirken zwei Pole. Auch hier findet sich das Spannungsfeld zwischen Gut (Gott) und Böse (Teufel, Widersacher). Aber Judentum und Christentum sehen es als göttlichen Plan an, daß das Gute das Böse beseitigt. Die Existenz des Bösen schmälert die Existenz des Guten. Erst wenn das Jüngste Gericht am Ende der Zeiten abgehalten wird und die Bösen verurteilt sind, ist der angestrebte Zustand erreicht: Dann hat das Gute obsiegt, und das Böse ist verschwunden.

Für den Taoisten aber sind Gut und Böse Gegensätze, die einander bedingen und voraussetzen. So wie ein Magnet immer einen Plus- und einen Minuspol hat, basiert die Existenz allen Seins auf der Existenz von Gut und Böse, Plus und Minus. Sowenig, wie man von einem Magneten einen Pol entfernen kann, sowenig ist es möglich, eine von zwei gegensätzlichen Seiten zu besiegen und verschwinden zu lassen. Das Vorhandensein beider Seiten ist die allem Sein zu Grunde liegende Wirklichkeit.

Diese Bipolarität ist die Grundlage der taoistischen Religionsphilosophie: Yin ist das weibliche, Yang das männliche Prinzip. Es existiert nichts, wozu es nicht einen Gegensatz gäbe. Und: Die Gegensätze ermöglichen einander. Schwarz kann nur bestehen, wenn es auch Weiß gibt. Etwas kann nur weich sein, wenn es auch den Gegenpol »hart« dazu gibt. Der Mensch ist stolz darauf, daß er handeln und die Dinge beeinflussen und verändern kann. Er wird aktiv, um sein Leben zu gestalten. »Aktivität« aber existiert nach taoistischem Gedanken nur, weil es als Pendant auch »Passivität« gibt.

Der jüdisch-christliche Gedanke, das Böse durch einen Messias besiegen zu können, widerspricht taoistischem Denken. Gutes kann es nur geben, weil es Nicht-Gutes gibt. Oder anders ausgedrückt: Indem wir definieren, was gut ist, definieren wir auch, was böse ist. Der Versuch, eine Seite der Gegensätze zu behalten und die andere verschwinden zu lassen, ist nach dem Weltbild des Taoisten zum Scheitern verurteilt. Es kann keinen triumphalen Sieg über das Negative geben, weil es dann auch das Positive ausgelöscht werden würde.

Die Bipolarität allen Seins verdeutlicht, daß der Taoismus eine Religionslehre ist, die das ganze Leben durchdringt. Der

Taoismus lehrt die Realität zu akzeptieren. Er verführt dabei aber keineswegs zu Gleichgültigkeit oder Depression. Allerdings sieht er es als Illusion an, das Negative bekämpfen und verschwinden lassen zu können. Ein konkretes Beispiel: Was ist »Ärger«? Aus Sicht eines Westeuropäers ist es etwas ausschließlich Negatives. Für den Taoisten besteht auch Ärger aus Yin und Yang. Er betrachtet den Zustand des Ärgerlichseins in der konkreten Situation und nimmt zunächst wahr, daß er ärgerlich ist. Warum, so fragt er sich, empfindet er diese Stimmung? Ist er unzufrieden mit einer bestimmten Lebenssituation? Hat er versucht, ein Problem zu lösen, ohne daß ihm das gelungen wäre? Was ließ ihn ärgerlich werden? Ist es der gescheiterte Versuch, einen Kompromiß zu schließen?

So erkennt der Taoist einerseits die negative Seite des Ärgers als Mißstimmung. Andererseits verkennt er nicht die positive Seite. Das Positive des Ärgers ist sein Potential, aus fehlender Anerkennung wieder liebevolle Akzeptanz zu machen. Mit anderen Worten: Alles besteht im Taoismus aus Yin und Yang.

Yin und Yang dürften die ältesten Begriffe der chinesischen Philosophie überhaupt sein. Sprachwissenschaftler haben herausgefunden, daß die beiden Ausdrücke ursprünglich gar nicht religiös waren. Yang stand ursprünglich für »Fahnen« oder »Banner, die in der Sonne wehen«. Yin hatte eine meteorologische Bedeutung und meinte »wolkig, bedeckt«. Warum Yin und Yang zum Ausdruck des einander ergänzenden Gegensätzlichen wurden, ist nicht wirklich klar. Gibt es eine vordergründige Erklärung? Wenn Yang »Banner, die in der Sonne wehen« bedeutet, setzt das voraus, daß die Sonne scheint. Bei bedecktem Himmel können Banner nicht in der Sonne flattern. So gesehen ist Yin – »wolkig bedeckt« – der Gegensatz zu Yang.

Eine der grundlegenden modernen Kosmologien beschreibt das Universum als ewige Wiederholung von Ausdehnung und

Zusammenziehen. Wenn sich das All (etwa als Folge des Urknalls) ausdehnt, so baut sich doch gleichzeitig die Gegenwirkung auf. Sie führt schließlich dazu, daß die Expansion verlangsamt und umgekehrt wird. Auch dieses Weltbild verdeutlicht Yang (Expansion, Ausdehnung) und Yin (Zusammenzug, Implosion).

So wie in der Urknall-Theorie alles am theoretischen Nullpunkt auf engstem Raum komprimiert war, so sollen auch Yin und Yang aus einem Ursprung entstanden sein. Aus den beiden Polen entstand die nicht zu beschreibende Vielfalt von allem Sein. Die Welt (im Sinne von Kosmos) entwuchs aus Yin und Yang. Sichtbares und Unsichtbares, materiell Existierendes und materiell Nichtexistierendes gingen aus Yin und Yang hervor.

Die auf Yin und Yang basierenden Veränderungen sind keine widernatürlichen Konflikte im negativen Sinn, die es zu überwinden gilt. Vielmehr folgen sie einem ganz natürlichen Rhythmus, der das Sein bestimmt: So folgt der Tag auf die Nacht, so wechseln Ebbe und Flut einander ab, so besteht der Kreislauf der Zeiten im Jahr aus den immer wiederkehrenden Jahreszeiten Frühling, Sommer, Herbst und Winter.

Yin und Yang sind Symbole. Sie sind aber – im Gegensatz zu sonstigen religiösen Symbolen – nicht statisch. Das Kreuz im Christentum steht immer für den Erlösertod Jesu am Kreuz. Das Symbol ist und bleibt unverändert. Yin und Yang sind als ein untrennbares Duo gleichzeitig dynamisch. Yin wächst, nimmt allmählich zu, und wenn es sein Maximum erreicht hat, wird auch der Keim des gegensätzlichen Yang erkennbar. Es findet ein Paradigmenwechsel statt. Aus der Yinwird die Yang-Phase. Yang dehnt sich aus, Yin schrumpft.

Der mythische Ursprung von Yin und Yang kann mit dem Brahman des Hinduismus gleichgesetzt werden. Der Hindu vermag bei ausreichender Anstrengung ins Brahman zurückzukehren. Der Taoist kann ebenfalls zum Ursprung zurückgelangen.

Er muß aber eine Voraussetzung erfüllen und das Gleichgewicht zwischen Yin und Yang erst wiederherstellen.

Das Lebensziel »Gleichgewicht zwischen Yin und Yang schaffen!« ist aber kein hehres theoretisches Gedankenkonstrukt für philosophische Mußestunden. Yin und Yang werden im tagtäglichen Leben angestrebt: in der Familie zwischen Partnern und Angehörigen, aber auch am Arbeitsplatz. Körperliche Gebrechen und Erkrankungen physischer wie psychischer Art gelten in diesem Sinne als Folge von Dissonanzen zwischen Yin und Yang.

Gesundheit ist aber nicht die Beseitigung von Yin oder Yang, sondern der Ausgleich zwischen beiden. Dieses Gleichgewicht versucht der nach taoistischem Denken vorgehende Heiler beim Patienten wiederherzustellen. Im Idealfall erreicht ein Mensch in seinem Selbst weitestgehende Harmonie zwischen Yin und Yang und wird deshalb erst gar nicht krank. Die Disharmonie von Yin und Yang läßt sich nach dem Verständnis des Taoisten auch im Spirituellen beobachten. Jahrtausende vor dem Bau der Pyramiden herrschte im Land am Nil die Göttin, also Yin, die weibliche Kraft. Schließlich erfolgte die Umkehr zugunsten von Yang, der männlichen Kraft. Die Göttin wurde zurückgedrängt und bekam einen männlichen Partner zur Seite gestellt. Doch es blieb nicht beim Gleichgewicht von Yin und Yang. Yang wurde immer stärker, es kam zu einer Vormachtstellung des Männlichen.

Yin wurde zusehends stärker unterdrückt. Maria Magdalena, die engste Vertraute Jesu, wurde nicht die Nachfolgerin Jesu. Diese Position nahm vielmehr Petrus ein, vor dem Maria Magdalena offenbar große Angst hatte. Schließlich sah sich Maria Magdalena genötigt, das heilige Land fluchtartig zu verlassen. Die Yang-Kraft nahm überhand. Nach dem Gesetz von Yin und Yang muß es zwangsläufig wieder zur Umkehr dieses

Ungleichgewichts kommen, also zu einem kraftvollen Erstarken des Yin in der Religiosität und in der Spiritualität.

Die Zuordnung von Yin und Yang zu »männlich« und »weiblich« entspricht nicht vollständig dem gewohnten europäischen Denken. Das weibliche Yin gilt als schwach und zerstörerisch, das männliche Yang hingegen als stark und schöpferisch. Es muß immer wieder betont werden: Der Taoismus bewertet nicht wie etwa das Christentum. Das Zerstörerische trägt stets das Produktive, das Aufbauende in sich. Ähnliches Denken bestimmt den Hinduismus. Das irdisch-weltliche Dasein besteht aus ständigem Wiederholen von Aufbau, Zerstörung und neuerlichem Wiederaufbau.

Das taoistische Weltbild ist in seiner Ausdrucksweise sehr bildhaft. Man kann nun solche vordergründig naiv anmutenden Bilder belächeln. Man soll sich aber nicht dazu verleiten lassen, auf scheinbar falsche Glaubensbilder herabzusehen.

Religionskritiker schütteln ob des angeblich biblischen Weltbildes von der Erde als Scheibe mitleidsvoll oder hämisch die Köpfe. Noch falscher scheint das Weltbild der Chinesen einst gewesen zu sein. Stellten sie nicht die Erde als Viereck dar? Dabei sah kein chinesischer Weiser die Erde jemals geographisch als Viereck an. Das »Viereck« der Erde war und ist im Taoismus symbolisch gemeint. Die symmetrische Erde ist in diesem Bild Yin, der Himmel darüber ist Yang. Das Viereckige der Erde bedeutet ruhende Passivität. Das Rund des Himmels steht für aktive Bewegung.

Himmel und Erde sind in diesem Bild durch säulenartige Balken voneinander getrennt. Wenn man ein Modell dieser religiösen Kosmologie baut, sieht es wie eine Nomadenjurte aus. Die gespannte Zeltplane stellt dann den Himmel dar. In der Mitte, wo der Himmel wegen seiner Rundung am höchsten ist, steht ein gewaltiger Pfosten, der »große Balken«, »taiji« genannt. Er ist, auf der einen Seite, tief im Erdinneren verankert. Auf der anderen Seite ragt er hoch empor, bis an den Himmel zum nördlichen Polarstern. So sind und bleiben die »Gegensätze« Himmel und Erde voneinander getrennt.

Kein Chinese glaubte, daß die geographische Realität so aussah. Die wirkliche Existenz dieses monströsen Balkens war kein Glaubensgut, das jeder akzeptieren mußte, wenn er nicht als Ketzer verbrannt werden wollte. Naive Weltbilder als unbezweifelbare Realität postulierte hingegen – daran sei erinnert – die christliche Kirche. Wer behauptete, die Erde drehe sich um die Sonne, der riskierte vor wenigen Jahrhunderten im christlichen Europa noch Leib und Leben.

Das Weltbild der Chinesen war symbolisch gemeint, nicht als konkrete Darstellung der Wirklichkeit. Und im Mittelpunkt dieser geistig-theologischen Weltsicht steht der Mensch. Der »große Balken« war auch Sinnbild für den Menschen. Das Menschenbild-Ideal sieht den Menschen wie diese Säule. Einerseits ist er in der Erde verwurzelt, also im Yin. Auf der anderen Seite ragt er zum Yang des Himmels empor.

Damit wird verdeutlicht, wie der Mensch nach der Vorstellung des Taoismus im Leben stehen soll: Er soll die Materie des Physisch-Irdischen verbinden mit dem Geistig-Psychischen. Der Mensch ist somit Bindeglied zwischen Geist und Materie und wird dadurch in das Zentrum der Aufmerksamkeit gerückt. Wer sich forschend aufmacht, um die Wirklichkeit in ihrer Komplexität in Erfahrung zu bringen, der mag eine weite, mühsame Reise tun. Er mag, wie vor Jahrtausenden Gilgamesch im gleichnamigen Epos, nach dem Geheimnis des Lebens suchen: Am Ende wird er, nachdem er den Kosmos durchstreift hat, ins Zentrum gelangen: zum Menschen, der Materie und Geist miteinander verbindet, ganz genau wie der riesige Balken den mächtigen, hochgewölbten runden Himmel mit der massiven, tragfähigen viereckigen Erde.

Wer im Taoismus nach der Wahrheit sucht, der findet sie – im Menschen, also in sich selbst. Eine interessante Parallele verbindet so den Taoismus Chinas mit der fernen Südsee. Nach uralten Überlieferungen wurde das mystisch-mysteriöse Eiland der Osterinsel von seinen Einwohnern als der »Nabel der Welt« gesehen. Und die riesigen steinernen Statuen mit den gewaltigen Köpfen sind für den Taoisten sehr wohl als Symbold für die Taiji-Säule akzeptabel.

Taiji, der Erde-Himmel-Pfosten, ist zugleich das zentrale Symbol des Taoismus: Er steht im wahrsten Sinne des Wortes für die Yin-Yang-Schöpferkraft, für das Tao. Schöpfung ist hier kein einmaliger Prozeß wie im Judentum und Christentum. Nach der Bibel gilt ja die Schöpfung mit dem siebten Tag, an welchem sich Gott ausruhte, als abgeschlossen. Der Prozeß der Schöpfung ist im Taoismus ein steter, ein unaufhörlicher. Schöpfung bedeutet hier aber: Alles was entsteht, was es auch sei, trägt immer den Keim seines Gegenpols in sich.

Der Taiji-Pfosten findet eine Parallele in einem anderen, natürlichen Symbol: im Berg. Man stelle sich einen majestätischen Berg vor. Die Sonne steht hoch am Firmament. Auch im Bild des Berges zeigen sich wieder – wie in allem – Yin und Yang. Yin ist die Schattenseite eines Berges, Yang seine Sonnenseite. Am höchsten Punkt, wo das Gipfelkreuz steht, treffen Yin und Yang aufeinander. Hier berühren sich beide und vereinen sich. Der Gipfel steht also für Harmonie zwischen Schatten und Licht, für körperlich-seelisch-geistige Harmonie im Menschen.

Da der Mensch wiederum ein Spiegelbild des Universums ist, bedeutet der Berggipfel nicht nur den Menschen im harmonischen Zustand, sondern die Harmonie des Seins überhaupt. Sie wird vom Taoisten angestrebt. Das Tao führt zu wachsender Harmonie – im Menschen wie im Universum. Yin und Yang sind dabei die Triebkräfte des Seins. Im Idealfall schwingen beide in vollständiger und vollkommener Balance miteinander.

Der weise Mensch sucht nach der Ordnung des Universums, im kleinen wie im großen. Derjenige gilt im Taoismus als weise, der sein Leben der harmonischen Ordnung anpaßt. Das Yin-Yang-Prinzip wird gern im modernen Europa gründlich mißverstanden. Gewiß, der Taoist sieht überall die gleichzeitige Gegenwart der Gegensätze, doch er leitet daraus nicht die Berechtigung des ständigen Lebens auf Konfliktkurs ab. Es gibt immer in allem die Gegensätze: Hartes in Weichem, Weiches in Hartem, Starkes im Schwachen, Schwaches im Starken. Auch wenn es immer hart und weich geben muß, bedeutet das für den Taoisten nicht, daß der Starke dem Schwachen gegenüber besonders hart sein muß.

Schon die alten Taoisten beschrieben im Tao-Chia, wie Macht im Sinne des philosophischen Taoismus gehandhabt werden soll. Der Mächtige hat vielmehr so mit Weisheit und Umsicht zu regieren, daß seine Untertanen in friedlicher Harmonie miteinander leben können.

Ob Politik, ob Wirtschaft, ob Familienleben, ob Beruf oder Freizeit: Alles spielt sich zwischen den beiden Polen Yin und Yang ab. Der Taoist bemüht sich in allen Lebenslagen um das möglichst erfolgreiche Ausbalancieren der Gegensätze in sich selbst und in seinem Leben. Dabei forciert er nichts, heißt es doch im Tao te King (Buch 2, Kapitel 78): »Nichts ist in der Welt weicher und schwächer denn das Wasser, und nichts, was Hartes und Schwaches angreift, vermag es zu übertreffen. Wasser ist gut, allen Wesen zu nützen, und streitet nicht. Es bewohnt, was die Menschen verschmähen. Darum ist es nahe dem Tao.«

Wasser ist für den Taoisten deshalb »nahe am Tao«, weil es weich und hart sein kann und deshalb so erfolgreich ist. Wasser paßt sich den Erfordernissen an. Es fließt ruhig und sanft dahin, oder es baut Kraft und Druck auf, wenn es gilt, ein Hindernis aus dem Weg zu räumen. Das entspricht der grundsätzlichen Lebensphilosophie: »Alles zu seiner Zeit!« Deshalb ist Wasser das Symbol für taoistische Erfolgsstrategie. Nicht halsstarrig mit voller Kraft auf ein Ziel zu zurennen, sondern handeln, ohne zu forcieren. »Wu-Wei« heißt diese Philosophie des taoistischen Handelns. Der Terminus »Wu-Wei« ist, wie so viele bedeutsame Begriffe aus fremden Gedankenwelten, nicht leicht zu übersetzen. Am besten entspricht ihm ein scheinbarer Widerspruch in sich selbst: die »tätige Untätigkeit«.

Professor Schindler, der sich intensiv mit den großen Weltreligionen beschäftigt hat, versucht zu erklären: »Der Taoist anerkennt den Fluß des Geschehens. Aktiv zu sein heißt für den Europäer oft, gegen den Strom zu schwimmen. Der Taoist läßt den Fluß des Geschehens strömen. Für jede Handlung gibt es die richtige Zeit. Falsch wäre es, ohne taoistischen Gleichmut immer jetzt und sofort alles in die Tat umsetzen zu wollen.«[17] Diese taoistische Grundhaltung erscheint dem hyperaktiven Workaholic unverständlich und geradezu suspekt. Doch auch im Alten Testament finden solche Gedanken ihren Niederschlag.

Im biblischen Buch »Prediger« lesen wir (Kapitel 3, Verse 1 bis 9): »Ein jegliches hat seine Zeit, und alles Vorhaben unter dem Himmel hat seine Stunde: geboren werden hat seine Zeit, sterben hat seine Zeit; pflanzen hat seine Zeit, ausreißen, was gepflanzt ist, hat seine Zeit; töten hat seine Zeit, heilen hat seine Zeit; abbrechen hat seine Zeit, bauen hat seine Zeit; weinen hat seine Zeit, lachen hat seine Zeit; klagen hat seine Zeit, tanzen hat seine Zeit; Steine wegwerfen hat seine Zeit, Steine sammeln hat seine Zeit; herzen hat seine Zeit, aufhören zu herzen hat seine Zeit; suchen hat seine Zeit, verlieren hat seine Zeit; behalten hat seine Zeit, wegwerfen hat seine Zeit; zerreißen hat seine Zeit, zunähen hat seine Zeit; schweigen hat seine Zeit, reden hat seine

Zeit; lieben hat seine Zeit, hassen hat seine Zeit; Streit hat seine Zeit, Friede hat seine Zeit. Man mühe sich ab, wie man will, so hat man keinen Gewinn davon.«

Laotse soll verkündet haben: »Ist Gelehrsamkeit dein Ziel, so mehre sie täglich. Ist Tao dein Ziel, so mindere es täglich. Mindere Schritt für Schritt. Bis du angelangt bist beim Nichthandeln. Durch Nichthandeln bleibt nichts ungetan.

Mühelos nur hält man die Welt. Sobald Mühe hinzukommt, entgleitet unhaltbar die Welt.«

Die »tätige Untätigkeit« bedeutet aber nicht ein Leben wie im Schlaraffenland, wo Faulenzerei mit üppigen Speisen belohnt wird. Der Taoist bemüht sich, so zu handeln, daß er nicht gegen den Fluß der universellen Energie ankämpfen muß, sondern mit ihm schwimmen kann.

Tao, zu deutsch der »Weg«, ist eine Philosophie, die man keineswegs nur in Schriften Laotses findet. Man begegnet ihm manchmal, wo man ihn nun wirklich nicht erwartet, etwa im Märchen »Frau Holle« der Gebrüder Grimm. Das gute wie das böse Mädchen folgen im Märchen dem gleichen Weg. Der Weg bietet ihnen Chancen. Beide Mädchen haben den freien Willen, zu handeln oder nicht zu handeln. Das gute Mädchen holt die heißen Brote aus dem Backofen, die sie so dringlich darum bitten. Sie hört auch das Geschrei der Äpfel am Baum und pflückt sie.

Das gute Mädchen wird dafür reich belohnt. Es hat gehandelt, im Fluß des Tao. Das böse Mädchen hingegen wollte ebenso wie seine gute Schwester beschenkt werden. Sie hastete auf das vermeintliche Ziel zu und ließ die rufenden Brote ebenso unbeachtet wie die jammernden Äpfel. Nach dem Verständnis von Tao erreichte sie ihr Ziel nicht, weil sie nur auf eben dieses Ziel zustrebte.

Laotses Weisheiten sind oftmals reichlich kryptisch formuliert. Manchmal sind sie auch mißverständlich. Seine Aufforderung zur »tätigen Untätigkeit« kann von tendenziell trägen Menschen als Bestätigung empfunden werden. Daher sah sich Tschuang-tse genötigt, manch erklärendes Wort zu den Weisheiten Laotses zu formulieren. So prägte Tschuangtse ein wichtiges Wort zur »tätigen Untätigkeit«: »Nicht-Handeln bedeutet nicht, nichts zu tun und zu schweigen.

Alles soll tun dürfen, was es von Natur aus tut, so daß seine Natur zufriedengestellt wird.« Dies geschieht – nach Huai Nan-tzu – gemäß der »natürlichen Ordnung«. Der Mensch paßt sich dem »Strom des Tao« an. Der »Strom des Tao« im Rahmen der »natürlichen Ordnung« – da haben die alten Weisen des Taoismus ein erstaunlich modernes Bild vom empfehlenswerten Handeln des Menschen entworfen. Es wäre mehr als wünschenswert, wenn dieser moralische Imperativ des Taoismus heute mehr befolgt würde! Denn wie formulierte es Huai Nan-tzu? »Die der natürlichen Ordnung folgen, fließen im Strom.«

Das Nicht-Handeln des Taoismus ist demnach ein Verzicht auf Handeln gegen die natürliche Ordnung. Es bedeutet nicht gänzliches Verzichten auf jegliches Handeln, sondern Agieren gemäß der natürlichen Ordnung, im »Strom des Tao«. Es ist, so Joseph Needham, die »Enthaltung von gegen die Natur gerichteten Handlungen«. In Harmonie mit dem Tao steht man, so der Sinologe und Biochemiker Joseph Needham[18], wenn man nicht gegen den Strich der Dinge geht. Von dieser Interpretation ausgehend, kann auch die vielleicht wichtigste Maxime, der moralische Imperativ Laotses verstanden werden: Moralisch handeln im Sinne des Taoismus ist Nicht-Handeln gegen die natürliche Ordnung.

Der bekannte Physiker Fritjof Capra setzt sich seit vielen Jahrzehnten mit Fragen moderner Wissenschaftstheorie, mit Fragen der Zusammenarbeit unterschiedlicher wissenschaftlicher Schulen und uralter Philosophien und Glaubenslehren auseinander. Er erklärt: »Das taoistische Prinzip der Aktion ist Spontaneität, und da sich menschliches Verhalten nach dem Tao ausrichten sollte, so sollte die Spontaneität auch ein Merkmal aller menschlichen Handlungen sein. In Harmonie mit der Natur zu handeln meint somit für den Taoisten, spontan und entsprechend seiner wahren Natur zu handeln. Er meint, der intuitiven Intelligenz zu trauen, die dem menschlichen Verstand innewohnt, so wie die Gesetze des Wandels in allen Dingen um uns herum enthalten sind.«[19]

Weiter schreibt Capra: »Die Handlungen des taoistischen Weisen entstehen somit aus seiner intuitiven Weisheit, spontan und in Harmonie mit seiner Umgebung. Er braucht weder sich noch seine Umwelt zu zwingen, sondern paßt lediglich seine Handlungen den Bewegungen des Tao an.«

Der Taoismus macht einen Unterschied zwischen Handeln oder Tun einerseits und Sein andererseits. Aus dem Sein folgt dann das richtige Handeln. Nur wer wirklich ist, kann nach taoistischem Verständnis auch entsprechend handeln. Der Erfolg des Handelns hängt also vom Sein des Handelnden ab. Das Übergewicht des Seins gegenüber dem Tun formuliert der taoistische Weise als Nicht-Tun, was zu Mißverständnissen führen kann.

Wer nur handelt, aber nicht ist, der ist am ehesten mit einem Schauspieler zu vergleichen, der nur etwas darstellt, ohne es freilich zu sein.

Ein Beispiel: Jemand lernt die Kunst des Kochens. Er hat zahllose Rezepte ausprobiert und kennt sie auswendig. Ihm sind auch einige Tricks wohlvertraut, die ihm einige befreundete Meisterköche verraten haben. Und doch bleibt der Mann ein eher mäßiger Koch. Warum? Weil er nur handelt, wie man das von einem Vertreter seines Fachs erwartet.

Nach intensiver Beschäftigung mit dem Taoismus wird der Mann zum Meister seines Fachs. Er wird als begnadetes Genie gepriesen. Dabei hat sich sein intellektuelles Wissen auf dem Gebiet der Kochkunst nicht vergrößert, aber der Mann hat aufgehört, nur als Koch zu handeln, er ist nun erst Koch. Er ist mit seinem gesamten Sein, mit jeder Faser seines Ichs Koch. Er folgt seiner Intuition, dem Fluß des Lebens. Er läßt die Ch'i-Energie durch sich fließen.

Die Ch'i-Energie ist nach der Philosophie des Taoismus allgegenwärtig. Alles, was ist, wird von ihr durchströmt: Sie ist in den höchsten Berggipfeln ebenso anzutreffen wie in sonnendurchglühten Wüstenflächen. Sie stürzt im Wasserfall einen steilen Felsabhang hinab, sie dümpelt im kleinen Froschteich, und sie wogt in den Wellen jedes noch so gewaltigen Meeres. Sie steckt in unscheinbarstem Moos auf einem Kieselstein ebenso wie in einem baumhohen Kaktus. Sie durchströmt den klügsten Philosophen, und sie durchzieht genauso den mitleidig verlachten Einfallspinsel.

Diese Ch'i-Energie kann man zum Wohle des Menschen nutzbar machen. Diese Energie ist es, die nach taoistischer Lehre jeder Mensch, der sich so weit wie möglich in Harmonie mit Yin und Yang befindet, bewußt nutzen kann, um ein langes, gesundes und glückliches Leben zu führen. Es soll sogar geheime Tao-Rituale geben, die auserwählte Meister dazu in die Lage versetzen, sprichwörtlich unsterblich zu werden. Doch der Normalsterbliche begnügt sich damit, mit Hilfe von Ch'i möglichst von Krankheiten verschont zu werden.

Wie der Taiji-Balken »in der Mitte der Welt« stehend den Himmel trägt, so ist das Zentrum des Taoismus der Mensch. Gemäß der Natur lebend, kann er sich die Ch'i-Energie zunutze machen, um in Gesundheit und Harmonie zu leben. Ch'i fließt in allem und wandelt sich ständig. Die weisen Taoisten bemühten sich nicht darum, Ch'i im Sinne westlicher Wissenschaftlichkeit zu definieren. Sie begnügten sich damit, die Allgegenwart des Ch'i zu lehren.

Der Mensch benötigt Ch'i als ungehinderten Fluß durch die Ch'i-Kanäle in seinem Körper. Drei Quellen stehen zur Verfügung, aus denen die Lebensenergie geschöpft werden kann. Sie wird von der Lunge aus der Atemluft entnommen – als »Ch'i der Mitte«. Alles im Weltbild des Taoisten wird in Yin und Yang eingeteilt. Die Luft zählt zum »Himmel« und wird als Yang bewertet.

Neben der Luft zum Atmen benötigt der Mensch Nahrung. Auch über Speisen und Getränke nimmt der Mensch Ch'i auf. Genauer gesagt: Ch'i ist das Resultat eines Wandlungsprozesses im Körper: Aus der Nahrung wird durch die Verdauung im Magen und Milz-Pankreas-System »Nähr-Ch'i«. Sie wird nach der im Körper erfolgten Umwandlung im gesamten Organismus verteilt. Überall präsent, können dann die Organe, das Blut und die Gewebe ernährt werden. Die Energie aus der Atemluft wird dem Yang zugeordnet, die der Nahrung entnommene Energie gilt als Yin. Die Nahrungsmittel, die der Mensch verzehrt, stammen ja von der Erde. Somit durchströmen den menschlichen Organismus Yang und Yin – in Form der Lebensenergie Ch'i.

Schließlich gibt es noch eine dritte Quelle, aus der Ch'i für jeden Menschen fließt. Jeder Mensch erbt auch Ch'i von den Eltern: das Yuan-Ch'i, zu deutsch Quellen-Ch'i. Diese Energie bekommt jeder Mensch schon vor seiner Geburt mit auf den Lebensweg, genauer gesagt im Moment seiner Zeugung. Sie stammt von beiden Eltern, die ihre Quellen-Energie wiederum von den eigenen Eltern geschenkt bekommen haben. Nach taoistischem Denken wird dieses Ch'i im Nierensystem gespeichert. Es hat eine besonders wichtige Funktion: Es steuert die Prozesse im Organismus eines jeden Menschen, die ihn zum Individuum machen. Es reguliert etwa das individuelle Wachstum und die persönliche Entwicklung des Menschen.

Begegnung zwischen Kung Fu-Dse und Lau Dse
Steinabreibung
Han-Dynastie

Es ist bemerkenswert, daß die Eigenständigkeit des Menschen Ergebnis der ererbten Quellen-Energie ist. Somit geben die Eltern wichtige Kraft, doch aus der Energie erwächst eigenständiges Sein. Wobei zu bedenken ist, daß die Übersetzung chinesischer Ausdrücke problematisch ist. »Energie« bietet sich zwar als deutscher Ausdruck für Ch'i an, er trifft aber die Bedeutung des Chinesischen nur unvollkommen. Verleitet doch der Ausdruck »Energie« dazu, daß Ch'i sozusagen die Kraft liefert, aus der die Organe etwas machen. Nach taoistischem Verständnis ist es aber Ch'i, das die Funktionen der Organe gestaltet und deren vielfältiges Wechselspiel steuert und erzeugt.

Jeder Lebensvorgang im Körper, jede Organfunktion ist Ausdruck des Wirkens und der Bewegung von Ch'i. Und wieder gilt: Es kommt auf Ausgewogenheit an. Zu wenig Ch'i ist ebenso schädlich für die Gesundheit wie ein Zuviel. Unterfunktion wie Überfunktion der Organe führen zu Erkrankungen. Für den Mediziner in der Welt der Taoisten ähneln Mensch und Erde einander. So wie eine Landschaft von den diversen Ch'i-Strömen durchflossen wird, gibt es an der Oberfläche des menschlichen Körpers Kanäle. Sie sind unsichtbar für den Laien, der Kundige aber vermag zu erkennen, wo sie verlaufen.

Dann gibt es noch Ch'i-Wege, die in den Körper hineinreichen, »Energiestraßen« zwischen den einzelnen Organen. Der Tao-Mediziner weiß nun, wo genau diese »Wege« oder »Kanäle« unterbrochen oder angeregt werden können, um den Ausgleich zwischen Yin und Yang wieder herzustellen, wenn das für die Gesundheit so wichtige Gleichgewicht einmal aus der Balance geraten ist.

Nach taoistischer Überzeugung kann dieses Ungleichgewicht schon durch rituelle Gesänge und körperliche Übungen wieder ausbalanciert werden. Alte magische Vorstellungen mögen mitschwingen, wenn der Taoist heilige taoistische Texte singt und auf diese Weise eine körperliche oder geistige Veränderung zum Positiven herbeiführen möchte.

Der Tao-Arzt sieht eine Erkrankung als die Folge von gestörten Ch'i-Flüssen an, deren Gleichgewicht wiederhergestellt werden muß. Seine Aufgabe besteht *nicht* darin, die Symptome einer Krankheit zu bekämpfen, sondern ihre energetischen Ursachen zu beheben. Krankheitserreger schwirren in unschätzbarer Zahl um jeden Menschen. Warum bleibt der eine Mensch gesund, während der andere krank wird? Das liegt oft am fehlenden Wei-Ch'i. Es zirkuliert direkt an der Oberfläche in der Haut, aber auch tiefer, zwischen den Muskeln und der Haut. Seine Aufgabe ist die Abwehr von Krankheitserregern. Leidet ein Mensch an einer Infektion, dann versucht der Arzt, das Wei-Ch'i seines Patienten wieder aufzubauen und zu stärken. Er hilft dem Organismus, weitere Ansteckungen zu vermeiden und die bereits eingedrungenen Krankheitserreger zu besiegen.

Andere Erkrankungen basieren auf einer »inneren Vergiftung«. Ursache ist auch hier eine Störung im Ch'i-Fluß. Ch'i ist auch für den Ausscheidungsprozeß von Giften zuständig, die im Körper anfallen. Ch'i sorgt dafür, daß diese Substanzen entsorgt werden, bevor sie zu Störungen führen können. So wie das Negative, Krankmachende ausgeschieden wird, wird das erwünschte Ansammeln von lebenswichtigen Nährstoffen im Organismus ebenfalls von Ch'i geregelt. Zu inneren »Vergiftungen« kann es auch kommen, wenn das Wirken von Ch'i an anderen Stellen des Körpers gestört wird: zum Beispiel im Bereich des Stoffwechsels.

Die Körpertemperatur ist – in der taoistischen Medizin – für den behandelnden Arzt von ganz besonders großer Bedeutung. Da Ch'i seiner Überzeugung nach auch für die Erzeugung von Wärme verantwortlich ist, kann der kundige Mediziner von der

Körpertemperatur auf das vielleicht in unzureichendem Maße fließende Ch'i schließen.

Zweifelsfrei sieht der taoistische Weise den gesunden Menschen nicht als funktionierende Maschine an. Auch ist für ihn der kranke Mensch nicht einfach ein reparaturbedürftiger biologischer Apparat. Gewiß, der Organismus ist auch mechanisch, von den Gelenken über die Muskeln bis hin zum Herz. Der Mensch kann zum Teil willkürlich in die Bewegungsvorgänge eingreifen: Er kann gehen, stehen, sich setzen, sich hinlegen. Andere Abläufe müssen reibungslos erfolgen, wenn der Mensch gesund sein soll, und auf die hat der Mensch kaum oder keinen Einfluß: Man denke nur an die Arbeit der Därme, an den Blutkreislauf oder die Atmung. Alle diese Bewegungen der unterschiedlichsten Art haben eine gemeinsame Quelle – Ch'i. Doch diese wichtige Energie wirkt nicht nur auf der rein physischen Ebene. Ch'i durchfließt den gesamten Körper auf allen Ebenen! Selbst das Bewußtsein des Menschen ist Ausdruck von Ch'i. Auch hier ist Ch'i mehr als Energielieferant.

Ch'i ist das Geheimnis des Taoismus, das hinter physischen wie psychischen Erscheinungsformen steckt. Körper und Geist sind direkt davon abhängig, und der Zustand des Geistes beeinflußt den Zustand des Körpers. Ob ein Mensch psychisch aktiv oder träge ist, hängt von seiner Ch'i-Kraft ab. Genauso ist es sein Ch'i, das über seine Psyche bestimmt oder über seine Denkfähigkeit bzw. sein Bewußtsein. Mit anderen Worten: Alle Ebenen des menschlichen Seins sind Ausdruck des Ch'i.

Vor dem Hintergrund dieser Religionsphilosophie ist es nur zu gut verständlich, daß der taoistische Mediziner ein ganzheitlicher Arzt sein muß. Die Vorstellung, den Menschen gedanklich in einzelne Teile zu zerlegen, für die dann ein jeweils entsprechender Arzt zuständig ist, ist dem taoistischen Arzt ein Greuel.

Wie kann jemand ernsthaft daran glauben, eine echte Heilung herbeiführen zu können, wenn er nicht den ganzen Menschen vor Augen hat, der in seiner Gesamtheit von seinem Ch'i bestimmt wird.

Angesichts der großen Bedeutung von Ch'i in der taoistischen Religion liegt es auf der Hand, daß der Mediziner versucht, im Bedarfsfall in das aus dem Ruder gelaufene Gleichgewicht einzugreifen. Wie sollte das geschehen? Der chinesischen Mythologie nach wurde ein Soldat bei einem Gefecht von einem Pfeil getroffen. Die Wunde war zum Glück nur leicht und verheilte rasch wieder. Zum Erstaunen des Soldaten soll aber gleichzeitig ein altes Leiden verschwunden sein, das ihn zuvor schon so viele Jahre gepeinigt hatte. Auf diese Weise soll zufällig ein sogenannter Akupunkturpunkt und damit die Kunst der Akupunktur entdeckt worden sein.

Wie alt die Akupunktur ist, wer sie wo entdeckte, läßt sich nicht mehr mit Sicherheit klären. Angeblich sollen bereits im dritten Jahrtausend v. Chr. steinerne oder knöcherne Nadeln benutzt worden sein, um im Sinne der Akupunktur zu helfen. Akupunktur als systematische Behandlung kam offenbar mit dem Taoismus auf. Sie war nicht das Endergebnis langer Entwicklung, sondern stand im Kontrast zum damaligen Verständnis von Krankheit. Zuvor sah man Erkrankungen als das Werk böser Dämonen an. Jeder Mensch mußte damit rechnen, von derlei bösen Wesen überfallen und geknechtet zu werden. Krankheit war somit das Werk böser Feinde, auf das man keinen Einfluß hatte. Mit dem Taoismus und dem neuen Menschenbild kam die Akupunktur. Der Neuansatz war revolutionär: Im Zentrum stand nun der Mensch. Krankheit wurde als etwas Natürliches, nicht mehr als etwas Übersinnliches betrachtet. Die natürlichen Dinge konnte man ändern, wenn man die inneren Gesetzmäßigkeiten der Natur kannte.

Wie alt die Akupunktur auch immer sei: Der Taoismus Laotses war es, der das Phänomen der Akupunktur philosophisch-religiös erklärte. Laotse soll gesagt haben: »Das Tao schafft das Eine, die Zwei erzeugt die Drei, die Drei aber erzeugt alle Dinge.«

Aus dem Tao entsteht das Prinzip der Dualität und Polarität von Yin und Yang. In diesem Spannungsfeld nimmt der Kosmos seinen Anfang, und in diesem Spannungsfeld steht der einzelne Mensch. Tao ist die schöpferische Kraft in allem. Yin und Yang bestimmen die Abläufe im Menschen. Der Energiefluß ist im wahrsten Sinne beeinflußbar, und das ist die Basis der Akupunktur. Schon der legendäre Gelbe Kaiser Huang Ti, der ca. 2600 v. Chr. lebte, verfaßte das älteste Standardwerk der chinesischen Medizin überhaupt, das »Nei Ching«. Er war der erste, der die Akupunktur wirklich systematisch erforschte und der taoistisches Gedankengut lange vor dem mystischen Laotse propagierte.

Der Taoismus als Religion wandelte sich. Etwa im zweiten Jahrhundert nach Christus entstanden volkstümliche taoistische Organisationen, die sich von logischer Analyse der Yin-Yang-Gegensätze zunehmend der Mystik zuwandten. So flossen fremde Glaubensbilder in den Taoismus ein, etwa von wundertätigen Menschen, die Krankenheilungen quasi magisch herbeiführen konnten. Unter dem Einfluß des Buddhismus übernahm der Taoismus das Mönchstum.

Im taoistischen Mönchstum gab es die starke Sehnsucht nach der Auflösung der Dualität von Yin und Yang, von Himmel und Erde. Da man sich nicht vorstellen konnte, daß alles immer und ewig getrennt war, stellte man sich eine Ur-Zeit vor, in der Erde und Himmel noch vereint waren. Durch meditative Ablösung des Seins vom Physischen hoffte man, in jene Zeit vor der Trennung zurückkehren zu können und als Geistseele mit dem Noch-nicht-Getrennten zu verschmelzen.

Weithin auch heute noch als Geheimnis im Taoismus gewahrt bleiben bestimmte Exerzitien und Rituale, mit deren Hilfe die Unsterblichkeit erreicht werden soll. Die für das ewige Leben erforderlichen Praktiken wurden in kleinen Gruppen nur Eingeweihten anvertraut, die selbst wiederum streng darauf achteten, daß kein Unwürdiger etwas erfuhr. Angeblich sollen Rezepte existiert haben, nach denen Kräutermixturen hergestellt wurden, die ein ewiges Leben ermöglichen.

In der späten Phase des Mönchstums löste die Vorstellung von einem körperlichen Leben nach dem Tode das Bild von einem spirituellen Weiterexistieren ab. Das Mönchstum war zunächst nicht unbedingt ein taoistisches Ideal. Steht doch der Mensch als einzelnes Individuum im Zentrum des taoistischen Kosmos. Und in jedem einzelnen Menschen wirken Yin und Yang, in jedem einzelnen fließt Ch'i. Jeder einzelne Mensch soll die Balance der in allem wohnenden Pole Yin und Yang erreichen.

Im zweiten Jahr der Regierungszeit von König Yejong (1107) wurde der Taoismus in Koryŏ, Korea, eingeführt. Kaiser Hui-tsung, ein mächtiger Regent der Sung-Dynastie, war ein glühender Anhänger der taoistischen Religion. Sofort schickte er mehrere Priester nach Korea, damit sie dort als Missionare wirken konnten. Die im Koryõ-Königreich ausgeübte Form des Taoismus muß als Vulgär-Variante bezeichnet werden. Viele fremde Glaubensinhalte wurden aufgenommen, um den Taoismus für die Koreaner akzeptabler zu machen. Die eigentliche Lebensphilosophie vernachlässigte man beinahe. Statt dessen wurden die Planeten, aber auch allerlei Ungeheuer wie Drachen, Geister und Wassergötter verehrt. Betont wurde auch eine geradezu medizinische Wirkung bestimmter Sternkonstellationen. So war man davon überzeugt, daß der »Große Bär« über magische Kräfte verfügte, die den Gläubigen ein längeres Leben schenken konnten. Uralte, fremde Glaubensvorstellungen fanden auf diese Weise Aufnahme in den Taoismus.

Ein spirituelles Ideal des Taoismus ist der Mensch, der nichts gegen die Naturgesetze tut. Der »Unsterbliche« (»hsien«) verabschiedet sich von der materiellen Welt so weit wie nur möglich, um sich meditativ in den Allgeist Tao zu versenken. Das Individuum findet, abgewandt vom irdischen Dasein, die ultimative Ruhe fernab jeden Getümmels.

Mao Tse-tung ergriff 1949 die Macht. Sein Menschenideal war der Massenmensch. Der einzelne zählte nichts, die Gemeinschaft war alles. Der Taoismus war Mao mehr als nur ein Dorn im Auge, er war ein unerträgliches Ärgernis. Nicht mehr der einzelne Mensch sollte sein Los verbessern. Die Gemeinschaft der Werktätigen sollte gemeinsam das Paradies auf Erden erschaffen. So bekämpfte Mao jede Form der Religiosität, wurde aber selbst zusehends zu einer Art religiöser Volksikone. Während man die Heiligenbilder jeder Konfession verabscheute, stilisierte man Mao immer mehr zum himmlischen Erlöser auf Erden. Maos Bilder wurden Huldigungen entgegengebracht. Seine Gedanken und Leitsätze wurden zum »heiligen Buch« eines atheistischen, kommunistischen Chinas.

Im Jahr 1966 kam es zur sogenannten Kulturrevolution. China sollte von den alten Religionen befreit werden, aber die erwiesen sich als hartnäckiger, als die kommunistischen Diktatoren dachten. Wem man den Tempel nimmt, der betet zu Hause nur noch intensiver. Mao wollte mit Gewalt eine Gesellschaft der Masse aufbauen, in der es für individuelles Denken ebensowenig Platz gab wie für die Wünsche des Individuums. Warum gab es Probleme? Woher rührte die Ungerechtigkeit? Warum litten ganze Armeen von Armen, während Reiche im Luxus schwelgten? Damit würde – so Mao – in einer neuen Gesellschaft sofort

Schluß sein. Durch Gleichschaltung aller würde Gerechtigkeit erreicht. Aber auch Glück für den einzelnen?

Für Laotse muß nicht der einzelne hinter der Gemeinschaft zurückstehen. Für das Individuum wie für die Gemeinschaft gilt: Die beiden Kräfte Yin und Yang müssen im Gleichgewicht sein. Somit unterscheidet sich der Taoismus von Anfang an von den patriarchalisch geprägten anderen Religionen. Das Paradies auf Erden wird erreicht, wenn Männliches und Weibliches ausgewogen miteinander harmonieren.

In diesem Sinne ist eine Darstellung in der kleinen Kirche von Kirchbrak im Weserbergland taoistisch. Hoch oben am reichgeschmückten Altar aus der Barockzeit befindet sich ein geheimnisvoller Engel. Er ist sauber geschnitzt und bemalt. Man muß wissen, wo genau er sich am Altar befindet, sonst übersieht man ihn. Der Engel ist Mann und Frau zugleich. Er hat einen Bart wie ein Mann und die Brüste einer Frau.

Für den Taoisten gilt die uralte Lehre, daß der einzelne menschliche Körper von einer nicht sichtbaren Energie durchflutet wird. Die Kraft fließt in unsichtbaren Kanälen wie der Verkehr auf Straßen. Um einen glücklicheren Zustand zu erreichen, muß der Mensch versuchen, sein eigenes, persönliches Ungleichgewicht wieder auszugleichen. Der einzelne Mensch strebt also eine Veränderung in sich an, um gesünder, glücklicher und zufriedener zu werden. Er muß nicht erst die Welt verändern, wenn er besser leben möchte. Er fängt bei sich selbst an, um zum Gleichgewicht zurückzufinden.

Im Zentrum des Taoismus steht das Individuum. Der Geistkörper ist durch Energie mit dem physischen Körper verbunden. Der Körper des Individuums befindet sich nicht im Gegensatz oder Widerspruch zum Ganzen. Vielmehr ist jeder einzelne Mensch durch ein Kraftfeld mit dem gesamten Kosmos verbunden. Der einzelne Mensch kann ebenso wie das gesamte Universum aus der Balance geworfen werden. Heilung ist nur möglich, wenn die Balance wieder angestrebt und erreicht wird.

Im Zentrum steht jeder einzelne Mensch. Jeder ist gewissermaßen ein zentrales kleines Teilchen der Gesamtheit, und in jedem befindet sich der Sitz seines Bewußtseins. Das Bewußtsein leitet die Ströme der unsichtbaren Energie – durch die Bahnen des Individuums. Diese Energie – mehr ein mit herkömmlichen wissenschaftlichen Methoden nicht zu erfassendes Medium – ist die Verbindung zwischen Geist und Körper, aber auch zwischen dem einzelnen Menschen und den anderen. Für den Taoisten gibt es keinen größeren Irrtum als den von der radikalen Abgrenzung der Individuen voneinander. Der Mensch ist demnach nicht ein kleines, separates Wesen. Vielmehr ist das, was der Mensch irrigerweise für sein Ich hält, der Ausdruck eines Gesamtseins, dem alle Menschen angehören.

Das »kommunistische Ideal« versprach, das Heil für jeden einzelnen Menschen parat zu haben. Jeder würde im »Arbeiter- und Bauernparadies« glücklich leben können, sobald nur das individuelle Ego durch das Gesamtego ersetzt werden würde. Würde man erst einmal alle Abgrenzungen der Individuen ausgelöscht haben, dann müßten Gerechtigkeit und Glück überall zur Geltung kommen. Das Individuum sollte geopfert werden, um danach für alle dieses Ziel zu erreichen.

Der Taoist sieht das völlig anders: Für ihn sind die Trennungen zwischen den Individuen nur scheinbar vorhanden. In der Realität hingegen sind alle durch den Allgeist miteinander verbunden. Diese Gemeinschaft aller ist längst schon vorhanden. Sie muß nicht erst künstlich erzeugt werden. In der Gemeinschaft ist aber ein Ungleichgewicht zwischen Yin und Yang eingetreten. Das Individuum muß nicht erst anonym in der Massengemeinschaft verschwinden. Schließlich gehört es der Gemeinschaft schon an.

Nur, diese Gemeinschaft befindet sich nicht mehr im Einklang. Wie kann diese Harmonie wieder erreicht werden? Indem sich der einzelne Mensch um ein ausgewogenes Ich bemüht, in welchem sich Yin und Yang so weit wie möglich in Balance befinden, trägt jeder zur Wiederherstellung des Gleichgewichts bei allen bei. Nach Dr. Hiroshi Motoyama vom »Institute for life Physics« in Tokio hinterlassen spirituelle Erfahrungen Spuren in einer anderen Welt: im Energiesystem des Menschen.

Dr. Motoyamas Erkenntnisse könnten die Grenzen zwischen den unterschiedlichen Religionen sprengen: Spirituelle Erfahrungen helfen, das Energiesystem des Menschen zu verbessern, unabhängig davon, welcher religiösen oder spirituell-esoterischen Richtung der einzelne Mensche angehört. Geistig-spirituelle Erfahrungen sind – so Dr. Motoyama – möglich, weil es die alles durchströmende Energie gibt. Der einzelne Mensch etwa beeinflußt durch tugendhaft-moralisches Auftreten und Leben seine geistig-religiöse Harmonie und Ausgeglichenheit. Dadurch wiederum wird der Körper positiv beeinflußt. Je mehr Menschen ein Gleichgewicht zwischen Yin und Yang erreichen, gleichgültig, welcher Religionsgemeinschaft sie angehören, desto ausgeglichener wird auch das Sein als solches. Der kleine Schritt des Individuums in die richtige Richtung ist demnach ein wichtiger Beitrag zur angestrebten Harmonie. Der Weg zur Besserung beginnt beim einzelnen Menschen. Dann fallen die »trennenden Grenzen«, der Mensch erkennt, daß die Ganzheit mit dem Leben, die er so sehnsüchtig herbeiwünscht, schon längst vorhanden ist. Die eingebildete Trennung muß nur als solche erkannt werden, dann löst sie sich auch schon auf.

Die Suche nach dem Glück beginnt im Taoismus beim Individuum. Der Taoist strebt es nicht als ein fernes Ziel an. Er baut seine Zukunft nicht auf die Hoffnung, das sehr ferne Ziel dereinst einmal erreichen zu können. Der Weg ist schon das Ziel.

Die Reise beginnt im einzelnen Menschen. Die Welt wird geändert, indem sich das Individuum ändert.

Jeder Mensch sehnt sich nach Glück: Der Ungläubige bedauert, daß er erst glücklich sein kann, wenn die Gesellschaft komplett umgestaltet ist. Weil er kaum daran glaubt, daß das je zu seinen Lebzeiten geschehen wird, verstärkt sich dadurch seine pessimistische Weltsicht. Der Taoist wartet nicht darauf, bis andere etwas geändert haben werden. Er fängt mit den kleinen Änderungen seines Ichs an – und empfindet den ersten Schritt hin zum Glück schon als Teil des Glücks. Er akzeptiert, daß der einzelne wenig machen kann, folgert daraus aber nicht, völlig untätig sein zu müssen. Zum Leben des Tao-Anhängers gehören die uralten Gesetzen des Feng-Shui, nach denen er sein Haus und seine Umgebung gestaltet, sowie der bewußte Einsatz der Meditation und der Akupunktur, die Ströme im Körper wieder im Gleichklang fließen läßt.

Im innersten Selbst des einzelnen beginnt der Weg des Tao.

Bildnis des Kung Fu-Dse
Steinabreibung
Han-Dynastie

7. DER KONFUZIANISMUS: VOM HIMMEL IM MENSCHEN

Martin Luther unterschied im sechzehnten Jahrhundert zwischen zwei Welten oder zwei Reichen. Auf der einen Seite sah er die Hoffnung auf das versprochene gerechte Gottesreich der Zukunft. Luther hielt es für möglich, daß es unmittelbar vor der Tür stand. Für ihn waren die Bedrohung Europas durch muslimische Truppen und die mörderischen Bauernkriege deutliche Hinweise auf das Ende der Dinge. Auf der anderen Seite aber erkannte er die realpolitische Wirklichkeit der irdischen Welt. Nach Luther gab es keinen Platz für Jesu Bergpredigt der Nächstenliebe »im Rathaus«.

Da mußte hart entschieden und notfalls brutal durchgegriffen werden. Mit Jesu Ermahnung, den Feind zu lieben, war weder den angreifenden türkischen Truppen noch den vor Zorn rasenden Bauern beizukommen. Martin Luther betrachtete es als Werk der göttlichen Gerechtigkeit, die aufständischen Bauern zu töten und mit Waffengewalt die angreifenden Ungläubigen wieder zu vertreiben. Mochte der Adel als Obrigkeit noch so ungerecht sein, mochte er die ihm unterstellten niederen Stände noch so hart und willkürlich ausbeuten – die Geknechteten hatten nicht das Recht, sich empört zu erheben und ihre Peiniger zu bestrafen.

Luther postulierte eine Pflicht des Untergebenen, seiner Obrigkeit zu gehorchen. Einen Angriff gegen die staatliche Autorität sah der Reformator als Angriff auf Gott an. War doch die Welt, so wie sie war, von Gott selbst eingerichtet worden. Demnach hatte Gott selbst die einen Menschen ganz oben positioniert und die anderen ganz unten. An dieser Einteilung der Schöpfung zu zweifeln oder gar zu rütteln bedeutete Auflehnung gegen Gott selbst und mußte entsprechend geahndet werden. Das Schwert, mit dem der Adelige seinen aufständischen Bauern die Köpfe abschlug, war zum Schwert Gottes geworden.

Luther zeichnete eine Zwei-Reiche-Lehre: Hier war die irdische und oftmals ungerechte Welt – dort die künftige Welt, in der Gottes Gerechtigkeit vorherrschen würde. Nur wer auch die ungerechte irdische Obrigkeit als gottgewollt hinnimmt, dem bietet sich dereinst die Chance, im himmlischen Paradies die Segnungen Gottes zu genießen. Bauernknecht wie Fürst würden am Ende der Zeiten vor das göttliche Gericht gestellt werden und die göttliche Strafe erhalten. Kein Bauer durfte es wagen, der göttlichen Gerechtigkeit schon im irdischen Jammertal vorzugreifen. Das oblag nur Gott selbst dereinst beim himmlischen Strafgericht.

Bei Luther also findet sich eine gewaltige Diskrepanz zwischen der Theologie vom gerechten Gott einerseits und der ungerechten Wirklichkeit andererseits. Was Luther den Gläubigen für die Zukunft nach dem Ende der Zeiten versprach, forderte Konfuzius bereits rund zwei Jahrtausende früher für die Gegenwart: Harmonie und nicht Dissonanz, Einheit und nicht Zwietracht, Gerechtigkeit und nicht Unrecht.

Konfuzius (551 bis 479 v. Chr.) hieß eigentlich Kong-zi, zu deutsch »Herr« oder »Meister Kong«. Daraus entwickelte sich wohl schon zu Lebzeiten des Weisen sein Name Kong Fuzi, zu deutsch »Lehrer Kong«. Jesuitische Mönche machten daraus – latinisierend – Konfuzius. Nach heutigem Verständnis war Kong sein Nachname, Fuzi hingegen sein Titel. Sein Kindesname lautete Qiu. Dazu kam sein öffentlicher Rufname Zhongni. Qiu läßt sich mit »Erdhügel«, Zhongni mit »Ni, der Zweitälteste« übersetzen. Warum wurde der kleine Konfuzius nach einem Berg benannt? Herr Kong, der Vater, war bereits siebzig Jahre alt, als er zum zweiten Mal heiratete – eine blutjunge Frau. Man wünschte sich ein Kind – und bat um himmlischen Beistand. Gemeinsam bestieg das Ehepaar den Ni Qiu, einen Berg für Kindersegen. Im Tempelheiligtum sprachen die Eheleute innige Gebete. Als sich dann der erhoffte Nachwuchs tatsächlich einstellte, wollten sich die glücklichen Eltern bei der Welt des Übernatürlichen für die Erhörung ihres Wunsches bedanken. Also wurde dem Wunschkind der Berg in den Namen gesetzt. Vater Kong hatte mit seiner ersten Frau bereits ein Kind, ebenfalls einen Sohn, Meng Pi genannt. Da Konfuzius in zweiter Ehe das zweite Kind seines Vaters war, bekam er auch noch den Rufnamen Zhongni, der »Zweitälteste«.

Im Verlauf der letzten zweieinhalb Jahrtausende sind verschiedene Biografien von Konfuzius erschienen, die zum Teil widersprüchliche Angaben zum Leben des großen Religionsgründers machen. Übereinstimmung herrscht aber über die zentralen Lebensdaten. Kein Zweifel herrscht darüber, daß Konfuzius von adliger Herkunft war. Er stammt in direkter Linie von den Königen von Shang ab. Trotz der edlen Vorfahren wuchs er in ärmlichen Verhältnissen auf. Sein Vater starb schon drei Jahre nach der Geburt des Knaben. Die Obrigkeit zeigte sich sehr knauserig: Sie wies der Mutter des Konfuzius nur ein kleines Stück Land zu, dessen Ertrag karg war, aber ausreichte, um die dreiköpfige Familie zu ernähren. In seinen »Gesammelten Worten« konstatierte Konfuzius selbst (Lunyu 9.6): »In meiner Jugend war ich von niederer Stellung, weshalb ich mich in vielen einfachen Dingen auskenne.«

Offensichtlich erhielt Konfuzius eine sehr gute schulische Ausbildung – aber von wem? Die Meinungen gehen hier auseinander: Wurde er in einer der vornehmen Adelsschulen unterrichtet? Oder erhielt er seine Ausbildung von seiner Mutter Yan Zheng und von seinem Großvater Yan Xiang? Mit sechs Jahren jedenfalls begann Konfuzius bei seiner Mutter die komplizierten Schriftzeichen zu lernen. Nach drei Jahren Privatunterricht besuchte er eine Schule. Drei Jahre später gab es da für den Jungen nichts mehr Neues zu studierren. Mit zwölf Jahren schickte ihn deshalb seine Mutter zum Großvater, und der angesehene Gelehrte unterrichtete seinen Enkel in den »sechs Disziplinen« Ritus, Musik, Bogenschießen, Wagenlenken, Schreiben und Rechnen.

In der langjährigen Schulausbildung schien viel für eine politische Karriere getan worden zu sein. Konfuzius, in den Disziplinen des Adels bewandert, mußte sich allerdings mit einem höchst bescheidenen Posten begnügen. Als »Scheunenaufseher« begann seine Laufbahn. Mehrfach wechselte er seine Stellung und avancierte zunächst zum Herdenaufseher, schließlich zur »Überwachungsperson«. Ihm oblag es, die angelieferten Getreidemengen zu kontrollieren.

Offensichtlich bewährte sich Konfuzius und fiel jemandem an höherer Stelle auf, denn eines Tages wurde er zum Verwaltungschef der Stadt Zhong Du ernannt. Kein Geringerer als Herzog Ding glaubte an Konfuzius. Der junge Mann sollte seinen Gönner nicht enttäuschen. Er war nicht nur ein Mensch der hehren Ideale, sondern verstand auch viel vom praktischen Leben. So bekämpfte er ganz gezielt Betrug und Korruption. Die von Händlern und Beamten benutzten Gewichte und andere Maße wurden unter seiner Aufsicht streng kontrolliert und korrigiert. Kein Bauer konnte mehr beim Verkauf seiner Ware betrogen werden, und kein Kunde mußte mehr befürchten, zuviel Geld für zuwenig Ware bezahlen zu müssen. Keinerlei Unregelmäßigkeiten beim Kauf und Verkauf von Grundstücken wurden mehr geduldet.

Herzog Ding war begeistert. Konnte die Befriedung einer Stadt als Vorbild für das ganze Land genommen werden? Konfuzius traute es sich zu, auch den Staat Lu in Ordnung zu bringen. Er akzeptierte die Beförderung zum Bau- und kurz darauf zum Justizminister. Wieder arbeitete er streng und effektiv. Er bekämpfte Korruption und Faulheit und modernisierte den gesamten Staatsapparat, indem er vor allem die Verwaltung durchschaubarer machte. Die Gesetze wurden wieder auf alle angewandt. Vergehen wurden bestraft, gleichgültig, von wem sie begangen wurden. Auch höchste Beamte mußten damit rechnen, hingerichtet zu werden.

Würden sich die Methoden des Konfuzius auch über die Landesgrenzen von Lu hinaus bewähren? So schien es zu sein. 499 v. Chr. leitete Konfuzius als Zeremonienmeister die Verhandlungen zwischen den Fürsten von Lu und Qi. Man einigte sich schließlich, und der Fürst von Qi trat freiwillig umstrittene Grenzgebiete an Lu ab.

Nach diesen beachtlichen außenpolitischen Erfolgen wandte sich Konfuzius wieder der Innenpolitik zu. Loyal versuchte er die Position von Herzog Ding im eigenen Lande zu stärken. Um das zu erreichen, mußten die drei miteinander rivalisierenden mächtigen Familien Ji, Shusun und Mengsun kontrolliert und teilweise entmachtet werden. Weitblickend erkannte Konfuzius die Gefahr, die von den drei Familien ausging. Sie konnten sich zusammentun und sich gegen den Herzog erheben. Konfuzius glaubte an die Autorität, die ihm seine Ämter, aber auch seine allgemein anerkannte moralische Integrität verliehen. So versuchte er die drei mächtigen Familien dazu zu bewegen, ihre wehrhaften Burgen abzubauen.

Das Ende des Politikers Konfuzius wurde mit einer großzügigen Geste eingeleitet: Der Herzog von Qi machte dem Herzog von Lu ein gewaltiges Geschenk: 120 Pferde und 80 schöne junge Frauen, die hervorragende Tänzerinnen und Musikantinnen waren. Herzog Ding nahm begeistert an. Wie von seinem Feind vorhergesehen, kümmerte sich er sich danach immer weniger um seine Staatsgeschäfte, was Konfuzius als Pflichtvernachlässigung tadelte. Als der Landesvater auch seinen wichtigen religiösen Pflichten nur noch zögerlich nachkam, kritisierte ihn Konfuzius noch heftiger und legte schließlich seine Ämter nieder, da er sich als gescheitert ansah.

Allerdings gab er nicht generell seine Hoffnung auf, höchste Anforderungen an die ersten Männer im Staat durchsetzen zu können. So bereiste er das Riesenreich China, von den Oberhäuptern der verschiedenen Staaten stets gern gesehen. Auch in obersten Positionen schätzte man die Gelehrtheit des Konfuzius. Zahlreiche Einladungen ergingen an ihn. Finanzielle Angebote bekam er reichlich – nur nicht das, wonach er sich eigentlich am meisten sehnte! Kein Politiker von Bedeutung wollte ihm ein wichtiges Amt anbieten, das es ihm ermöglicht hätte, seine Ziele in aktive Politik umzusetzen.

Im Jahre 484 v. Chr. schien sich nach langen Jahren des Herumwanderns endlich eine echte Gelegenheit zu bieten. Herzog Ding von Lu war inzwischen gestorben. Sein Nachfolger Ai von Lu bat Konfuzius mit Erfolg, in die alte Heimat nach Lu zurückzukehren. Wollte der neue Landesvater Konfuzius wieder als mächtigen Politiker im eigenen Staate sehen? Mag sein, aber vermutlich genügte er den Ansprüchen nicht, die Konfuzius an einen herausragenden Machthaber stellte. Konfuzius nahm die Einladung zwar dankend an, doch er gab seinen lange gehegten Plan auf, an vorderster Front im Staatsdienst seine Gedanken in die politische Wirklichkeit des Alltags umzusetzen.

Konfuzius war als Politiker gescheitert. Aber warum war es ihm nicht gelungen, die eigenen Vorstellungen in der Tagespolitik umzusetzen? Zu seinen Lebzeiten war er keineswegs der einzige

Denker, der durch China zog, um sich als Politiker anzubieten. Die Mächtigen der Zeit hatten die Qual der Wahl. Zudem waren die moralischen Anforderungen, die Konfuzius an die Politik stellte, sehr hoch, so daß kaum jemand glaubte, sie erfüllen zu können.

Noch stärkerer Widerstand schlug Konfuzius von den niedrigen und mittleren Chargen in der Verwaltung entgegen. Unzählige Beamte und Politiker hatten Angst vor ihm und fürchteten um die eigenen Posten, um ihre Macht und ihre Zukunftsaussichten, sollte Konfuzius wieder zu Amt und Würden gelangen.

Schließlich gab Konfuzius seine Pläne auf, ohne jedoch zu resignieren. Wenn es ihm nicht gelingen sollte, selbst als Politiker die Machtverhältnisse zugunsten einer religiösphilosophischen Umorientierung zu gestalten, dann mußte er eben Lehrer werden! Als Lehrer war er dazu in der Lage, möglichst viele Schüler zu unterrichten, und je mehr Schüler er in seinem Sinne erzog, desto größer war die Chance, daß aus ihren Reihen auch Politiker hervorgehen würden, die seine Gedanken in die Tat umsetzen würden.

Als Pädagoge setzte Konfuzius vor rund zwei Jahrtausenden Maßstäbe. Ihm, dem ersten Privatlehrer Chinas, ging es nicht darum, den Schülern ein möglichst großes Wissen zu vermitteln. Seine Methode bestand darin, gleichnishafte Erzählungen vorzutragen und die Schüler zu eigenständigem Denken anzuleiten. Die Schüler sollten dazu in die Lage versetzt zu werden, jeder Situation auf Grund eigenen Denkens gerecht zu werden.

Und wenn es heißt, daß jeder Schüler zum eigenen Denken geführt werden soll, dann bedeutete dies für Konfuzius konkret: Jeder mußte auch die Chance erhalten, daß ihm eine möglichst gute Ausbildung zuteil wurde, gleichgültig, wie der Geldbeutel seiner Eltern aussah. »Wenn man eine Erziehung genießt, dann zählt die Standesherkunft nicht.« (Konfuzius, Lunyu 15.38)

Pro forma forderte Konfuzius, der als Lehrer von reichen Zöglingen ein Vermögen hätte verdienen können, eine bescheidene »Gebühr«. »Wer aus eigenem Antrieb ein Bündel Dörrfleisch band, um es mir zu überreichen, dem habe ich noch immer etwas beigebracht.« (Lunyu 7.7)

So unterrichtete er im Laufe seines Lebens etwa dreitausend Schüler aus allen Schichten. Viele von ihnen stammten aus einfachsten Verhältnissen. Höfliche Jasager waren ihm nicht nur suspekt, er ärgerte sich sehr über sie und kritisierte immer wieder ihr fehlendes Interesse, aber auch ihre mangelnde Hilfsbereitschaft. Für Konfuzius war ein Schüler, der zu allem, was er als Lehrer vortrug, »Ja und Amen« sagte, desinteressiert und unhöflich. Er sah Widerspruch und Protest der Schüler als Hilfsbereitschaft ihm gegenüber an. Ein Schüler, der den verehrten Lehrer auf einen Fehler hinwies, machte ihn stolz. Nur jemand, der wirklich gut ausgebildet worden war, war auch in der Lage, Fehler auszumachen und offen darüber zu sprechen.

So sehr er einerseits darauf Wert legte, daß jeder Zugang zu Schulbildung erhielt, verabscheute Konfuzius andererseits Gleichmacherei. Für ihn hatte es nichts mit Gerechtigkeit zu tun, jeden Schüler gleich zu behandeln. Vielmehr meinte er es jedem Schüler schuldig zu sein, ihn individuell zu behandeln. »Wer über dem Durchschnitt steht, dem kann man die höchsten Dinge sagen. Wer unter dem Durchschnitt steht, dem kann man nicht die höchsten Dinge sagen.« (Konfuzius, Lunyu 6.19):

Bequem war diese Pädagogik nicht für Konfuzius. Um jeden Schüler nach seinen ganz persönlichen Fähigkeiten behandeln zu können, mußte er ihn genau kennen, also nicht nur vordergründig seinen Wissensstand, sondern auch seinen Charakter.

Konfuzius hatte ein Ideal vom Staatswesen, wie es einmal aussehen sollte. Von der Verwirklichung dieses Ideals sah er die Gesellschaft, in der er lebte, weit entfernt. Daher versuchte er, so vielen Schülern wie nur möglich diese Ideale zu vermitteln. Ein Gemeinwesen konnte nur optimal funktionieren, wenn jeder Mensch in dieser Gemeinschaft optimal ausgebildet war, ohne Benachteiligung wegen seiner sozialer Herkunft. Selbständiges Denken war das höchste Gut des Menschen. Deshalb sollten die Schüler des Konfuzius im Unterricht die Kunst des eigenständigen Lernens vermittelt bekommen: in einem Prozeß des Zusammenwachsens von Lehrern und Schülern. Wer eine solche Schule durchlief, der würde keine sinnlose theoretische Ausbildung aufgebürdet erhalten. Vielmehr würde er dann ein vollwertiges Mitglied im Staate sein, der stets zum Wohle der Gemeinschaft handelte. Der Gebildete ist für Konfuzius eine moralisch integere Person, die über dem »Amtsträger« steht, der zwar Titel und Würden besitzt, aber nicht wirklich etwas zum Gemeinwohl beiträgt.

Allerdings hieße es Konfuzius falsch zu verstehen, wenn man ihm unterstellen würde, er habe erwartet, der Zugang aller zum Bildungssystem führe zu einer Volksgemeinschaft, in der alle gleich klug und gleich integer seien. Konfuzius wollte das Potential der Bevölkerung optimal ausgenutzt sehen. Am Ende seines von ihm propagierten Schulsystems stand eine verantwortungsbewußte Bildungselite. Von dieser relativ kleinen Schar von Menschen erwartete er schwere Arbeit: Sie sollte den Staat wieder in Ordnung bringen.

Konfuzius strebte eine Elite, bestehend aus Junzis, aus »Edlen«, an. Jeder Edle sollte durch eigenes Denken und Lernen sein eigenes Potential so weit wie möglich ausnützen. Wer Hilfe suchte, sollte lernen, daß sie nicht in der Anonymität der anderen zu finden ist, sondern im eigenen Ich. Wer Hilfe sucht und dabei die Welt durchwandert, der kommt letztlich wieder bei sich selbst an. Von innen sollte die Hilfe kommen: Der Junzi bildet und vervollkommnet sich stets selbst. Er baut eine Familie auf, die er so harmonisch wie nur möglich gestaltet. Viele harmonische Familien wiederum ergeben den harmonischen Staat. Aus der Ruhe des einzelnen Menschen entsteht die harmonische Familie, daraus resultiert wiederum der harmonische Staat – und schließlich die harmonische Welt.

Konfuzius war ein glühender Verfechter eines guten und gerechten Bildungssystems, das keinen Selbstzweck erfüllte. Es sollten vielmehr die Voraussetzungen dafür geschaffen werden, daß sich der einzelne Mensch optimal für Familie, Land und schließlich im besten Falle für den Weltfrieden einsetzen konnte. Ein jeder Mensch sollte darum bemüht sein, ein Junzi zu werden. Ein Junzi ist mehr als jemand, der sich davor hütet, gegen Gesetze zu handeln. Gewiß: Wer brav Gesetze befolgt, der fügt der Volksgemeinschaft keinen Schaden zu, aber ein solcher Mensch handelt deshalb noch lange nicht moralisch.

Auch ein Junzi vermeidet jene Handlungen, die vom Gesetzgeber verboten wurden. Er tut nichts Böses. Doch warum? Er verzichtet nicht etwa auf böse Handlungen, weil er sonst wegen des gesetzeswidrigen Handelns bestraft wird. Ein Junzi bemüht sich darüber hinaus, moralisch zu handeln. Wer – wie der Junzi – nach sittlich-moralischer Vervollkommnung strebt, der entwickelt Schamgefühl. Wer über dieses Schamgefühl verfügt, benötigt keine Gesetze, die vorschreiben, was zu unterlassen ist. Nur so sei es nach Konfuzius möglich, einen moralischen Staat zu erreichen.

Der weise Lehrer war überzeugt, daß dieser Gesellschaftswandel nicht durch Gesetze erzwungen werden konnte. Selbst wenn alle Gesetze befolgt werden, hat dies keine moralische Gesellschaft zur Folge. Die von Konfuzius angestrebte Gesellschaft wird nur durch Erziehung erreicht. »Eine hundert Jahre lang gütige Führung kann die Grausamen zivilisieren und die Todesstrafe überflüssig machen.« (Konfuzius, Lunyu 8.11)

Martin Luther sah die jesuanische Bergpredigt als ein Ideal an, das erst in der Zukunft verwirklicht werden würde. In der Gegenwart dagegen müsse mit harter menschlicher Hand regiert werden, bis dann nach der Rückkehr des Messias das Reich Gottes beginnen könne. Dann erst setze die himmlische Herrschaft ein, gemäß dem dann allgemein gültigen Gebot Jesu: »Liebe deinen Nächsten wie dich selbst ...« Vordergründig ist da eine Parallele zwischen Luther und Konfuzius zu erkennen: Luther wie Konfuzius hofften auf Veränderungen. Erst im Anschluß daran würde das eigentliche, das angestrebte Leben beginnen. Die Parallele ist aber nur eine sehr vordergründige, denn Luther glaubte, daß das gute, göttliche Gesetz erst das Leben der Menschen bestimmen werde, nachdem Gott das Ende der Zeiten eingeläutet haben würde. Mit anderen Worten: Von außerhalb der irdischen Welt würde Gott kommen und der Ungerechtigkeit auf Erden endlich das lang ersehnte Ende bereiten.

Auch Konfuzius meinte, daß noch eine gewisse Zeit abgewartet werden müsse. Bis dahin hielt er es für das Wohl der menschlichen Gesellschaft für erforderlich, daß schlimme Gesetzesübertreter hingerichtet werden. Der Paradigmenwechsel erfolgt bei Konfuzius allerdings nicht von außen. Er wird nicht von einer irdischen oder himmlischen Macht angeordnet. Konfuzius baut darauf, daß der Wechsel zur wahrlich humanen Gesellschaft das Ergebnis menschlichen Strebens sein wird.

Um dieses Streben in Gang zu setzen, mußte es nur Menschen in ausreichender Zahl geben, die eine moralische Gesellschaft wollten. Den Wunsch nach einer solchen Gesellschaft sollte der gute Lehrer seinen Schülern in die Herzen pflanzen. Das würde dann dazu führen, daß die Menschen selbst eine humane Gesellschaft entstehen lassen. Im Judentum sind es die mosaischen Gesetze, die befolgt werden müssen. Im Islam sind es die Gesetze des Korans, denen nicht widersprochen werden darf. Nach

Konfuzius aber können Gesetze nur vordergründig Schaden verhindern. Erst das wahrhaft moralische Verhalten würde Gesetze überflüssig machen. Dann würde niemand mehr Böses tun, weil dies mit dem eigenen Schamgefühl nicht in Einklang zu bringen ist.

Bei einem großen Erzieher wie Konfuzius verwundert es heute, daß er – bei aller Betonung der Bildung – zwischen zwei Gruppen von Menschen unterschied: den Wissenden und den Narren. Er teilte die Menschen in vier Gruppen ein:

Gruppe A: Menschen, die von Geburt an wissend sind und erst gar nicht unterrichtet werden müssen.

Gruppe B: Menschen, die zwar unwissend geboren werden, die aber bereit sind, sich durch Lernen Wissen anzueignen.

Gruppe C: Menschen, die von Natur aus faul sind. Auch sie sind unwissend geboren. Aber sie erkennen ihre Chance, wenn auch spät: Erst wenn sie äußere Umstände dazu zwingen, lernen sie.

Gruppe D: Menschen, die unter keinen Umständen dazu bereit sind, zu lernen. Selbst wenn Probleme auftauchen, entsteht bei diesen Menschen keine Bereitschaft, durch Lernen die Probleme zu lösen. Sie sind unwissend geboren und bleiben es, allen äußeren Umständen zum Trotz. Sie nehmen lieber Benachteiligung und Unglück auf sich, als daß sie sich hilfreiches Wissen aneignen.

Für Meister Konfuzius stehen die Menschen der Gruppe A auf der höchsten Stufe des Menschseins. Aber anders als beim indischen Kastensystem sind die Grenzen zwischen den Gruppen überwindbar. Die Menschen der Gruppe B können, wenn sie fleißig lernen, in die Gruppe A aufsteigen. Konfuzius bewertet Menschen, die von Geburt an alles wissen, und solche, die sich dieses Wissen erst erarbeiten müssen, gleich. Studiert man sein pädagogisches Werk, kommt man zum Schluß, daß er die Menschen der Gruppe B besonders hoch einschätzt, weil sie aus eigener Kraft ihre Position im Leben erreichen. Er selbst klassifizierte sich übrigens als Mensch der Gruppe B. »Ich bin nicht ein Mensch, der von Natur aus viele Dinge weiß. Ich weiß dagegen viele Dinge, weil ich das System des Altertums liebe und fleißig davon gelernt habe.« (Lunyu 7.19)

Das Vier-Gruppen-System des Konfuzius ist alles andere als fatalistisch. Es verdeutlicht: Manche kommen zwar mit Wissen auf die Welt, aber alle können sich mit Anstrengung und Fleiß Wissen aneignen. Wenn sie es nicht aus eigener Initiative tun, zwingt sie manchmal das Leben. Nur wenn sie partout nicht lernen wollen, ist ihnen nicht zu helfen.

Das Leben des Junzi soll von Tugenden bestimmt werden. Konfuzius listet die Tugenden von zentraler Bedeutung auf, definiert aber nicht immer erschöpfend ihre konkrete Bedeutung. Wieder einmal wird deutlich, daß die Übersetzung wichtiger religiöser Begriffe auch eine Interpretation darstellt. Ein Junzi muß von »Ren« erfüllt sein. Ist er das nicht mehr, hat er aufgehört, ein Junzi zu sein. Offensichtlich wurde Konfuzius im Laufe seiner Lehrtätigkeit immer wieder nach Ren gefragt. Man kann im Lunyu drei Wege erkennen, die dem Menschen helfen, Ren zu praktizieren und ein Edler zu sein.

Selbstlosigkeit ist die Grundlage des Ren (Lunyu 6.20). Der Edle soll sofort in Erscheinung treten, wenn es darum geht, einem Mitmenschen aus einer mißlichen Lage herauszuhelfen. Sobald es aber darum geht, aus einer Situation persönliche Vorteile zu ziehen, soll sich der Junzi zurückziehen. Der zweite Weg zum Ren kann mit Jesu Gebot der Nächstenliebe umschrieben werden. Auch Konfuzius fordert, dem Mitmenschen jene Liebe entgegenzubringen, die man sich selbst gegenüber empfindet. Im Lunyu (6.28) befiehlt er: »Hilf auch anderen, sich zu festigen, wie du dich selbst zu festigen suchst. Hilf auch anderen, erfolgreich zu sein, wie du erfolgreich zu werden suchst.«

Diese goldene Regel des Konfuzianismus findet sich, leicht abgewandelt, auch im Neuen Testament. Bei Matthäus heißt das Gebot des Konfuzius (Kapitel 7, Vers 12): »Alles, was ihr also von andern erwartet, das tut auch ihnen. Darin besteht das Gesetz ...« Und bei Lukas lesen wir (Kapitel 6, Vers 31): »Was ihr von anderen erwartet, das tut ebenso auch ihnen.«

Eine besondere Form der Nächstenliebe ist die von Konfuzius geforderte Pietät. Damit meint er den von Liebe geprägten Umgang mit den Eltern. Man muß ihnen als Sohn oder Tochter mit höchstem Respekt begegnen und alles tun, um sie zu erfreuen. Der Sohn muß die Eltern achten und stets auf ihr Glück bedacht sein. Er muß alles tun, damit sie gesund bleiben. Da sich liebevolle Eltern grämen, wenn ihre Kinder krank sind, soll man versuchen, ihnen diese Sorge zu ersparen und möglichst selbst gesund bleiben. Unterwürfigkeit paßt aber nicht zu dem Ideal der Pietät. Es gehört sehr wohl zu den wichtigen Aufgaben eines Sohnes, seinen Vater auch zu ermahnen und Ermahnungen durch den Vater zu akzeptieren.

Die Pietät den Eltern gegenüber entspricht der Loyalität dem Höhergestellten gegenüber. Der niedere Beamte muß Ermahnungen des Vorgesetzten akzeptieren, aber auch dazu bereit sein, den Vorgesetzten zu kritisieren. Der Vorgesetzte soll es als Hilfe ansehen, wenn ihn ein Untergebener auf Fehler aufmerksam macht. Loyalität bedeutet für Konfuzius nicht nur, daß der Untergebene dem Vorgesetzten gegenüber treu ist; sie bezeichnet auch die Verpflichtung des Höherstehenden dem Untergebenen gegenüber. Man hilft sich gegenseitig und lernt voneinander.

Wenn es zu Konflikten zwischen der Pietät zu den Eltern und der Loyalität zum Vorgesetzten kommt, ist für Konfuzius die Pietät wichtiger. Warum? Weil es um konkrete Menschenschicksale geht, um Beziehungen zu nahestehenden Menschen – und diese sind wichtiger als Beziehungen zwischen Menschen, die durch soziale Stellungen bestimmt werden.

Der dritte Weg zum Ren-shu wird von Konfuzius teilweise negativ formuliert. »Was man selbst nicht wünscht, das tue man auch anderen nicht an.« (Lunyu 15, 23). Shu wird oft mit »Nachsicht« oder »Verzeihung« übersetzt, doch treffen diese Ausdrücke nicht wirklich den Sinn des Wortes shu. Das chinesische Zeichen für shu besteht aus »wie/gleich wie« und »Herz«. Shu fordert also ein Handeln, so wie es das Herz befiehlt.

Ren kennzeichnet den Edlen. Dabei sieht der gläubige Anhänger des Konfuzianismus offensichtlich das Junzi-Sein als einen ständigen Prozeß. Der Mensch kann sich, je nach seinem Verhalten, dem Idealbild des Junzi ständig nähern, sich aber ebenso wieder davon entfernen. Man ist also nicht Junzi, sondern muß sich immer wieder bewähren. Der Junzi soll stets höflich, großzügig und verläßlich sein. Außerdem handelt er schnell und spontan und ist generell wohltätig. Dabei ist er frei von Gier, tritt bescheiden auf und verzichtet auf bombastische Worte.

Für Konfuzius gibt es Handlungsweisen, die für den Edlen selbstverständlich sind; andere hingegen sind für ihn unvereinbar mit dem Junzi-Sein. Ein Mensch mag noch so positive Eigenschaften haben, negative Neigungen würden dennoch verhindern, daß er ein Edler ist. Wenn ein Mensch auch rachsüchtig ist, wenn er mit seinen guten Taten prahlt oder wenn er von Eroberungslust getrieben wird, dann ist er kein Junzi.

Neben Ren (Nächstenliebe) fordert Konfuzius noch »li«. Seit Jahrhunderten herrscht Uneinigkeit, wie dieser chinesische Terminus zu übersetzen ist. Am ehesten entspricht das Wort »Gerechtigkeit« den Vorstellungen des Konfuzianismus. Gerechtigkeit bedeutet aber nicht nur, daß der Mensch sich entsprechend den Rechtsnormen verhält. Gewiß, er muß die für das

Gemeinwohl aufgestellten Gesetze befolgen. Er muß sich auch entsprechend den überlieferten Bräuchen und Sitten verhalten.

Wichtig ist: Konfuzius erwartet vom Edlen, daß er aus sich heraus gerecht ist. Der Junzi benötigt keine Paragraphen, nach denen er sein Verhalten ausrichtet. Er übt Nächstenliebe in selbstloser Weise. Er hat das innere Bedürfnis, aus sich selbst heraus gerecht zu sein. Gerechtigkeit ist für Konfuzius ein Wesenszug des Junzi. Er ist gerecht, indem er den hohen Anforderungen entspricht, die er sich selbst stellt. Er steht über den staatlichen Normen und muß in jeder Situation selbst entscheiden, was gerecht ist. Regeln und Gesetze, die der Junzi von außen vorgegeben bekommt, sind also nicht die höchste Instanz für sein gutes Verhalten. Der Junzi selbst ist höchste Autorität.

In diesem Punkt unterscheidet sich der Konfuzianismus ganz entscheidend von den normativen Weltreligionen Judentum und Islam. Dort soll ein System von Gesetzen, das im Verlauf der Jahrhunderte immer komplizierter wurde, buchstabengetreu befolgt werden. Fremdes Vordenken muß nachvollzogen werden. Dabei hat die »Gerechtigkeit« stets das Miteinander der Menschen im Auge. Gesetze schreiben vor: Du darfst dem Mitmenschen nichts wegnehmen, weil du damit in sein Recht eingreifst. Gerechtigkeit dient der Verhinderung von Unrecht.

Erst Jahrhunderte nach Konfuzius gab es ein Umdenken in verschiedenen Schulen. Das »himmlische Prinzip« wurde eingeführt: Der Monarch regiert über sein Land, der Vater bestimmt über den Sohn, der Ehemann dominiert die Frau. Diese Herrschaftsformen im kleinen wie im großen wurden durch »Gerechtigkeit« erhalten. Es gab also übergeordnete Interessen, die höher bewertet wurden als die des einzelnen Menschen. Das war ganz und gar nicht im Sinne des Konfuzius.

Gesetze sind für Konfuzius allenfalls Hilfen, die aber in der Regel zu allgemein gefaßt sind, um auf jede einzelne Situation zu passen. Vor allem ist Gerechtigkeit keine Grundlage für allgemeine Gesetze, die alle immer befolgen müssen. Der Junzi ist aus sich heraus gerecht und handelt in jeder Situation entsprechend dem eigenen Rechtsempfinden. Somit verweist Konfuzius den Menschen bei der Suche nach »richtigem« Verhalten auf sich selbst. Die Frage der Fragen aber ist: Woher soll das Rechtsempfinden kommen? Ist es angeboren? Nach Konfuzius sind manche Menschen von Geburt an gerecht. Andere müssen Gerechtigkeit erst lernen. Von wem? Natürlich von Lehrern, die ihnen helfen, gerecht zu werden. Konfuzius verhilft dem Schüler zum eigenen Denken. Durch eigenes Denken und Lernen erfährt er, wie er sich verhalten muß, um ein gutes, gerechtes Leben zu führen.

Wenn es Menschen mit angeborenem Wissen gibt, woher stammt es aber? Wenn andere Menschen von Lehrern unterrichtet werden müssen, woher beziehen die Lehrer ihre Kenntnisse? Im Judentum war es Gott Jahwe, der den Menschen durch die mosaischen Gesetze beibrachte, was gut und was böse ist. Im Islam war es wiederum Allah, der den Menschen die Normen des Verhaltens zukommen ließ. Ein Engel diktierte dem Menschen Mohammed den Koran, somit erhielt also der Mensch göttliches Gebot. Der Mensch muß sich nach diesen Vorstellungen gemäß einer »himmlischen Richtschnur« verhalten, die ihm vorgegeben wird. Anders ausgedrückt: Der Mensch unterwirft sich (sein Denken) göttlichen Vorschriften (göttlichem Denken).

Offensichtlich geht dieses Denken von chaotischem menschlichem Verhalten aus, das durch göttliche Vorschriften in die richtigen Bahnen geleitet werden muß. Konfuzius fand ein religiöses Denken vor, das von ganz ähnlichen Vorstellungen ausging. Auf der einen Seite war das Unten des Menschlichen, auf der anderen Seite das himmlische Oben, die göttliche Macht des Shangti, des obersten Herrschers. In anderen theologischen Bildern sah dieses Oben diffuser aus: es war ganz einfach der Himmel.

Diese beiden Gegensätze mußten zusammengeführt werden, damit eine kosmische Ordnung möglich wurde. Unklar ist die Haltung des Konfuzius in der Frage nach Gott. Judentum, Christentum und Islam beschreiben Gott als den Schöpfer der Welt. Dafür schuldet der Mensch Gott Dankbarkeit. Er soll, so fordern diese Religionen, Gott verehren. Aus Dankbarkeit muß der Mensch die göttlichen Gebote befolgen. Bei Konfuzius findet sich keinerlei Hinweis auf die Schöpfung. Nirgendwo gibt es einen Hinweis auf die Dankbarkeit, die der Mensch Gott schuldet. Schon gar nicht kennt der Konfuzianismus irgendwelche Hinweise auf sündhaftes Verhalten der Menschen, das von Gott bestraft wird, so wie es vom Judentum und vom Christentum gelehrt wird.

Kann man deshalb Konfuzius als areligiös bezeichnen? Nein, er akzeptiert offensichtlich religiöse Gedanken, die zu seiner Zeit allgemein akzeptiert wurden. So galt zu Zeiten des Konfuzius eine Art Gottesgnadentum: Der weltliche Regent herrschte über die Menschen, weil er dazu vom Himmel autorisiert war. Diese himmlische Unterstützung konnte ihm aber schnell entzogen werden, was dann zu einem Regierungswechsel führte. So soll Jie aus der Xia-Dynastie ein unwürdiger Vertreter himmlischer Autorität auf Erden gewesen sein. Zum großen Ärger der Götter verfügte er über keine echte Autorität. Vielmehr erwies er sich immer mehr als williges Werkzeug einer bösartigen Konkubine. Das Volk mußte die Grausamkeiten der unberechenbaren Frau ausbaden. So geriet bald die soziale Ordnung auf Erden durcheinander.

Die Götter entzogen daraufhin dem Jie ihre Unterstützung. Damit endete die Xia-Dynastie und wurde durch die Shang-Dynastie (16. bis 11. Jahrhundert vor Christus) ersetzt. Auch die Regentschaft der Shang-Herrscher soll beendet worden sein, weil die Mächtigen von Gottes Gnaden bei den Himmlischen in Ungnade fielen. Herrscher zu sein bedeutete in jener Zeit, das Amt dank der Götter auszuüben. Wichtigstes Kriterium für die Auswahl eines Regenten war nicht etwa sein politisches Geschick. Es kam nicht darauf an, daß jemand besonders gut mit Menschen umgehen konnte; an erster Stelle stand der Kontakt mit den Geistern der Verstorbenen und mit den Göttern.

Daher stellten auch die Schamanen die Könige, denn sie waren prädestiniert für den Kontakt mit den überirdischen Welten.

Militärische und religiöse Macht waren in einer Hand vereint, und militärpolitische Entscheidungen wurden stets nach Befragen der Götter gefällt. Fragen von zentraler Bedeutung wurden in Tierknochen graviert. Die Gebeine wurden dann im Feuer erhitzt, und in der Glut bildeten sich dann Risse in den Knochen, die sorgsam studiert und als Antwort der Götter auf die Fragen gedeutet wurden.

Konfuzius hat nirgendwo in seinem Schrifttum die himmlische Legitimation der irdischen Herrscher in Zweifel gezogen. Andererseits gibt es aber auch keine Äußerung von ihm, die als aktive Unterstützung dieses Prinzips gewertet werden kann. Nirgendwo findet sich auch nur der Hauch eines Hinweises darauf, daß göttlicher Ratschluß über Wohl und Wehe eines Herrschers entscheiden. Statt dessen beschreibt Konfuzius sehr ausführlich, welche Bedingungen ein Mensch erfüllen muß, um würdig zu sein für das Amt eines Fürsten. Diese Bedingungen galten für jeden Menschen, der sich als Edler bewähren wollte.

Konfuzius sah sich als Lehrer, der den Menschen einen weiteren Wert vermittelt: »li«, das sich am ehesten mit Sittlichkeit übersetzen läßt. »Li« ist aber weiter gefaßt als Sittlichkeit im begrenzten moralischen Sinne, wenn man es als Gegensatz zu »unsittlich« versteht. Konfuzius begriff unter »li« ein »angemessenes Verhalten«. Jeder Mensch mußte darum bemüht sein, sich an die teilweise komplizierten Normen zu halten, die für jeden

Lebensbereich vorgeschrieben waren. »Li« war ein im Laufe der Jahrtausende entstandenes Regelwerk, das jedem Menschen ein Verhalten für jede denkbare Situation aufzeigte. Alles war von der Etikette bestimmt: wie man sich begrüßte, wie man das Glas zum Munde führte, welchen Gesang man zu welchem Anlaß vortrug, wie man wo zu welchem Anlaß sein Opfer darbrachte, wie man sich im Krieg Freund und Feind gegenüber verhielt, wie man als Familienvater den Familienangehörigen, Verwandten und Fremden entgegentrat, wie man seiner Freude oder seiner Trauer Ausdruck verlieh etc.

Auch die Sittlichkeit entsteht aus dem individuellen Bedürfnis des einzelnen Menschen, der in innerer und äußerer Harmonie leben möchte. Er möchte in sich selbst ruhend zufrieden sein – wie er auch fest in die Gemeinschaft eingebettet äußere Harmonie genießt.

»Li« als Tugend wurde schon zu Lebzeiten des Konfuzius von Freunden wie Gegnern kritisch gesehen. Aus dem tiefsten Selbst erwachsene Nächstenliebe konnte man kaum »schauspielern«. Die unzähligen Vorschriften der Sittlichkeit aber konnte man sehr wohl einhalten, ohne mit dem Herzen dabeizusein. So erklärte Konfuzius deutlich, daß ihm die Nächstenliebe wichtiger als die Sittlichkeit war. Was nützt es, so fragte er wiederholt seine Schüler, wenn ein Mensch zwar nach den Regeln der Sittlichkeit lebt, wenn ihm aber die aus dem Herzen kommende Nächstenliebe fehlt?

Die Sittlichkeit als Norm im Konfuzianismus wirft ein bezeichnendes Licht auf die von Konfuzius ins Leben gerufene Religionsphilosophie: Das Regelwerk der li-Sittlichkeit ist nicht etwa von Gott verliehen worden. Der Mensch hat es im Verlaufe der Jahrtausende selbst geschaffen. Es ist vielfältiges Gesetz für das Leben der Menschen miteinander, von Menschen für Menschen geschaffen. Es ist Beleg für die Kraft des Menschen, sich selbst

Normen zu schaffen, nach denen er leben kann und muß. Dazu bedarf es keiner wie auch immer gearteten Legitimation.

Auch die gewünschte Eigenschaft der Klugheit ist nach dem Verständnis des Konfuzius keine gottgegebene Gabe, sondern das Ergebnis menschlichen Strebens. In seinen Augen war das Lernen viel mehr als das Memorieren von Tatsachen. Es war weit wichtiger als das Abspeichern von möglichst vielen Daten. Ziel des Menschen ist es, so Konfuzius, durch eigenes ständiges Bemühen das Wahre zu erforschen und im eigenen Leben zu verwirklichen. Im Zentrum seines Denkens steht aber der ewig lernende Mensch, der auf der Suche nach innerer Harmonie entdeckt, daß er die in allen Lebensbereichen angestrebte Ausgeglichenheit nur in sich selbst finden kann. Dazu bedarf es keiner himmlischen Mächte oder komplizierter Theorien. Es genügt, wenn jeder nach den Vorstellungen lebt, die seinem Menschsein entsprechen.

Keine andere große Religion wird so entstellt dargestellt wie der Konfuzianismus. Angeblich wollte Konfuzius lediglich die »goldenen alten Zeiten« wiederaufleben lassen – als mächtige Herrscher von himmlischen Gnaden regierten, als klare Lebensregeln von allen Menschen respektiert wurden. Tatsächlich bekundete Konfuzius immer wieder, daß er »das Alte« liebe (Lunyu 7.1). In der Tat verehrte er die jahrtausendealte chinesische Kultur. So verwundert es nicht, daß er sich intensiv mit zum Teil uraltem chinesischem Schrifttum beschäftigte. Mehrere Bücher stellte er aus altehrwürdigen Quellen zusammen, die heute als der Kanon des Konfuzianismus gelten.

Das Buch »I-Ging«, auch »Buch der Wandlungen« genannt, soll in seiner Urform um 3000 v. Chr. von Kaiser Fu-hsi verfaßt worden sein. »Shi-ging«, eine Liedersammlung, wurde von Konfuzius aus umfangreichem Quellenmaterial ausgewählt und zusammengestellt. »Shu-ging«, »Buch der Urkunden«, geht auf die Zeit von Kaiser Yao (2350 v. Chr.) zurück. Das Werk stellt eine komplexe Sammlung aus Vorschriften, Erlassen und Merksprüchen dar. »Ch'un-ch'iu«, »Frühling und Herbst«, ist ein geschichtliches Werk. Vordergründig erzählt Konfuzius die Historie seines Heimatstaates Lu. Es geht aber um mehr: An konkreten Beispielen werden die Moralvorstellungen des Konfuzius verdeutlicht. »Li-chi«, das »Buch der Riten«, faßt religiöse und gesellschaftliche Bräuche aus ganz unterschiedlichen Lebensbereichen zusammen.

Von ganz besonderer Bedeutung sind die vier Klassiker des Konfuzianismus: »Lun-yu« ist eine Sammlung von beispielhaften und lehrreichen Gesprächen, die Konfuzius mit seinen Schülern führte. »Ta-hsüeh« soll von Konfuzius selbst geschrieben worden sein. »Chung-yung« schildert den Zustand innerer Ausgewogenheit, den der weise Mensch anstreben soll. Schließlich sind noch die Aufzeichnungen über den weisen Philisophen Meng-tse (372 bis 289 v. Chr.) zu nennen, der die Gedanken des Konfuzius weiterführte.

Konfuzius war fest verwurzelt in der altehrwürdigen Vergangenheit Chinas. Er liebte die strengen Regelungen des Lebens in vergangenen Zeiten, die dem Leben einst Form und Halt gaben. Aber bei aller Begeisterung für eine Wiederbelebung alter moralischer Werte war Konfuzius weit davon entfernt, unkritisch die alten Glaubenswelten zu übernehmen. Gewiß, es findet sich nirgendwo bei Konfuzius eine ausdrückliche Ablehnung der alten Glaubensvorstellungen von den Göttern im Himmel. Das verbot ihm schon sein Respekt vor dem Altehrwürdigen. Doch unterscheidet sich sein Denken in diesem zentralen Punkt ganz radikal von dem der Altvorderen, die Konfuzius so sehr verehrte.

Im China vor Konfuzius war das Denken der Menschen auch nach jüdischem, muslimischem oder christlichem Standpunkt religiös: Es war auf das Jenseits hin ausgerichtet. Das Dasein auf der Erde war nur eine Art Vorbereitung auf die eigentliche Existenz nach dem Tode. Der Mensch bemüht sich in dieser Gedankenwelt im Diesseits, so gut er kann, die göttlichen Gebote zu erfüllen. Belohnt wird er dann im Jenseits, während die Gesetzesbrecher bestraft werden.

Diese Vorstellung, das irdische Leben mit dem Blick auf ein jenseitiges Dasein auszurichten, fehlt bei Konfuzius. Er will durch seine Lehre das Leben im Jetzt, also im Diesseits, zum »Paradies auf Erden« machen. Gewiß, das geht nicht von heute auf morgen. Aber nach einer Zeit der religiös-ethischen Umerziehung ist das glücklich-harmonische Leben auf Erden durchsetzbar. Dann muß niemand mehr durch Strafandrohung abgeschreckt werden.

Im alten China hatte man ein sehr irdisches Bild vom Himmel. Man stellte sich darunter nichts Geistiges vor. Der Himmel war, wenn auch weit weg, so doch physisch. Er trat mit der Welt der Menschen direkt in Kontakt, etwa indem er gutes oder schlechtes Wetter schickte. Er stellte auch Forderungen an die Menschen. Eine Mißernte galt als ein deutliches Signal, etwa für einen vom Himmel gewünschten Sturz des irdischen Herrschers. Anhaltende Naturkatastrophen wurden ebenfalls als himmlisches Verlangen nach einem Regierungswechsel gesehen.

Die Menschen hatten so zu handeln, daß es dem Himmel gefällig war. Wenn die Menschen nicht gleich verstanden, was von ihnen verlangt wurde, dann gab es eben immer weitere Naturkatastrophen. Sie hörten erst auf, wenn die vom Himmel geforderte richtige Handlung erfolgte. Ein solches Gottesverständnis mag archaisch, ja unzivilisiert erscheinen. Aber bedenken wir: Die sogenannten zehn Plagen, die Gott schickte, waren auch Katastrophen, die den Pharao dazu zwingen sollten, nach dem Willen Gottes zu handeln. Erst als der Pharao das Volk Israel ziehen ließ, hörten die Plagen auf. Gott hatte seinen Willen durchgesetzt und die Menschen gezwungen, nach seinem Willen zu handeln.

Konfuzius, der so fest in der altehrwürdigen Tradition verwurzelt war, brach mit der religiösen Überlieferung, wenn es um den uralten Begriff des Himmels (»tianming«) geht. Man kann sagen: Das große Geheimnis des Konfuzianismus ist, daß ein uralter theologischer Terminus einen völlig neuen Inhalt bekam. Vorher war der Himmel eine Macht, die massiv eingriff und die Geschicke der Menschen lenkte. Der Mensch war also fernbestimmt. Der neue Himmel nach der Definition des Konfuzius war das richtige Verhalten des Menschen. Bei Konfuzius wurde »tianming« die Verantwortung des Menschen. Das Verhalten des Menschen wurde nicht mehr von äußerer Einwirkung durch die Götter, sondern durch die eigene Einsicht bestimmt. Oder anders ausgedrückt: Die alten Götter regierten die Menschen nicht mehr wie despotische Puppenspieler ihre Marionetten. Die Götter sind keine wie auch immer gearteten Wesen mit Macht und Launen. Der Himmel kommt bei Konfuzius, versteckt hinter uralten Worten, sehr modern daher: Es ist die Verantwortung des lernenden Menschen. Im Gegensatz zu diesem revolutionär neuen Gottesbild steht scheinbar das I-Ging-Orakel.

Im alten China sollten Orakel den Wunsch der Götter enthüllen. Was offenbart das I-Ging-Orakel des Konfuzius? Das I-Ging ist das Ergebnis einer womöglich jahrtausendealten Orakeltradition. Es besteht aus einer Sammlung von relativ kurzen Texten, welche die Welt im Wandel beschreiben – und als Spannungsfeld zwischen Yin und Yang. Zunächst formuliert man eine möglichst konkrete Frage, die man vom Orakel beantwortet haben möchte. Dann ermittelt man auf unterschiedliche Weisen – mit Strohhalmen, Holzstäbchen, Münzen oder ähnlichem – ein Symbol.

Jedes dieser Symbole besteht aus sechs waagrechten Linien. Jede dieser Linien ist entweder durchgehend oder in der Mitte unterbrochen. Die durchgezogene Linie steht für das Yang, für den maskulinen Aspekt, für Licht und Leben. Die unterbrochene Linie steht für Yin, für den weiblichen Aspekt, für Dunkelheit und Tod. So ein Symbol kann entweder nur aus ungebrochenen oder nur aus gebrochenen Linien oder aus einer Kombination von ungebrochenen und gebrochenen Linien bestehen. Insgesamt sind 64 unterschiedliche Symbole möglich.

Hat man ein Symbol – nach einer von unterschiedlichen Varianten – ausgelost, dann greift man zu der Sammlung der I-Ging-Texte. Jedem der 64 Symbole ist ein Text zugewiesen. Nun überdenkt man seine Frage und liest den ausgelosten Text des Orakels. Der Konfuzius-Jünger ist überzeugt, daß das Losverfahren genau den Text ermittelt hat, der die gesuchte Antwort enthält.

Das I-Ging steht für ein zweites Geheimnis des Konfuzianismus: Durch ein Losverfahren wird ein Text ausgewählt. Alle Texte sind in einer mystisch-symbolhaften Sprache verfaßt. Der ausgeloste Text gibt dem ratsuchenden Anhänger des Konfuzianismus die ersehnte Antwort. Doch kann nicht ein vorfabrizierter Text mehr über ein Problem aussagen, als der Verfasser des Textes zu verstehen vermag? Nein, der Text ist in seinem Wortlaut nicht die Antwort. Er bietet lediglich so etwas wie einen Schlüssel zur Antwort. Die Antwort kennt der Fragende schon, bevor er das selbst weiß. Indem er sich, möglichst meditativ versenkt, in den Text vertieft, erhält er aus seinem tiefsten Inneren die Antwort auf seine Frage.

Der Fragende nutzt ein Potential, das für den Rationalisten fragwürdig sein mag: die eigene Intuition. Er liest den ihm durch Los zugewiesenen Text und erkennt intuitiv die Antwort, die genau seiner Situation, seinen Lebensumständen, seinen Bedürfnissen entspricht.

Der Konfuzianismus ist erstaunlich modern. Er stellte vor rund zweieinhalb Jahrtausenden so etwas wie eine religiöse Revolution dar – ohne daß die Jünger des Konfuzius es bemerkten. Sie wähnten sich noch im Schoß des alten Glaubens. Fiel ihnen nicht auf, daß Konfuzius nicht mehr von einem »shangti«, also nicht mehr von einem »höchsten Herrn« sprach? Dafür blieb der altehrwürdige Begriff »Himmel« erhalten. Doch der vielleicht bedeutendste Ausdruck des alten Glaubens erhielt eine völlig neue Bedeutung. Die wegen ihrer Willkür eher gefürchteten als geliebten Götter wurden unbemerkt vom uralten chinesischen Himmel geholt. Sie fanden, freilich in ganz neuer Form, eine neue Heimat. Was wurde aus der überirdischen, göttlichen »Leitzentrale«?

Die Götter, die früher vom fernen Himmel aus die Menschen dirigierten, verwandelten sich in die Verantwortung des einzelnen Menschen. Wahre Ewigkeiten hatte der Mensch den Göttern die Verantwortung zugeschoben. Unzählige Jahrtausende lang galt menschliches Pech als Strafe der Götter, Glück hingegen als Belohnung durch die Götter. Mit Konfuzius hatte die Unselbständigkeit ein Ende. Er nahm jeden einzelnen Menschen selbst in die Pflicht. Jeder Mensch war verantwortlich: sich selbst und den Mitmenschen gegenüber. Jeder Mensch konnte handeln und erfuhr die Resultate seines Tuns am eigenen Leib.

Wer nach Konfuzius die Götter sucht, der muß nicht mehr in den Himmel emporsteigen. Wer die Antworten des Himmels benötigt, muß nicht mehr in die Ferne schweifen. Er findet sie in sich selbst.

NACHWORT: KRIEG ODER FRIEDEN?

Kirchenkritiker haben es nicht schwer: Sie finden in der Geschichte viele Beispiele für ein militantes Christentum, das dem jesuanischen Gebot der Nächstenliebe eklatant widerspricht. Die Eroberer Zentralamerikas brachten in erster Linie das Schwert der Unterdrückung und nicht das Kreuz der Nächstenliebe. Zu Luthers Zeiten erlebten die aufständischen Bauern grausame Gewalt und nicht geduldige Nächstenliebe. Inquisition und Hexenverfolgung waren alles andere als gelebte Friedensreligion, und im Nordirland des noch jungen dritten christlichen Jahrtausends sterben seit unzähligen Generationen Menschen in einem Krieg zwischen Christen unterschiedlicher Konfessionen. Die grausamen Exzesse des Christentums sind unbestreitbar und liefern Kirchenkritikern scharfe Munition.

Angesichts einer solch schweren Hypothek steht es keinem Christen an, *den* Islam mit terroristischem Fundamentalismus gleichzusetzen. Koran wie Bibel können gleichermaßen fundamentalistisch interpretiert werden und als Alibi dafür dienen, jede friedliche Koexistenz muslimischer und christlicher Menschen zu verweigern.

Jede Religion kann Krieg bringen, wenn ihre Vertreter für sich beanspruchen, im Besitz der absoluten, einzigen Wahrheit zu sein. Wer sich selbst als den Besitzer *der* Wahrheit schlechthin sieht, der maßt sich schnell das Recht an, alle anderen Menschen zu belehren und zu bekehren – und sei es unter Anwendung von Gewalt. Dann ist Religion um keinen Deut besser als gewalttätige und moralfreie Anarchie, wo der Zweck jedes Mittel rechtfertigt. Wer für sich selbst die Macht über alle anderen Mitmenschen erstrebt, kann dieses Motiv religiös verbrämen. Doch wer offenen Herzens und bei nüchternem Verstand die sieben Weltreligionen studiert, kann nur feststellen: Keine der sieben Weltreligionen ist eine Religion des Krieges, im Gegenteil, jede ist auf ein friedliches Miteinander ausgerichtet. Wer Haß in heiligen Büchern finden will, mag auch fündig werden. Aber lohnt es sich nicht viel mehr, die Botschaft der Liebe in allen sieben Weltreligionen entdecken zu wollen?

Kaum ist Benedikt XVI. im Amt, verkündet der neue Papst, daß er »großen Wert auf ... Frieden sowie das Gespräch mit den Religionen und allen Weltanschauungen ... legen wird«.

Für mich, den Verfasser, war die Vorbereitung auf das Manuskript »Die Geheimnisse der sieben Weltreligionen« eine Reise in die Herzen der Menschen, deren Sehnsucht nach Frieden in allen Religionen zum Ausdruck kommt. Ich hoffe, es ist mir gelungen, meine Leserinnen und Leser auf diese Reise mitzunehmen. Sie führte vordergründig auch in die Fremde, zu fremden Religionen, aber vor allem führte sie zum eigenen Ich ... ins tiefste Innere jedes Menschen.

Wer spalten möchte, kann die Religionen als Schutzmäntelchen für Machtstreben mißbrauchen. Doch erfolgreich sind derlei Bemühungen nur, wenn sich Gefolgsleute finden, die ihre eigene Religion nicht wirklich kennen. Keine Religion sollte als Schutzmäntelchen für Rechthaberei dienen. Vor allem darf der Mensch seine Verantwortung für das Leben nicht an eine höhere Instanz abgeben, der er blindlings vertraut und der er das Denken überläßt. Die Religionen – vom Judentum bis zum Konfuzianismus – appellieren an die Eigenverantwortung eines jeden Menschen.

Rechthaberei sucht nach *der wahren* Religion und setzt alle anderen Religionen herab. Doch alle sieben Weltreligionen bieten vor allem Hilfestellung bei der Suche nach dem Lebensweg des einzelnen im Miteinander und nicht im Gegeneinander. In jedem Menschen existiert, tief verwurzelt, die Sehnsucht nach dem Paradies, nach dem Himmel, nach dem Göttlichen. Diese Sehnsucht kommt in jeder der sieben Weltreligionen zum Ausdruck.

Keine Religion macht den Menschen zur Marionette anderer Menschen, auch wenn Religion immer wieder dazu mißbraucht wird und einzelne sich Autorität anmaßen wollen. Religiöser Glaube ist in seiner äußeren Ausgestaltung einem steten Wandel unterworfen, weil sich der Mensch und seine Lebensbedingungen stetig ändern. Das religiöse Leben eines durch Wüstengebiet wandernden Nomadenvolkes ändert sich, wenn die Menschen seßhaft werden und schließlich in einer riesigen Großstadt ihre Heimat finden.

Unverändert aber bleibt die Sehnsucht des Menschen nach Frieden. Der Wüstenbewohner teilt sie mit dem Städter. Sie ist ebenso wesentliches Merkmal des Menschen im tropisch heißen Urwaldklima wie des Menschen in der kargen Kälte im Hochgebirge. Freiheit in Frieden aber ist kein teilbares Gut. Wer die sieben Weltreligionen studiert, der erkennt: Ein friedliches Miteinander in Freiheit für alle ist möglich, wenn ein jeder die Selbstverantwortung annimmt. Das ersehnte Paradies aber ist erst dann erreicht und verwirklicht, wenn alle daran teilhaben können.

Die sieben Weltreligionen streben allesamt dieses Ziel an. Gemeinsam können wir es erreichen – im gemeinsamen Miteinander. Viele Jahrhunderte lang ging es um den Vorrang *der* richtigen über die anderen – »falschen« – Religionen. Gläubige sahen sich allein im Besitz des Schlüssels zum Paradies. Die intensive Beschäftigung mit den sieben Weltreligionen hat für mich die wesentliche Erkenntnis gebracht, daß es nicht einen richtigen und viele falsche Schlüssel gibt. Nur mit allen Schlüsseln zusammen können wir gemeinsam das Tor zum Frieden für alle öffnen.

Fanatismus – ob religiös oder nicht motiviert – führt unweigerlich zum Krieg. Den Frieden finden können die Menschen der verschiedenen Religionen nur gemeinsam im gleichberechtigten Miteinander – der Menschen wie der Religionen. Alle sieben Weltreligionen zusammen bieten die perfekte Basis für das seit Jahrtausenden sehnsüchtig gesuchte Paradies ... für den Frieden auf Erden.

Im Text wurden bereits wichtige Quellen genannt. So ist es möglich, konkrete Aussagen des Verfassers in der Literatur zu überprüfen. Im nachfolgenden Literaturverzeichnis sind grundlegende Quellenwerke aufgelistet. Neben Standardwerken zu den einzelnen Religionen werden bedeutende »heilige Bücher« genannt, die als das geistige Fundament der einzelnen Religionen gelten dürfen. Dort finden sich weiterführende Literaturhinweise. Bei der Auswahl der aufgelisteten Werke wurden solche Quellen bevorzugt, die allgemein zugänglich sind.

1. Das Judentum: Vom Paradies zum Bündnis mit Gott

Böckler, Annette/Mendelsohn, Moses: Die Tora, Berlin 2001

Buber, Martin/Rosenzweig, Franz: Die fünf Bücher der Weisung, 5 Bände in 1 Band, Berlin, ohne Jahresangabe

Jerusalemer Bibel, Neue: Einheitsübersetzung. Mit dem Kommentar der Jerusalemer Bibel, 11. Auflage, Freiburg 1985

Sternberger, Günter: Midrasch. Vom Umgang der Rabbiner mit der Bibel – Einführungen, Texte, Erläuterungen, München 2002

Sternberger, Günter (Herausgeber): Die Juden. Historisches Lesebuch, München 1991

Talmud: Der Babylonische Talmud. Ins Deutsche übersetzt von Lazarus Goldschmidt, 12 Bände, Jüdischer Verlag 1996

Zunz, Leopold: Die vierundzwanzig Bücher der Heiligen Schrift. Übersetzt von Leopold Zunz, Basel 1980

2. Das Christentum: Von der Kraft des Glaubens

Benz, Ernst: Beschreibung des Christentums, München 1975

Berger, Klaus: Das Neue Testament und frühchristliche Schriften, Frankfurt 2000

Neue Jerusalemer Bibel: Einheitsübersetzung. Mit dem Kommentar der Jerusalemer Bibel, 11. Auflage, Freiburg 1985

Schubert, Kurt: Vom Messias zum Christus, Wien 1964

Stählin, Wilhelm: Große und kleine Feste, Gütersloh 1963

Stählin, Wilhelm: Mysterium. Vom Geheimnis Gottes, Kassel 1970

Zirker, Hans: Zugänge zu biblischen Texten – Neues Testament, Düsseldorf 1981

3. Der Islam: Vom Heiligen Krieg zum Inneren Kampf

Beltz, Walter: Die Mythen des Korans. Der Schlüssel zum Islam, Düsseldorf 1980

Bürgel Johann Christoph: Allmacht und Mächtigkeit. Religion und Welt im Islam, München 1991

Frieling, Rudolf: Christentum und Islam, Stuttgart 1977

Gramlich, Richard: Lexikon der islamischen Welt, Stuttgart 1992

Koran, Der: Ausgabe Rudi Paret, Stuttgart 1966

Nagel, Tilman: Der Koran. Einführung, Texte, Erläuterungen, München 1983

Schimmel, Annemarie: Mystische Dimensionen des Islam, München 1992

Schimmel, Annemarie: Und Muhammad ist sein Prophet, Düsseldorf 1981

Zirker, Hans: Islam – theologische und gesellschaftliche Herausforderungen, Düsseldorf 1993

4. Der Buddhismus: Vom Göttlichen im Menschen

Bellenger, Marylene/Labourer, Olivier: Buddha und der Buddhismus, Hamburg 2000

Blofeld, John: Die Macht des heiligen Lautes. Die geheime Tradition des Mantra, München 1978

Buddhismus: Die vier edlen Wahrheiten. Texte des ursprünglichen Buddhismus, Leipzig 1985

Dumoulin, Heinrich: Östliche Meditation und christliche Mystik, Freiburg 1966

Dumoulin, Heinrich: Buddhismus der Gegenwart, Freiburg 1970

Hardy, Edmund: Der Buddhismus nach älteren Pali-Werken, Münster, Aschendorff, 1926

Keown, Damien: Der Buddhismus. Eine kurze Einführung, Stuttgart 2001

Lexikon der östlichen Weisheiten: Buddhismus, Hinduismus, Taoismus, Zen, Bern, München, Wien 1986

Mylius, Klaus: Geschichte der altindischen Literatur, Bern 1988

Panikkar, Raimon: Gottes Schweigen. Die Antwort des Buddha für unsere Zeit, München 1992

Zimmer, Heinrich: Joga und Buddhismus. Indische Sphären, Frankfurt 1973

5. Der Hinduismus: Von der Suche nach der Unendlichkeit im Menschen

Bhagavadgita: Aus dem Sanskrit übersetzt von Richard Garbe, Darmstadt 1988

Bhagavadgita: Das Lied der Gottheit. Aus dem Sanskrit übersetzt von Robert Boxberger, Stuttgart 1955

Brück, Michael von: Einleitung zur Bhagvadgita, München 1993
Deussen, Paul: Sechzig Upanishads der Veda, Darmstadt 1963
Feuerstein, Georg: Heilige Narren. Über die Weisheit ungewöhnlicher Lehrer, Frankfurt 1990
Glasenapp, Helmuth von: Indische Geisteswelt. Textauswahl, Baden-Baden 1959
Glasenapp, Helmuth von: Die fünf Weltreligionen, München 2001
Knott, Kim: Der Hinduismus. Eine kurze Einführung, Stuttgart 2000
Lexikon der östlichen Weisheiten: Buddhismus, Hinduismus, Taoismus, Zen, Bern, München, Wien 1986
Mahabharata: Indiens großes Epos. Aus dem Sanskrit übersetzt und zusammengefaßt. 9. Auflage, München 1993
Mahabharata: Eine altindische Sage, Erlangen
Nala und Damayanti: Eine Episode aus dem Mahabharata, Stuttgart
Nikhilananda, Swami: Der Hinduismus. Seine Bedeutung für die Befreiung des Geistes. Frankfurt und Berlin 1960
Panikkar, Raimondo: Aktion und Kontemplation, in: Mangoldt, Ursula von: Meditation, Säckingen, Nr. 4, 1977
Pelet, Emma von (Herausgeberin): Worte des Ramakrishna, Zürich 1966
Radhakrishnan, Sarvapalli: Weltanschauung der Hindu, Baden-Baden 1961
Rig-Veda: Gedichte aus dem Rig-Veda. Aus dem Sanskrit übertragen und erläutert von Paul Thime, Stuttgart 1964
Sachau, Rüdiger: Westliche Reinkarnationsvorstellungen, Gütersloh 1996
Schleberger, Eckard: Die indische Götterwelt, München 1997
Upanishaden: Übersetzt von Bettina Bäumer, München 1997

Wilber, Ken: Die drei Augen der Erkenntnis. Auf dem Wege zu einem neuen Weltbild, München 1988

Zimmer, Heinrich: Indische Mythen und Symbole. Schlüssel zur Formenwelt des Göttlichen, Köln 1984

6. Der Taoismus: Von der Suche nach Harmonie

Blofeld, John: Das Geheime und Erhabene. Mysterien und Magie des Taoismus, München 1974

Blofeld, John: Der Taoismus oder die Suche nach Unsterblichkeit, Köln 1986

Chuang-Yuan, Chang: Tao, Zen und schöpferische Kraft, Düsseldorf 1975

Cooper, Jean C.: Was ist Taoismus? Der Weg des Tao – eine Einführung in die uralte Weisheitslehre Chinas, München 1993

Fischer-Schreiber, Ingrid: Das Lexikon des Taoismus, München 1996

Lagerwey, John: Der Kontinent der Geister. China im Spiegel des Taoismus, eine Reise nach innen, Freiburg im Breisgau 1991

Lexikon der östlichen Weisheiten: Buddhismus, Hinduismus, Taoismus, Zen, Bern, München, Wien 1986

Rousselle, Erwin: Taoismus. Zur seelischen Führung im Taoismus. Ausgewählte Aufsätze, Darmstadt 1962

Tawm, Kim: Taoismus. Geheime Übungen taoistischer Mönche, Freiburg im Breisgau 1982

Yutang, Lin: Konfuzius, Frankfurt 1957

Watts, Allan: Der Lauf des Wassers. Eine Einführung in den Taoismus, Bern 1976

Wilhelm, Helmut: Die Wandlung. Acht Essays zum I-Ging, Zürich 1958

Wilhelm, Richard: Der Mensch und sein Sein, Jena 1931

7. Der Konfuzianismus: Vom Himmel im Menschen

Behrsing, Siegfried: Konfuzius; in: Fassmann, Kurt: Die großen der Weltgeschichte, Zürich 1971

Cavin, Albert: Der Konfuzianismus, Stuttgart 1985

I-Ging: Das Buch der Wandlungen, Düsseldorf 1967

I-Ging: Das Buch der Wandlungen, Herausgeber: Blofeld, John, München 1963

Konfuzius: Die Weisheit des Konfuzius, Frankfurt 2004

Konfuzius (Kungfutse): Lin Yü. Gespräche, München 2000

Laotse: Tao te king. Das Buch des Alten vom Sinn und Leben, Düsseldorf 1958

Linck, Gudula: Yin und Yang. Auf der Suche nach Ganzheit im chinesischen Denken, München 2000

Paul, Gregor: Konfuzius. Meister der Spiritualität, Freiburg 2001

Reiter, Florian: Leben und Wirken Lao-Tzus, Würzburg 1990

Schickel, Joachim (Herausgeber): Konfuzius, Frankfurt am Main 1976

1 Das Alte Testament, 5. Auflage, Stuttgart 1972, S. 391.
2 Das Alte Testament/Erster Teil, Gütersloh 1969, S. 18.
3 Das Alte Testament/Erster Teil, Gütersloh 1969, S. 19.
4 Das Alte Testament/Erster Teil, Gütersloh 1969, S. 20.
5 The Encyclopedia of Biblical Errancy, Amherst 1995, S. 334.
6 Jesus nach 2 000 Jahren, Lüneburg 2000, S. 274 und 99.
7 Siehe dazu: Walter-Jörg Langbein, Das Sakrileg und die Heiligen Frauen, Berlin 2004.
8 Nr. 52/2004, S. 75.
9 Reinbek 1988.
10 Zitat aus der »Ärzte Zeitung« vom 15. 6. 1988.
11 Fischer-Lexikon – Die nichtchristlichen Religionen, Frankfurt 1957, S. 176.
12 Ebd. S. 177 und 178.
13 Ebd. S. 175.
14 Fatima ruft, 1/2000, Nr. 188, S. 6.
15 Persönliche Mitteilung an den Verfasser.
16 Frankfurt 1992, S. 84.
17 Persönliche Mitteilung an den Verfasser.
18 Wissenschaft und Zivilisation in China, Frankfurt 1996.
19 Das Tao der Physik – Die Konvergenz von westlicher Wissenschaft und östlicher Philosophie, Bern, München, Wiesen 1984, S. 120.